The Refutation on Outline of Takeshima Issue
raised by Japanese Ministry of Foreign Affairs

일본외무성 다케시마 문제의 개요비판

다케시마 10포인트 비판

김명기 · 이동원 공저

BP 책과사람들
독도조사연구학회

머리말

2008년 2월 일본 외무성은 "다케시마 문제를 이해하기 위한 10포인트"(Pamphlet "10 Issues of Takeshima", 이하 "다케시마 10포인트"라 한다)를 공간하여, 1950년대 초반에 시작되어 1960년대 중반에 종지된 구술서를 통한 독도영유권문제에 관한 한일정부간의 포괄적 논쟁의 재개를 제의해 왔다. 이른바 "다케시마 10포인트"는 온라인 및 오프라인의 수단에 의해 불특정다수인을 대상으로 국경을 초월하여 지구촌 모든 곳에 전파되고 있다. 일본 외무성의 의도는 주로 제3국과 그의 국민을 대상으로 독도가 일본의 영토라는 국제여론을 주도하고 일본 국민에게 영토의식을 고취하려는 것으로 보여지나, 한국에 대해 중요한 것은 "다케시마 10포인트"는 한국정부에 대해 독도영유권문제의 논쟁 재개의 도전장의 의미를 갖는다는 것이다.

이에 대한 한국정부의 대응은 유감스러우나 소극적이다. 동북아역사재단의 "독도의 진실"(The Truth of Dokdo, 2008)이라는 이름의 비판과 한국해양개발원(KMI)의 "독도는 과연 일본의 영토였는가? 2008"라는 이름의 비판이 공간되었으나, 이 양자는 모두 "다케시마 10포인트"를 현저하게 압도하는 수준의 것으로 보기 어렵고, "다케시마 10포인트"를 공간한 일본 외무성의 카운터 파트너인 우리 외교통상부는 이에 관해 어떠한 비판도 공간한 바 없다. 그러는 사이 일본외무성은 2009년 12월에 "다케시마 10포인트"를 보완한 "다케시마 문제의 개요"(Outline of Takeshima Issue)를 공간했다. 이로써 일본이 얼마나 집요하게 독도영유권문제의 논리를 연구하고 있는지 확인이 되었고,

우리는 얼마나 소극적인지가 확인되게 되었다.

독도의 영유권은 물리력에 의한 실효적 지배만으로 보전할 수 없고 일본의 끈질긴 침략논리를 압도하는 역사적·국제법적 논리의 개발·정립이 선행되어야 한다고 본다.

그간 독도문제를 공부해 오던 저자는 미력하나마 "다케시마문제의 개요"논리를 격파하기 위해 감히 이 책자를 집필하게 되었다. 이는 어떠한 학술회의 또는 정부당국의 자문이나 검토를 거친 것이 아니므로 미흡한 점 적지 아니함을 자인하면서 이를 재판의 기회에 보완하기로 하고 꼬박 만 2년간의 집필결과를 그대로 출간하기로 한다.

이 책자가 한국의 독도영유권 보전을 위한 연구와 정책입안·결정, 그리고 국민의 확고한 영토의식 함양에 미력이나마 도움이 되었으면 하는 과욕을 가져 본다.

집필에 도움을 주신 독도관련 분야의 선후배 동료 애국자 여러분, 그리고 독도조사연구학회 회원 여러분에게 깊이 감사드리는 바이다. 집필을 격려해 준 아내에게도 고마운 마음을 전하고 싶다.

2010년 5월 19일

저자 씀

C O N T E N T S

제1편
서론

I.

신라 지증왕 13년(512년) 우산국의 신라에 귀복으로 한국 영토의 일부가 된 독도는 일본의 불법적 강박에 의해 체결된 1905년의 "을사보호조약"(을사늑약), 1907년의 "정미7조약(한일신협약)", 그리고 이들 조약의 유효를 전제로 체결된 1910년의 "한일합방조약"에 의해 한반도와 함께 일본에 불법적으로 병합되고 말았다.

그 후 한국의 1919년 3월 1일의 "독립선언"에 따라 1943년 11월 27의 "카이로 선언"(Cairo Declaration)에 의해 한국의 일본으로부터 분리·독립이 공약되었고, 이는 1945년 7월 26일의 "포츠담 선언"(Potsdam Declaration)에 의해 재확인되었으며, "포츠담 선언"을 수락한 1945년 9월 2일의 "항복문서"(Instrument of surrender)와 동 문서의 제 시행 조치에 의해 한국은 일본으로부터 독도와 함께 분리·독립하게 되었다. 이는 1951년의 "대일평화조약"(Peace Treaty with Japan)에 의해 확인되었다.

그 후 한국정부가 1952년 1월 18일 "국무원고시 제14호"로 독도 외측에 "평화선"(Peace Line)을 설정하는 "인접해양의 주권에 관한 대통령선언"을 하였고, 이에 대해 동년 1월 28일 일본정부가 한국정부에 대해 공식적으로 항의했다.[1] 동 항의에 대해 동년 2월 12일 한국정부가 반박항의를[2] 함으로써 한일간에 독도영유권 귀속문제가 발단되게 되었다.

1953년 7월 13일 일본정부가 "일본정부 견해(1)"을[3] 한국정부에

---

[1] The Japanese Ministry of Foreign Affairs, Compliments to the Korean Diplomatic Mission in Japan concerning the Proclamation of the Present of the Republic of Korea(January 18, 1952)

[2] The Korean Diplomatic Mission in Japan, Compliments to the Japanese Ministry of Foreign Affairs concerning the Japanese Government's View on the Proclamation of the Present of the Republic of Korea of January 18, 1952(February 12, 1952)

표명했고, 이에 대해 동년 9월 9일 한국정부가 "한국정부 견해(1)"를[4] 일본정부에 표명함으로써 한일간의 독도영유권 문제의 논쟁은 본격화 되게 되었다.

1954년 2월 10일 "일본정부 견해(2)"의[5] 표명이 있었고, 동년 9월 25일 "한국정부 견해(2)"의[6] 표명이 있었다. 그 후 1956년 9월 2일 "일본정부 견해(3)"의[7] 표명이 있었고, 1959년 1월 7일 "한국정부 견해(3)"의[8] 표명이 있었다. 이에 뒤이어 1962년 11월 13일 "일본정부 견해(4)"의[9] 표명이 있었지만, 이에 대해 1965년 12월 17일 한국정부는 "독도는 역사적으로도, 국제법적으로도, 우리의 영토이다. 한일간에

---

3) The Japanese Ministry of Foreign Affairs, The Viewpoint of the Japanese Govenment(NO. 186/A2)(July 13, 1953)

4) The Korean Diplomatic Mission in Japan, The Korean Governments Refutation of the Japanese Government's Views concerning Dokdo dated July 13, 1953(September 9, 1953).

5) The Japanese Ministry of Foreign Affairs, Views of the Japanese Government in Refutation of the Position Taken by the Korean Government in the Note Verbale of The Korean Mission in Japan, September 9, 1953 concerning Territoriality over Takeshima(February 10, 1954)

6) The Korean Mission in Japan, The Korean Government's View Refuting the Japanese Government's View of the Territorial Ownership of Dokdo, as Taken in the Note Verbale No. 5/A2 of the Japanese Ministry of Foreign Affairs dated February 10, 1954(September 25, 1954).

7) The Japanese Ministry of Foreign Affairs, The Japanes Government's Views on The Korean Government's Version of Problem of Takeshima dated september 25, 1954(September 20, 1956)

8) The Korean Mission in Japan, The Korean Government's Views Refuting the Japanese Government's Version of the Ownership of Dokdo dated September 20, 1956(January 7, 1959)

9) The Japanese Ministry of Foreign Affairs, The Japanese Government's View on the Korean Government's Views of January 7, 1959 concerning Takeshima(July 13, 1962)

영유권 분쟁은 존재하지 아니한다"라는 항의를10) 함으로써 더 이상의 한일간의 논쟁을 배제했다.

이로써 한일정부간의 구술서를11) 통한 독도영유권 문제에 관한 포괄적 논쟁은 종식되고, 그 후에는 특정사건에 관한 개별적 항의만이 교환되었다.

Ⅱ.

일본외무성은 2008년 2월에 "다케시마 10포인트"를, 2009년 12월에는 이를 보완한 "다케시마 문제의 개요"를 각각 온라인 및 오프라인으로 공시했다. 이로써 일본외무성은 1960년대 중반에 종지되었던 한일간의 독도영유권 문제의 포괄적 논쟁을 새롭게 시작하자는 포문을 사실상 연 것이다. 이에 대한 한국정부의 대처는 홍보적 차원에서나, 외교적 차원에서나, 이유야 어떻든 지나치게 소극적이다.

Ⅲ.

이하 제2편에서 "다케시마 문제의 개요"에 대한 분석적 비판을 동 개요의 순서에 따라 각 세항별로 살펴보기로 한다. 이 비판은 한국의 대 국민적 고려, 그리고 일본과 제3국의 대 국민적 고려를 배제한 것은 아니지만 주로 일본 외무성을 상대로 한 것이다.

따라서 비판의 심도는 상당한 정도의 학문적 수준을 유지하도록 노력하고 가능한 한 객관성을 보장하도록 배려하기로 한다. 이를 담보하기 위해 사실과 논리의 근거를 실증적·학문적 문헌에 의거하여

---

10) The Korean Mission in Japan, Compliment to the Ministry of Foreign Affairs of Japan, with Reference to the Letter's Note Verbale No.228/ASN dated July 13, 1962(December 17, 1965)
11) 구술서(Note Verbale)는 서명이 없는 외교문서를 뜻한다(Johnst Wilmanns, "Note Verbale," *EPIL*, Vol.9, 1987, p.287).

일일이 각주에 명시하기로 한다.

제3편 결론에서는 총체적인 요약과 몇 가지 제의를 하기로 한다.

제2편
일본의 고유영토 주장 비판

Ⅰ. 다케시마의 인지문제

[1] 일본의 다케시마 인지

1. 일본의 다케시마 인지 제1항

가. 기술

제1항은 다음과 같이 기술하고 있다.

현재의 다케시마는 일본에서는 일찍이 '마쓰시마'로 불리었으며 현재의 울릉도가 '다케시마' 혹은 '이소다케시마'로 불려왔습니다. 다케시마나 이소다케시마의 명칭은 유럽의 탐험가 등의 울릉도 위치측정의 오류로 인하여 일시적 혼란이 있었습니다만, 일본에서 '다케시마' 혹은 '마쓰시마'의 존재가 오래 전부터 인지되고 있었다는 사실은 각종 지도와 문헌에서 확인할 수 있습니다. 예를 들어 경위선을 투영한 간행 일본지도로서 가장 대표적인 나가쿠보 세키스이(長久保 赤水)의 「개정일본여지로정전도 (改正日本輿地路程全圖)」(1779년 초판)를 비롯한 여러 지도에서 울릉도와 다케시마를 한반도와 오키제도 사이에 명확히 기재하고 있음을 알 수 있습니다.

나. 비판

(1) 한국[1]은 일본보다 235년 전에 독도존재 인식

일본은 "옛날부터 다케시마의 존재를 인식하고 있었습니다"라고 주장하지만,[2] 한국은 일본보다 먼저 235년 전에 독도의 존재를 인식하고 있었다.

일본은 다케시마의 존재를 정확히 언제부터 인식하고 있었다는 것인지 명확한 기준이 되는 근거의 제시가 없다.[3] 다만 기록을 보면, 먼저 울릉도는 1004년(고려 목종 7년, 일본 一條 寬弘 1년)에 因幡에 표류해 온 울릉도 사람들에게 들어서 울릉도를 「우루마도(宇流麻島)[4]」로 일본의 사서에 기록[5]된 이래, 「磯竹島」[6][7]라고 불려지다가 17세기 호

---

1) 울릉도·독도와 관련하여 한국(대한민국)은 옛 이름이 삼국시대는 신라, 중세는 고려와 조선, 근대는 조선 · 대한제국으로, 현대는 대한민국 또는 한국으로 불린다. 따라서 울릉도 및 독도영유권 문제와 관련, 해당시기의 한국의 옛 이름과 현대의 명칭은 모두 대한민국을 말한다.
2) 개정 전 일본 외무성 10포인트 중 제1포인트 제목
3) 이 부분에 대하여 가와카미 겐조(川上健三)는 「우리나라(일본)에서는 오래도록 竹島 또는 磯竹島라고 칭해진 것은 울릉도이고, 오늘의 죽도는 그 당시에는 松島라는 이름으로 불리워 졌다」라고만 기술하고 있다(川上健三, 「竹島の 歴史地理學的). p.50
4) 우르마는 울릉도를 말하고, '마'는 '뫼' 즉, '산'이나 '릉'의 의미이다.
5) 北澤正誠, 竹島版圖所屬考(1), (1881년 명치 14년) 「… 我邦人 ハ之ヲ宇流麻島 ト稱スル …」「權記」, 「本朝麗藻」, 「公任歌集」 등을 인용한 「鷄林拾葉」을 참고한 것으로 보인다. ; 신용하, 독도영유권 자료의 탐구(제3권), 독도연구총서⑦, 독도연구보전협회, pp.159~161 참조.
6) 17C 중반에는 죽도를 기죽도로 일본에서는 부르고 있었던 것으로 추정된다 (은주시청합기 제1권 국대기 「…俗言磯竹嶋…(…그곳이 세상에서 말하는 기죽도로…)」 참조).
7) 「'イソダケ'는 후세의 일본인들이 한자로 '磯竹'이라고 譯稱하고 산명을 도명화 하여 울릉도 전체를 磯竹島 혹은 竹島라고 하지만…'イソダ

오키국(伯耆國)[8] 요나고(米子) 초닌(町人)[9]이 항해하게 된 이후부터는 「죽도[10]」라고 알려졌다.[11]

이에 반해 현재 「죽도」라 불리우는 독도(당시는 송도)는 1667년 마쓰에번(松江藩)의 사이토 간스케(齊藤勘介)[12]가 지은 『은주시청합기(隱州視聽合紀)』[13]에서 오키국(隱岐國)의 서북에 松島, 竹島가 있

ケ'는 용맹한 높은 산악이란 말이므로 궁숭의 역칭으로 보아야 할 것이다.… 요컨대, 'イソダケ'궁숭(곰수리) 그것의 역칭인데 후세의 일본인은 그 原義를 전혀 알지 못하고 磯竹의 뜻으로 오역하여 磯竹島 내지 竹島라 일컫고 대(竹)가 많으므로 해서 얻은 이름으로 여기고 있다」(이병도, "獨島의 名稱에 대한 考察", 한국의 독도영유권 연구사, 독도연구총서⑩, 독도연구보전협회, pp.41-42)

8) 현재 돗토리현 중서부의 옛 명칭, 별명은 하쿠슈(白州)라고도 한다(나이토 세이추 ; 한일간 독도·죽도논쟁의 실체, (도서출판 책사랑, 서울 : 2009), p.15, 주석 5) 참조).

9) 에도시대에 들어오면서 중세와 달리 많은 도시가 성립되면서 무사의 도시 집주에 따른 상품공급자 계층으로서 상공인들을 말한다. 이들은 일정한 구획의 토지를 소유하고 임대, 매각, 증여할 수 있는 자격을 갖추고 있으면서 세금과 부과금을 납부한다. 초닌의 증가에 따라 조카마치(城)下町)라는 도시가 발달하였고, 에도 교토, 오사카 등이 대표도시이다(박석순 외3인 공저, "세계 각국사 시리즈 일본사", 대한교과서, 2005, pp.211-212 ; 제임스 L. 맥콜레인 저, 이경아 옮김. "서양인이 본 일본역사 일본 근현대사", 다락원, 2004, p.846).

10) 「竹島는 말할 것도 없이 磯竹島의 약칭…」(이병도, 앞의 논문, p.40 참조)

11) 나이토 세이추, 앞의 책, p.15 참조.

12) 사이토 간스케(齊藤勘介) 또는 사이토 도요노리(齊藤豊宣)라고도 한다. 마쓰에 번사(藩士), 당시는 은기군대(隱岐郡代)(나이토 세이추, 앞의 책, p.16, 주석 6 참조). 그는 사이토 히코에몬(齊藤彦右衛門)의 아들로 2대 히코에몬이다. 그는 가즈사노쿠니(上總國)의 아네가사키(姉崎)에서 태어나 간에이 10년(1663)에 마쓰다 이라 나오마사의 어머니인 게쓰쇼인(月照院) 오코마(お駒)와의 연고로 에도에서 세자 쓰나타카의 호종이 되었다. 그러던 중 쓰나타카 치세인 간분 7년(1667)에 오키의 군다이(郡代), 즉 막부의 직할지를 관할하고 그 곳의 민정을 맡아보는 지방관이 되었고, 이때 「인슈시초고키」를 썼다(은주시청합기 독도자료집Ⅲ, 동북아역사재단, pp.18~19 참조.)

다14)고 기록하고 있으나 오키국에는 포함되지 않고 같은 책의 부속지
도도 도전(島前)과 도고(島後)뿐이고 송도, 죽도는 제외되어 있다.15)
이 같은 사실로 미루어 당시 일본은 두 섬을 한국영토로 인식하고 있
었으며,16) 현재의 독도인 송도에 대해서는 그나마 몇몇 관계자 이외에

---

13) 사이토간스케(齊藤勘介)가 간분 7년(1667)에 번주 마쓰다이라 쓰나타카
   (松平綱隆)의 명에 의하여 오키로 건너가 나라안을 빠짐없이 순시한 후 노
   인들한테 들은 전설이나 여러 이야기, 오키의 지리, 절과 신사, 산물 등을
   기록하여 번주에게 보낼 보고서를 만들기 위해 기록한 것이다. 《인슈시초
   고키(隱州視聽合紀)》는 「序」로 시작하여, 목록과 지도가 병기되어 있고,
   卷一, 卷二, 卷三, 卷四로 구성되어 있다. 이 중 의미있는 것은 卷一 國代己
   이다.
   卷一 國代己 : 무사정권이 성립된 이후 전개되는 오키의 역사
   卷二 도고의 周吉郡
   卷三 도고의 穩地郡
   卷四 知夫郡과 海部郡
   부록 : 오키의 神名帳, 國中佛寺, 名所和歌 등
14) 「…戊亥間行二日一夜有松嶋 又一日程有竹嶋」 「그런데 북서방향으로 2일
   과 1야를 가면 松島(독도)가 있다. 그 곳에서 다시 1일 정도에 竹島(울릉
   도)가 있다」(隱州視聽合紀卷一州合一, 国代記) ; 신용하, 독도영유권 연구
   논집(독도연구총서⑨), "독도영유권의 역사", 독도연구보전협회, pp.30~31
   참조.
15) 일본정부는 1954년 견해에서 「隱州視聽合記(1667)」에는 독도는 '송도
   ', 울릉도는 '죽도'라는 명칭으로 기술되어 있다고 오히려 일본 영토의
   근거로 18세기 중엽 죽도도설과 함께 주장하고 있다(나홍주, "獨島의 領
   有權에 관한 國際法的 研究", 법서출판사, 2000, pp. 89-90 참조 ; 홍성
   근, "독도 영유권 문제와 영토의 실효적 지배", 독도연구총서⑨, 독도연
   구보전협회, 2002, p.135 참조 ; 김명기, 독도강의, 대한민국 영토연구총서
   Ⅳ, 책과사람들, 2007, p.145 참조). 한국과 일본은 이에 대해 해석의 차이
   를 보이고 있다.
16) 隱州視聽合紀, 卷一 国代記 「…此二嶋無人之地 見高麗如自雲州望隱州 則
   日本之乾地 以此州爲限矣 …」 「이 두섬(송도와 죽도)은 무인의 땅이다.
   이곳에서 고려를 보는 것은 운슈에서 인슈를 바라 보는 것과 같다. 이렇게
   보면 일본의 건지란 이주(인슈, 즉 오키노쿠니)를 말하는 것으로 이곳을 한
   계로 하는 것이다.…」, 여기서 「此州」의 해석에 대하여 「此二嶋」를 포

는 알려져 있지 않았고 막부[17] 당국도 현재의 독도인 송도에 대한 명확한 인식은 죽도도해금지령[18]을 발표할 때까지 죽도 근처에 송도(현 죽도)가 있는 것을 알지 못했다고 추정[19]된다. 즉, 일본의 독도에 대한 명확한 인식은 17세기 후반이며, 당시에도 일본 땅으로 인식한 것이 아니라 한국 땅으로 인식하고 있다.[20]

그러나 일본은 이때의 독도에 대한 기록을 오히려 일본의 독도 영유

함하여 「日本之乾地」로 볼 수도 있으나(일견 일본에 유리한 견해), 「乾(서북쪽건)地(땅지 또는 나라지)」는 방위상 서북쪽(주역에서는 왼쪽 위)이고, 「此州」는 앞의 내용에서 의미하는 것이 아니고 집필자(齊藤勘介)가 표지에서 말하는 곳, 즉 隱州가 「此州」라고 해석하는 것이 한자어의 일반적인 해석이다. 따라서 「日本之乾地以此州爲限矣」는 「일본의 서북쪽 땅(경계)은 이 은주를 한계로 한다」는 뜻이 된다는 견해(신용하, 2010년 2월 18일(목), 난 시앙(서울 파이낸스빌딩), 구두설명)가 있다. 다른 견해는 일본인이 사는 서북의 땅(일본인이 사는 서북의 토지, 건곤의 극지)은 「此州」, 즉 오키노쿠니(隱州)를 말한다. 사람이 없는 울릉도가 「此州」가 될 리 없다. 「此州」란 「此(사람이 사는)州」를 말하는 것으로 오키노쿠니를 말한다. 오키야말로 일본인이 살며 생활하는 토지의 한계라고 사이토 간 스케는 생각하고 있었다. 따라서 「일본의 서북경계는 「隱州」까지이다」라는 견해(은주시청합기 독도자료집Ⅲ, 동북아역사재단, p.348 역주 33 참조)가 있다.

17) 중세 일본의 가마쿠라(鎌倉)-에도(江戶)시대 무가(武家)정치의 시행정청 및 무가정권(출처 : 네이버 백과사전 ; 독도본부, "시마네현 오키노 시마쵸", 연구자료총서6.(우리영토), p.111 주석 5) 참조.)

18) 1696년 1월 28일 일본 막부가 울릉도와 독도에 일본들의 도항을 금지한 명령(竹島紀事, 元祿9(1696)年 1月 28日 참조.)

19) 1695년 12월 24일 막부가 돗토리번에 던진 질문에서 죽도 외에 부속된 섬이 있는가를 묻자, 돗토리번이 죽도와 송도 외에 양국(한일)간에 부속된 섬이없다고 답하자, 다시 막부가 송도라는 섬이 있다는 것을 처음 알고 자세히 물은 사실에서 알 수 있다(나이토 세이추, 앞의 책, p.34 참조). ; 박병섭, "안용복사건과 돗토리번", 독도연구 제6호(2009.6.30), 영남대학교 독도연구소, p.314

20) 박병섭, 앞의 논문, p.314 참조.

권 인식의 근거로 주장[21]하고 있다.

따라서 일본이 독도를 이때부터 인식하고 있었다고 가정하에 이 책의 논리주장을 전개하고자 한다.[22]

앞서의 사실에 의하면, 일본이 울릉도에 대해 인식한 때가 11세기이고 한국이 인식한 때는 512년(지증왕 13년)[23] 이므로,[24] 한국은 약

---

21) 1956.9.20.자 일본정부견해(3)
22) 실제상은 일본이 1905.2.22. 시마네현 고시 40호 발표전에는 독도를 사실상 일본 땅으로 인식했다는 근거를 찾을 수 없다. 일부 고지도의 발견은 오류로 보여진다(필자주).
23) 「三國史記」, 卷第4, 「新羅本紀」第4, 智證麻立干條 ; 참조.
　　「三國史記」, 卷 第44, 「列轉第4」, 참조.
24) 512년(지증왕 13년) 우산국의 정벌 또는 복속과 관련하여, 「고유영토설」이 문제된다. 즉, 어느 시기까지의 영토경계를 고유영토로 볼 것인가이다. 첫째 한민족의 완성 시기의 영토경계인가, 둘째 국가통일시기의 영토경계인지, 셋째 한민족 최초의 국가인 고조선의 영토경계를 고유영토라고 해야 하는지가 문제된다. 이에 관하여 우산국의 복속이 우산국(우산도 포함)의 「한국 고유영토설」 주장의 근거가 될 수 있는가에 대하여 학자들의 견해가 없다. 그러나 둘째의 경우가 고유영토설 주장의 근거가 된다고 보며, 그 시기는 문무왕 16년(676) 당군의 안동도호부를 한반도에서 축출한 때라고 본다. 신라의 삼국통일은 지금까지 혈통·언어·문화를 같이하면서도 각기 다른 국가체제에 속했던 것을 통합함으로써 민족국가 형성의 기반을 마련하여 하나의 민족국가로 출발하여 그 사회와 문화를 한 단계 높이 발전시킨 것으로 우리 역사상 커다란 의미를 지닌 중요한 사건이 되기 때문이다(변태섭, 한국사 통론, 삼영사, 1996, pp.117~118). 또한 우산국(울릉도와 독도)이 한민족의 최초국가인 고조선 때에 복속되어 내려 온 영토경계 내의 것은 아니나 우리 민족의 완성기인 통일신라 이전에 신라에 복속되어 왔으므로 고유영토라고 본다. 「…신라는 하슬라주에 편입시켰으나 우산국을 독자적인 행정구역으로 편성하지는 않았다. …신라는 우산국의 복속으로 동해를 장악했다는 상징적 효과를 얻을 수 있었다. …울릉도를 한민족 역사의 무대로 끌어들였다(안주섭 · 이부오 · 이영화, "우리 땅의 역사", 소나무, 2007, p.166). 민족의 완성은 결국 통일신라에 이르러서야 가능했다고 한다(한국역사 입문①, 한국역사연구회, 풀빛, 1995, p.106). 따라서 「민족의 완성」과 「국가의 완성(발해를 통한 보완)」이 이뤄진 「통일신라 이전에

500년이나 앞서 인식하고 있었다.

독도는 일본이 인식한 때25)가 1667년26)이고 한국이 인식한 때가 1432년(세종 14년)27)이므로 235년이나 먼저 앞서서 인식28)하고 있었다.29)

형성된 영토」는 사실상 한국의 고유영토라고 본다.

25) 「문헌사료에 松島(竹島 = 獨島)가 명확히 모습을 나타내는 것은 1640년대 후반의 저작된 오오타니 미치요시(道喜) 앞으로 보낸 이시이 무네요시(石井宗悅)의 서신(書狀) 오오타니 집안 문서이다」는 기록이 있다(池內敏, 앞의 연구, p.215).

26) 이는 「隱州視聽合紀」를 기준으로 한 것이며, 만약 일본 외교문서의 「松島渡海免許」(1656년 또는 1661년)를 기준으로 할 경우는 몇 년 앞 당겨질 수 있다. 또한 최근 연구는 「松島渡海免許」발급의 존재 자체에 대하여 회의적인 의견도 있다(池內敏, "大君外交と武威", 名古屋大學出版會, 2006, pp.251-259 참조).

27) 태종 17년(1417)에 안무사로 울릉도를 다녀 온 김인우의 보고문에 '于山島'의 명칭이 나타난다(태종실록, 권33, 태종17년(1417) 2월 5일 壬戌, 2책 146면). 그러나 이때의 우산도는 우산국의 오기로 보인다(제2포인트 제2항 참조.). 따라서 현재 독도를 명확하게 인식할 수 있는 것은 '세종실록지리지'이므로, 이를 기준으로 한다.

28) 「世宗實錄」卷 153 地理志江原道蔚珍縣條 . 「于山·武陵二島 在正東海中 二島相距不遠 風日淸明 則可望見 …」참조 ; 이에 대해 삼국유사의 기록을 토대로 신라 지철로 왕 때의 기록을 기준으로 「우능(于陵)이 독도를 의미한다는 설(김명기, 독도강의, 독도조사 연구학회, (서울, 2007), p.14) ; 독도(우산도)는 울릉도와 함께 우산국 영토로서, 우산국이 512년에 신라에 병합될 때 독도도 울릉도와 함께 신라로 병합되어 신라의 영토로서 한국 고유영토의 일부로 편입된 것이었다는 설(신용하, 독도영유권 연구논집, 독도연구총서⑨, "독도영유권의 역사", p.16 ; 신용하, "조선왕조의 독도영유와 일본 제국주의 독도침략-독도영유에 대한 실증적 일연구", 독도연구총서 ⑩, 독도연구보전협회, 2003, pp.128-129)이 있으나 여기서는 실증기록상 독도로 명백히 간주될 수 있는 기록인 우산도의 사용을 기준으로 한다.

29) 「1690년대부터 1880년대에 도달하는 동안 일본측도, 조선측도 오키제도와 울릉도 사이에 竹島 = 獨島가 존재하는 것을 인지는 하고는 있었으나… 영유인식의 대상 외에 놓여져 있었다.…」고 하여 양측이 영유인식의 대상으로 여기지 않았다는 견해(池內敏, 앞의 연구, pp.216-218)가 있다.

(2) 한국은 1432년에 독도를 「우산도」라는 명칭으로 사용

일본은 "현재의 다케시마는 일본에서는 일찍이 마쓰시마로 불리었으며, 현재의 울릉도가 다케시마 혹은 이소케시마로 불려왔습니다"라고 하여, 명칭이 바뀌었으나 영유권 주장의 근거에는 이상 없음을 말하고 있다. 그러나 일본이 정확한 지리적 인식이 있었을 뿐 아니라 명확하게 알고 있었다면 명칭의 혼란은 있을 수 없다.[30] 그리고 일본은 울릉도 불법어로 행위에 급급했을 뿐 사실상 독도 자체에 대한 특별한 의미는 두고 있지 않았다.[31]

1614년(慶長 19년) 갑인년에 宗義質과 조선의 동래 부사 尹守謙 및 朴慶業 사이에 竹島에 관한 영유논쟁을 하였으나 이 사실을 宗義質은 '大阪의 役'이 있어 회합할 때 江戶에 보고하지 않아서 막부(德川氏) 역시 이 사실을 알지 못했고,[32] 결국 이는 '竹島渡海免許'로 이어졌

---

30) 현재의 竹島(獨島)는 발견된 이래 에도시대 초기까지 긴 세월 松島로 불리우다가 1905년 영토편입으로 이름이 바뀔 때까지 프랑스선의 이름을 따서 리앙쿠르암으로 불리고, 이 리앙쿠르암은 량코, 랑코 등으로 발음되어 일반 어민들 사이에서 오래 사용되어 왔습니다. 昭和로 접어들면서 久見(쿠미)에서는 竹島(獨島) 보다도 랑코라는 말이 더 통용되다가 1905년 2월 22일 시마네현 고시 제40호로 리앙쿠르암은 정식으로 竹島(獨島)로 명명되었다」고 한다(오키노시마 2005년 7월호 ; 독도운동본부 연구자료 총서6, 우리영토, pp.90-91).

31) 「…실제 도해자가 본 松島(竹島 = 獨島)는 거의 매력이 없는 (수확의) 전망이 없는 장소였던 것이다. …단독으로는 활용할 만한 가치가 없고, 울릉도 도해와 함께 이용함으로써 비로소 활용가치가 있었던 것이다. …」(池内 敏, 앞의 논문, p.216).

32) 北澤正誠, 竹島版圖所屬考(3), 「…然ルニ偶大阪ノ 役アルニ會ヒ時事恠 惚 宗氏之ヲ 江戶ニ呈セス德川氏亦此事ヲ 知ラス…」; 「대마 도주는 이 동래 부사의 설명이나 경고를 때마침 있었던 '대판(大阪)의 역(役)' 때문에 막부에 미처 보고하지 못했다. 그리하여 막부는 이 사실을 모른 채 송평백기수(松平伯耆守)에게 대곡·촌천(大谷·村川) 양가의 죽도도해면허를 내주었고

다. 즉, 1617년(元和 3년) 松平新太郎 光政이 白州를 다스림에 이르러 米子의 상인 大谷甚吉[33]과 村川市兵衛[34]가 竹島渡海의 일을 청하여 免許의 朱印[35]을 막부로부터 얻었다.[36]

이 때 울릉도라고 하면 조선의 섬이고 쇄환정책[37]을 취했기 때문에

(1625), …」(송병기, "울릉도와 독도", 단국대학교출판부, 2007, p.59 주석 20) 참조).

33) 米子의 어부로 越後라는 곳으로부터 돌아오는 길에 풍랑을 만나 조난 당하여 울릉도에 표착하여 울릉도를 발견하여 무라가와와 함께 도해허가를 요청하였다.

34) 幕府의 관리 阿部四郎五郎과 친분이 두터운 자로 竹島渡海免許 발급에 도움이 되어 오오야의 요청을 받아 동업을 하게 되었다.

35) 1587년경 토요토미 히데요시에 의해 생긴 제도로, 해적행위를 억압하고 해외로 나가는 모든 일본인들은 붉은 도장, 즉 주인(朱印)이 찍힌 특허장을 지니도록 한 것을 말한다. 토쿠카와 이에야스는 朱印狀의 발급을 장려 하였으며, 주인장을 부여받은 상선을 朱印船이라 한다. 1604년부터 1635년까지 약 350여통이 발행되었다(박석순 외 3인공저, 앞의 책, pp.215-216 ; 존 W. 홀지음/박영재 옮김, "선사부터 현대까지 일본사", 역민사, 2000, P.160).

36) 北澤正誠, 앞의 책 참조 ; 白耆民談記 1. 大谷 · 村川竹島渡海進退之事 참조 ; 신용하, "17세기 朝鮮王朝의 獨島領有와 日本의 竹島固有領土論批判" 독도영유권과 영해와 해양주권(독도연구총서 ③), 독도보전협회, p.124 참조.

37) 공도정책이라는 용어는 「北澤正誠」이 「竹島考證(竹島版図所屬考(2)」에서 사용한 이래 한일의 학자들이 사용하고 있으나 이는 일본의 책략에 말려들 염려가 있으므로 지양해서 사용해야 한다는 견해(김호동, "울릉도와 독도 영유권 공고화와 관련된 용어 사용에 대한 검토", 동북아역사재단 독도연구소, 국제판례연구회(8차 2009.8.13), p.5 참조 ; 신명호, "조선초기 해양정책과 어장의 개장", 조선전기 해양정책과 대마도, (2007, 국학자료원), pp.11-13 참조.), 여러 용어를 제시하지만 …확신을 가질 수 없어 일단 그대로 사용한다는 견해(이근택, "1693-1699년 안용복의 울릉도, 독도 수호활동", 독도연구총서①, pp.70-71 주 2) 참조.), 공도정책도 정책이므로 용어로 인한 영유권 주장에는 영향이 없다는 견해(신용하 이한기 의견 구술인용), 쇄환정책(刷還政策)을 쇄출정책 또는 공도정책이라 하며, 쇄환정책이라는 용어로 사용하는 견해(김명기, 앞의 독도강의, pp.59-63 참

무인도가 되었다고 하더라도 영유권을 포기한 것은 아니다. 따라서 조선영토인 울릉도에의 도해를 막부가 허가한다는 것은 인정받지 못함은 말할 필요가 없으며,[38] 당시의 쓰시마간의 논쟁 등으로 볼 때 영토야욕이 있은 것으로 보인다.[39]

(3) 한국은 일본보다 284년이나 앞서 독도를 지도상에 표시

일본은 "다케시마나 이소다케시마의 명칭은 유럽의 탐험가 등의 울릉도 위치측정의 오류로 인하여 일시적 혼란이 있었습니다만 일본에서 다케시마 혹은 마쓰시마의 존재가 오래 전부터 인지되고 있었다는 사실은 각종 지도와 문헌에서 확인할 수 있습니다"라고 주장하지만, 일본의 주장에서 보는 것처럼 자신들의 용어혼란을 유럽의 탐험가 때문[40]이라고 하여 유럽의 여러 나라들에게 자신들의 입장을 동조해 줄

조. ; 김한종 외 5, "고등학교 한국 근현대사", 주) 금성출판사, 2008, p.88), 숙종 19년 대마도주가 안용복 등 표류민 2명을 압송하면서 예조에 보낸 글에 회답하는 서계에서 '海禁'이라는 용어를 사용하였으므로 '海禁政策'으로 사용하는 견해(임영정, "조선시대 해금정책의 추이와 울릉도, 독도", 독도연구총서①, 독도연구보전협회, p.9 주석 2) 및 p.64 참조 ; 임영정, "일본의 영유권 주장의 검토- 독도, 釣漁諸島를 중심으로", 동국사학30, 1996, pp.372-373 ; 독도아카데미 독도박물관, 아름다운섬, "독도 그리고 울릉도", pp.42-43)가 있다.

38) 당시 기죽도로 불린 섬은 조선의 울릉도이므로, 다른 나라 땅을 허가할 수 없으므로 기죽도와 다른 죽도라는 명칭이 필요했고, 그에 기초하여 '죽도도해면허'를 막부가 발급했다는 견해(나이토 세이추, 앞의 책, p.27 참조)가 있다.

39) 1614년 대마도의 종의질과 조선 동래부사 윤수겸 및 박경업 사이에 죽도(당시 울릉도) 논쟁을 하여 조선영토 인정사실을 강호에 보고하지 않은 사실에서도 알 수 있다(앞의 주석 32) 참조.).

40) 일본은 러시아의 지도제작자가 착오로 이름을 서로 바꾸어 붙인 것이 계기가 되어 두 섬의 이름에 혼란이 왔고 궁극적으로는 이름을 서로 바꾸게

것을 호소하는 듯한 어구를 사용하고 있다. 그러나 일본이 의도적으로 앞서와 같이 명칭을 만든 결과이며[41] 유럽의 탐험가 때문이 아니라 일본이 스스로 명확한 영유인식의 확신을 갖지 못하기 때문이다.[42] 즉, 두 섬이 모두 자기네 섬이 아니기 때문에 가능했다. 이는 일본이 영유의식이 없었기에 유럽인의 실수를 계기로 이름을 바꿔 부를 수 있었다고 보며, 만약 영유인식을 명확하게 갖고 있었다면 고쳐 부르기를 거부하거나 항의를 했어야 마땅하다.

또한 일본은 자신들은 두 섬의 이름을 혼용하여 여러 개의 이름으로 사용[43]하여 부르면서 우리 기록의 이름 즉, 우산도,[44] 삼봉도[45] 등에

되었다고 주장한다(홍승목, "독도영유권 관련대담", 國際法學會論叢(東谷白奉欽敎授停年紀念), 第48卷 第2號(通卷 第96號)대한국제법학회, 2003, p.237). 그러나 이 부분 러시아는 영국의 착오로 보인다. 즉, 1787년 프랑스 항해가 Perouse가 울릉도를 Dagelete으로 명명하였는데 1789년에 영국의 탐험가 James Colnett이 Argonaute라는 이름을 붙였다. 그러나 Colnett이 섬의 경위도를 잘못측정하여 서구의 지도에는 Dagelete와 Argonaute의 두 개의 섬이 존재하는 것으로 나타나게 되었다. 1840년 Philipp Franz Von Siebold란 자가 일본지도를 작성하였는데 그는 竹島(현울릉도)를 Argonaute로, 松島(현 독도)를 Dagelete로 기재하였다. 그 후 Colnett의 오류가 널리 알려져서 서구의 지도에는 Argonaute란 섬이 없는 것으로 되고 결국 Dagelete만이 남았고, 따라서 Matsushima, 즉 松島라는 이름이 울릉도의 이름이 된 것이라고 한다(외무부, 독도관계자료집(I) - 왕복 외교문서(1952~76)-(1977.7.15), 1962년 7월 13일자 일본측 각서, 일어. pp.242-44 ; 영어·260~62 참조).
41) 앞의 주석 40) 참조.
42) 北澤正誠, 앞의 竹島版圖所屬考(1), 「竹島一名ハ磯竹島又松島ト稱ス韓名ハ鬱陵島…」;「죽도는 일명 기죽도 또는 송도라고 칭한다. 한국 이름으로 울릉도 … 」라는 기록에서 보듯 자신들의 기록에서 조차 명칭의 혼용이 심하게 사용되고 있다.
43) 독도명칭과 관련 일본은 1667년 은주시청합기에서는 '松島'로, 1905년 2월 22일 도근현 고시40호에서는 '竹島'로, 1867~1897년간의 여러 지도에는 오리브차, 미넬자이도, 그 외에 리앙끄르암 등으로 사용하고 있다(김명

대해서는 독도가 아니라고 무조건 단정적으로 부정하고 있다.

특히 대한제국 칙령 제41호의 '석도'[46]가 '독도'[47]가 아니라고 부정한다. 즉, 한국의 역사기록에 독도라는 근거만 나오면 "하여튼 독도는 아니다"라고 무조건 미리 단정적으로 부정한다.[48] 일본은 여러 개의 이름으로 부르거나 혼용해서 불러도 되고 한국은 그러면 안 된다고 하는 이중적인 기준을 설정하고 있는데, 이는 과연 합당한지가 의문이다.

또한 일본은 "…일본에서 다케시마 혹은 마쓰시마의 존재가 오래 전부터 인지되고 있었다는 사실은 각종 지도와 문헌에서 확인할 수 있습니다"라고 주장하지만, 일본에서 제작한 독도를 지도로 인식한 것은 대략 1747년[49] 경이고,[50][51] 한국이 독도를 지도로 인식한 것은 1481년

기, 앞의 강의, pp.16~19 참조). ; 1905년 1월 28일까지 독도의 일본식 호칭은 확실하지 않다(佐藤正人, "세계사 근현대사에 있어서 독도", 독도연구총서③, 독도연구보전협회, p.24).

44) 고려사 지리지 권58 울진현조 ; 태종실록 권34 태종 17년 8월 을 축조 ; 세종실록 지리지, (1432년 세종14년), 강원도 울진현조 등 참조.

45) 성종실록 권8 성종1년 12월, 갑인조 참조.

46) 1900년 10월 25일 대한제국칙령 제41호 제2조 (관보 제1716호 광무 4년 1900년 10월 27일) 참조.

47) 「독도를 종래의 명칭인 '우산도'로 호칭하지 않고, '石島(獨島)'로 표기한 것은 공도정책이 폐지되어 1883년부터 합법적으로 들어온 울릉도민들이 사투리로 돌(Rock, Stone)을 '독'이라고 발음하여 독도를 돌섬(Rock islet)이라는 뜻의 지방사투리로 '독섬'이라고 불렀기 때문입니다. '돌섬'은 뜻을 취하면 '石島'가 되고 음을 취하면 한자로 '獨島'로 표기되고 있는데, 뜻을 취해 '石島'로 표기한 것이었습니다.」(신용하, 앞의 16포인트 p.79 [2] .), 이를 해석해 보면, 고기록상 우산도로 나타나는 독도가 울릉도에 개척민들이 들어오면서 고기록과 같은 '于山島'로 부르지 않고, 부르기 쉬운 전라도 말로 돌섬이라 부른 것을 뜻을 취해 석도로 표기했다고 한다.

48) 홍승목, 앞의 대담, p.237 참조.

49) 일본 외무성의 다케시마 10포인트에서는 1779년 개정 일본여지노정전도

경52)으로 일본보다 266년이나 앞서 인식하고 있었다.53)

일본이 독도를 문헌으로 인식54)한 것은 1667년경이고 한국이 문헌

를 주장하고 있으나 한국의 학자(이상태, 고지도가 증명하는 독도의 영유
권)에 의해 밝혀진 일본 제작지도의 최초 독도표기 지도는 가와카미 하사요
시(川上久良)가 17세기 제작하여 현 가고시마 현립도서관이 소장한 '조선
도'이다. 그러나 이또한 정확한 제작연대를 알 수 없어 작자미상의 '三韓
世表朝鮮國 八道全圖'를 기준으로 하였다.
특히 많은 일본지도가 독도를 한국 영토로 표기하고 있어 이를 일본인식의
근거로 사용할 수 있는가에 대한 의문도 있으나 독도의 영유권이 어느 나
라에 있다고 지도가 표기하고 있든지 일본이 인식한 그 존재 자체는 부정
되지 않으므로, 인식 부분만을 근거의 기준으로 하였다.

50) 작자미상, 삼한세표조선국팔도전도(三韓世表朝鮮國八道全圖)(1747), 영남
대 소장(이상태, "일본지도에 표기된 독도", 동북아역사재단, 2008 콜로
키움, p.32 ; 이상태, "고지도가 증명하는 독도의 영유권", 사) 독도연구
보전협회 2009년도 학술토론회, p.34 참조)

51) 삼한세표조선국팔도전도에서 독도를 한국이나 일본 중 어느 나라 영토로
인식했는지는 기록이 없어 명확하지 않다. 다만, 독도를 일본 영토로 인정
한 최초의 지도는 1840년 네덜란드(화란)인 Von Siebold가 제작한 ツーポ
ルト日本地國로 Takeshima와 Matsushima로 표기되어 있다(김명기, 독도
연구, 서울 : 1997, 법률출판사. p.312). 반대로 일본의 여러 지도 가운데
독도가 분명하게 한국 영토로 표시된 것으로 가장 오래된 지도는 1773년
長久保亦水가 제작한 「日本輿地路程全圖」이다(김명기, 앞의 책, p.74).

52) 현존하는 한국의 고지도 중 가장 오래된 것은 8도지도이다. 이 지도는 세
종 17년(1435)부터 성종 12년(1481)까지의 46년 사이에 제작된 것으로
추정되는데, 여기서는 가장 후의 연도인 1481년을 기준으로 하였다.

53) 8도지도는 현존하는 한국의 고지도 중 가장 오래된 지도이다. 이 지도에
는 평안도의 강동현이 폐현(廢縣)으로 표시되어 있다. 강동현은 조선 초기
세종 17년(1435)에 폐지되었다가 성종 12년(1481)에 복구되었다. 따라서
이 지도는 세종17년(1435)부터 성종 12년(1481)까지의 46년 사이에 제작
된 것으로 추정된다. 이 지도에는 우산도가 울릉도의 서쪽에 있으며, 울릉
도는 무릉도로 표기되어 있고, 두 섬이 실제보다 본토쪽으로 가까이 표시되
어 있다. 이 지도의 영향으로 제작된 지도가 서양의 당빌의 조선왕국도로
추정된다(이상태, "고지도가 증명하는 독도의 영유권", 사)독도연구보전
협회,2009년도 학술토론회, p.20 참조).

54) 앞의 주석 26) 참조.

으로 독도를 인식한 것은 1432년으로 일본보다 235년이나 앞서 인식[55] 하고 있었다.[56]

특히 일본은 "예를 들어, 경위선을 투영한 간행 일본지도로서 가장 대표적인 나가쿠보 세키스이(長久保赤水)[57]의 『개정일본여지노정전 도』(改正日本輿地路程全圖) (1779년 초판) 를 비롯한 여러 지도에서, 울릉도와 다케시마를 한반도와 오키제도 사이에 명확히 기재하고 있음 을 알 수 있습니다"라고 주장하지만, 일본은 나가쿠보 세키스이의 1779 년 초판본 지도[58]를 소개하면서 실제 사진은 1846년판 사진을 게재하 여 인위적으로 조작하고 있다. [59] 그러나 일본이 주장하는 이 개정판

---

55) 앞의 주석 28) 참조.
56) 실증기록을 통한 양국의 인식년도 비교

〈실증사료의 연도기준〉

구분	한국	일본	연도의 차
울릉도	512년	1004년	약 500년
독도	1432년	1667년	235년
지도	1481년	1747년	266년

57) 나카쿠보세키스이(長久保赤水) (1738년 ~ 1793년)는 에도후기의 경세·비 평가이며, 이름은 도모나오(友直)이다. 다테(伊達 ; 지금의 센다이(仙台))번 에서 태어나 나가사키에서 공부했다. 주요 저서로는 상기서 외에 「해국병 담(海國兵談) 등이 있다(나이토 세이추, 앞의 책, p.16 주석 7) 참조).
58) 초판본부터 5판(1840)까지는 울릉도, 독도에 색이 칠해져 있지 않아 외국 영토, 즉 한국 영토로 표시하고 있다.
59) 개정일본여지로정전도가 초판부터 5판까지 일본 본토와 같은 색이 칠해지 지 않다가 1846년 판에서 오키국과 같은 노란색이 칠해 진 이유는 당시 오키국 지지(地誌) 등의 영향을 받았으며, 당시는 두섬이 오키국 소속이라 는 인식이 강해던 시기이다. 즉, 1836년에 발각된 덴포(天保) 竹島一件에 즈음하여 전국법령으로 널리 알려진 덴포 다케시마 도해금지령은 竹島(울릉 도)를 「겐로쿠(元祿)시기에 조선국에 넘겨준 섬」 이라고 정의했기 때문에 이 법령의 해석에 오해가 많은 속설을 만들어 널리 유포되었고, 19세기 일

지도에서 조차 울릉도(竹島)·독도(松島) 부분을 확대해 보면, "고려를 보는 것이 출운국에서 오키섬을 보는 것과 비슷하다(見高麗猶雲州望隱州)"는 문구가 있어 일본 영토가 아닌 한국 영토로 인정하고 있다.[60] 경위선을 투영한 간행 일본지도로서 가장 대표적인 나가쿠보 세키스이의 '개정일본여지노정 전도'는 사찬지도[61]로, 초판본부터 5판(1840)까지는 독도가 한국땅으로 표시되어 있다.[62] 그리고 일본주장처럼 울릉도와 독도를 한반도와 오키제도 사이에 정확하게 기재하고 있는 (일본) 지도는 다수 존재하지만 그 지도들의 다수가 독도를 한국영토로 표시하고 있다.[63]

더욱이 일본 해군성 『조선동해안도』(1876년)와 같은 관찬지도는 독도를 한국의 영토에 포함시키고 있다.

특히 일본의 유명한 실학자인 하야시 시헤이(林子平)에 의한 『삼국통람도설(三國通覽圖說)』(1785년) 부록의 『삼국접양도(三國接壤圖)』에서는 각국 영토를 나라별로 채색하여 조선은 황색, 일본은 녹색

본지도는 이런 사회분위기를 반영하여 같은 색으로 칠해졌다(池內敏, 앞의 연구, p.213 ; 산음중앙신보 2007.09.14 참조.).

60) 신용하, 앞의 16포인트, p.61 참조.

61) 나카쿠보 세키스이(長久保赤水)의 1773년판 일본여지노정전도(日本興地路程全圖)는 울릉도, 독도를 그려넣은 일본 최초의 「관찬지도」이다(池內敏, 앞의 연구, p.210)는 견해가 있다.

62) 앞의 주석 59) 참조.

63) 林子平, '大日本 朝鮮琉球', (일본, 仙臺, 天明 5년 , 秋寫785) ; 內田普齊, '大日本府懸全圖', (일본 慶岸堂, 明治5년, 1872) ; 出雲寺萬次郎, '朝鮮國細見全圖', (일본, 明治6년, 1873) ; 宮通絲 '朝鮮與地全圖', (일본, 東京, 明治8년, 1875) ; 陸軍參謀本部, 亞細亞東部與地圖(일본, 明治 8년; 1875); 橫井遠之 '朝鮮國之全圖', (일본, 駿駿當, 明治19년, 1886)등(김명기 앞의 책, pp.305~311).

으로 채색하고, 동해 가운데 울릉도와 독도를 정확한 위치에 표시한 다음 조선과 같은 황색으로 칠하여 조선 영토로 표시하고 있으며, 특히 울릉도와 독도에 대해서, 「조선의 소유다(朝鮮の 特也)」라고 주(注)까지 달아서 조선영토라는 것을 명확히 하고 있다.[64]

또한 18세기 덕천 막부시대의 『총회도(總繪圖)』는 울릉도와 독도에 대해 조선국과 같은 황색으로 칠하여 두고, 두 섬 위에 또다시 문자로 '조선의 것으로'(朝鮮ノ 持ニ)라고 기록하고 있다.[65]

국제법상 지도는 권원을 창출하지 아니하며, 지도가 조약에 구체화되거나 국가간 교섭 내에 사용된 경우를 제외하고는 인정될 수 없는 것이지만[66] 자국지도에서 일부 도서를 누락한 지도보다 자국지도에서 일부 해당도서를 상대국의 영토로 표시한 지도는 자유심증주의 재판제도하에서 증거력이 높이 평가되어 판결에 영향을 미친다는 국제사법재판소(ICJ)의 판결[67]에 비춰보면, 일본의 위와 같은 지도들은 더욱 독도가 한국영토임을 반증하는 증거자료로써 증거가치를 높여 준 것이다.

(4) 독도에 대한 역사기록과 국제법상 영유권 문제

섬을 둘러싼 주권의 논쟁에 관한 제2차 세계대전 후의 모든 법정 결정 및 중재판결은 옛날의 역사 기록보다도 19세기에 어느 나라가 현실적인 행정지배를 하고 있었는가에 주목하여 이뤄졌다.[68] ICJ에 의하면,

---

64) 신용하, 앞의 16포인트, p.62 ; 나이토 세이추, 앞의 책, p.16
65) 신용하, 앞의 독도연구총서⑨, p.38 ; 김명기, 앞의 책, p.305 참조.
66) ICJ, Judgement, 23 May 2008, *Sovereignty over Pedra Branca / Plau Batu Puter,* Rocks and South Ledge(Malaysia/Singapore), para.270. 참조.
67) ICJ, *supra.*1. para.272. 참조.

"결정적으로 중요한 것은 중세에서의 사건에서 추정되는 간접적인 추론이 아니라, 소유에 직접 관련되는 증거이다."69) 또 주권을 결정할 때 가장 유리한 조건은 비교적 최근에 있어서의 섬의 이용과 점령 역사에 있었고, 양 당사자가 제출한 귀속에 대한 역사적인 주장은 최종적으로 분쟁 해결에 도움이 되지 않는다.70) 그러나 과거 반세기에 걸쳐 한국에 의한 독도에 대한 물리적 점령은 재판소가 고려하는 중요한 요인이 될 것이며,71) 1965년 한 ·일간의 조약체결 당시 이 건을 끝내지 못한 사실만으로도 일본의 입장은 취약하고 사실상 한국의 물리적 점령을 묵인한 것이다. 특히 19세기의 사건 및 1905년 한국(조선)이 일본의 보호국이 되고, 이어 1910년에 병합된 시기의 말들과 행동, 그리고 제2차 세계대전 후 미군의 점령으로부터 적대관계를 끝낸 평화조약과의 사이에 한일 간에 이루어진 말들과 행동에 초점을 맞춰 역사 기록을 상세하게 검토하는 일이 중요할 것이다. 재판소(ICJ)는 몇 가지의 중대한 사건이 중요하다고 해도 이 사건을 공적 쟁의로써 인지된 '결정적인 시점(Critical Date)72)을' 특정하는 일보다는 역사전체의 커다란 흐름 속에서 판단하려 할 것이다.73) 이렇게 볼 때, 한국(조선)은 20세기 초

---

68) See generally Mark J. Valencia, Jon M. Van Dyke, and Noel A. Ludwig, sharing *the Resources of the South China Sea* 17-19(1997).
69) *Minquiers and Ecrehos* Case(France / United Kingdom), 1953. I.C.J. 47(emphasis added) ; Jon M. Van Dyke, "독도 / 다케시마 주권에 관한 법적 문제", 「한국병합과 현대-역사적 국제법적 재검토」, 태학사, 2009, p.848
70) Jon M. Van Dyke, 앞의 논문, p.848 참조.
71) Sovereignty over *Pulau Ligitan and Pulau Sipadan,* 2002 I.C.J.(Dec. 17, 2002), para 134
72) 「결정적 시점은 … 독도 분쟁에 있어서는 그다지 중요하지 않을 것이다」(Jon M. Van Dyke, 앞의 논문, p.852 참조.)
73) Jon M. Van Dyke, 앞의 논문, p.847 참조.

엽에는 일본에 의한 병합 때문에 지배권을 행사할 입장이 아니었지만 독립을 회복하자마자 이들 섬에 대한 지배를 실행하고 그 이후 주권을 계속 행사해 왔다는 점에서 독도에 대한 한국의 권리 주장은 유리하다.[74] 즉, 상대적 우위에 있다.

---

74) Jon M. Van Dyke, 앞의 논문, p.850.

2. 일본의 다케시마 인지 제2항

가. 기술

제2항은 다음과 같이 기술하고 있다.

> 1787년 프랑스의 항해가 라 페루즈가 울릉도에 도착하여 '다쥴레(Dagelet) 섬'으로 명명하였습니다. 그 후 1789년에는 영국의 탐험가 컬넷도 울릉도를 발견하였으며 그는 이 섬을 '아르고노트(Argonaut) 섬'이라고 하였습니다. 그러나 라 페루즈와 컬넷이 측정한 울릉도의 경도와 위도에는 차이가 있으며 그 차이로 인해 후에 유럽에서 작성된 지도에는 마치 2개의 다른 섬이 울릉도로서 존재하고 있는 것처럼 기재되게 되었습니다.

나. 비판

(1) 일본의 어설픈 변명

일본은 페루즈와 컬넷이 측정한 울릉도의 경도와 위도에 차이가 있어서 그 차이로 인해 2개의 울릉도가 존재하게 되었다고 주장한다.

그러나 이는 일본의 어설픈 변명에 지나지 않는다.

이는 일본이 스스로 서양의 과학을 맹목적으로 추종했던 결과의 산물일 뿐 서양인의 잘못이 아니다. 즉, 적어도 1880년대 말기까지는 일본해군이 해양을 측정하여 서양과 같은 과학적인 해도를 제작할 능력이 없었다. 또 현대적이고 정밀한 장비도 아직 갖추고 있지 못했다. 그래서 일본은 해도 제작 시 서양해도를 기본으로 사용하지 않을 수 없었고,75) 이 과정에서 중요성이 낮아 간과하고 있던 울릉도와 더 한층 비중이 낮은 독도의 명칭을 잃어버린 것이다.

따라서 이는 일본이 맹목적으로 잘못된 서구의 전거(典據)를 추종한 결과의 산물일 뿐만 아니라 울릉도와 독도가 한국 영토라는 사실인식 때문에 당연히 발생되는 일본인의 확신없는 모호한 지리적 인식 때문이기도 하다.

(2) 제3국의 독도의 해역분류

프랑스, 영국, 러시아 등 당시 세계 열강의 해군은 독도 발견 당시부터 독도를 울릉도와 함께 묶어 한국의 동해에 분류했다.

이는 한국의 영토인 울릉도·독도에 대하여 당연한 것이며, 울릉도와 독도가 서로 떨어질 수 없는 불가분의 관계에 있다는 점에서도 당연하다.

따라서 제3국도 울릉도의 속(屬)도 또는 자(子)도인 독도가 자연스럽고도 당연하게 한국 영토로 인식했음을 보여준 것이라 할 수 있다.76)

(3) 한·일간 및 제3국의 독도명칭

1) 한국의 명칭

① 한국의 독도명칭

한국정부의 독도의 공식명칭은 한글 '독도',77) 한자 '獨島',78) 영문

---

75) 이진명, "독도 지리상의 재발견"(개정증보판), (주)도서출판 삼인, 2005, p.70 참조.
76) 이진명, 앞의 책, p.74 참조.

'Dokdo'[79]이다.

② 한국의 역사상 독도명칭

한국에서 독도에 관한 명칭은 于山島[80], 子山島,[81] 三峰島,[82] 可支島,[83] 蓼島,[84] 石島,[85] 獨島[86]와 같은 여러 이름으로 불렸으나 섬의

---

77) 1951년 7월 19일의 양유찬 주미한국대사가 미국무성에 보낸 공한에 '독도(Dokdo)'라는 명칭을 사용하고 있으며, 1952년 2월 12일 일본측에 보낸 한국측 최초구술서에도 '독도(Dokdo)'라는 명칭을 사용하고 있다. 그 외에 1954년 9월 26일 한국정부견해(2), 2005년 7월 바른역사정립기획단이 발간한 「독도-16세기 이래 대한민국의 영토」에 '독도'라고 표기되어 있다(김명기, 앞의 책, p.13). 또한 독도라는 명칭은 한국이 해방된 후인 1946~1947년경부터 일반에 알려져 쓰이기 시작한 것으로 보이며, 1952년 한·일 간에 독도를 둘러싼 외교마찰이 일면서 널리 알려지게 되었다(이진명, "독도, 지리상의 재발견", 삼인, 2005, p.28). 서양의 자료에는 1960년대가 되어서야 독도라는 명칭이 알려지게 되었고 '다케시마/리앙쿠르' 뒤나 괄호 속에 넣어서 표기하거나 아니면 한국인들은 '독도라 부른다'는 식으로 표기하기 시작하였다(이진명, 앞의 책, p.37). ; Jon M. Van Dyke, "독도/다케시마 주권에 관한 법적 문제", 한국병합과 현대(역사적 국제법적 재검토), 이태진·사사가와 노리가츠(공편), 태학사, 2009, p.845 ; Republic of Korea Ministry of Maritime Affairs and Fisheries "The rugged beauty of these rocky islets and its surrounding flora and fauna are brought to life in Beautiful Island", 2000, p.11 참조.
78) 1954년 9월 26일의 한국정부견해(2), 1959년 1월7일의 한국정부견해(3)에 "獨島"로 표기되어 있다(김명기, 앞의 책, p.13).
79) 1951년 7월 19일의 양유찬 주미한국대사의 미국무성에 보낸 공한, 1952년 2월 12일 일본측에 보낸 한국측 최초구술서, 2005년 7월 바른역사정립기획단이 발간한 「독도-16세기 이래 대한민국의 영토」에 'Dokdo'라고 표기되어 있다(김명기, 앞의 책, p.13). 한편 Dokdo Island, Dok Island, Dokdo Rocks, Dok-do, Dok-To, Liancourt Rocks, Dokdo Islet 등은 공식표기가 아니라고 한다(김명기, 앞의 책, p.13).
80) 태종실록 권34, 태종 17년 8월 乙丑條 참조.
81) 숙종실록 권3, 숙종 22년 9월 戊寅條 참조.
82) 성종실록 권8, 성종 원년 12월 甲寅條 참조.
83) 정조실록, 정조 18년 6월 戊午條 참조.
84) 성종실록 성종 4년 1월 庚子條 참조.

특성상 여러명칭으로 불린 것이며, 于山島로 널리 알려져 오던 중 1900년 10월 25일 대한제국에 이르러 「石島」로 공포되었다. 현지인들은 '독도'라 불렀다.

2) 일본의 명칭

① 일본의 독도명칭

일본정부의 독도의 공식명칭은 일본어 'たけしま'[87], 한자 '竹島'[88], 영문 'Takeshima'[89]이다.

② 일본의 역사상 명칭

ⓐ 松島

일본에서는 독도에 대하여 '松島'[90]라 칭하며, 오던 중 1880년경 까지 사용하였다.[91]

---

85) 1900년 10월 25일 대한제국 칙령 제41호, 관보 1716호 참조.
86) 1906년 3월 29일 울릉군수 심흥택보고서 참조.
87) 1952년 1월 28일 일본측구술서, 1956년 9월 20일의 일본정부의 견해(3)에 의하면 'たけしま'로 표기하고 있다(김명기, 앞의 책, pp.16-17). 다케시마는 1905년에 일본이 시마네현 고시라는 것을 하면서 독도에 붙인 이름이다. 1920년대 말 한국강점기에는 다케시마라는 일본 명칭이 알려지자 수로지에서는 주로 '다케시마'를 쓰고 리앙쿠르는 그 뒤나 괄호속에서 사용하였다(이진명, 앞의 책, p.37).
88) 1956년 9월 20일의 일본정부견해(3), 1962년 11월 13일의 일본정부견해(4)에 '竹島'로 표기하고 있다(김명기, 앞의 책, p.17).
89) 1952년 1월 28일 일본측 최초구술서, 1953년 9월 9일의 일본정부견해(1)에 'Takeshima'로 표기되어 있다.
90) 齊藤豊仙, 隱州視聽合記(1667) ; 「에도(江戶)초기부터 明治初期(1868)까지 어느 정도 일관되게 울릉도를 竹島로, 독도를 松島로 사용하였다」(오키노시마, 2005년 7월호 참조 ; 秋岡武次郞, "日本海西南の松島と竹島", 「社會地理」第27號, (1948,8) ; 김영구 "한일간독도영유권 문제의 평화적 해결방안". 독도연구보전협회, 독도연구총서③, p.236

ⓑ 竹島

일본에서 독도에 대하여 다케시마 '竹島'[92]라 칭한 것은 1905년 2월 22일 도근현 고시 제40호 기록 이후부터이며, 현재의 공식명칭이다. 이 전까지는 竹島는 울릉도의 명칭이었다[93]가 19세기중엽 아르고노트(竹島)가 가공의 섬으로 실존하지 않는 것이 확실해진 1860년대 이후부터는 서양의 해도와 지도에서 사라졌다.[94] 그 후 1905년 독도의 명칭으로 새롭게 나타난 것이다.

3) 제3국의 명칭

① 메넬라이(ソネザイ ; Menelai)島 및 올리부차(ヨリウシ ; Olivutsa)島

빨라다호(2,090톤)는 1852년 10월 7일 크론슈타트를 출항하여 영국에서 구입한 바스톡크(210톤)호와 함께 극동으로 항해하였다.[95] 이 배에는 일본과의 외교 및 통상협상단이 승선하고 있었다. 이들은 1851년에 포경어업 및 극동의 안전을 위해서 미리 보낸 올리부차(ОЛИВУЦА)호[96] 및 크냐지 멘쉬코프(КНЯЗЬ МЕНШИКОВ)호와 합류하여 1853년

---

91) 1876년 武藤平學이 「松島開拓之議」를 일본외무성에 제출할 때 울릉도의 명칭을 松島로 호칭한 것으로 봐서 이 때부터 獨島의 명칭은 竹島 또는 리앙꾸르도로 불린 것 같다(김영구, 앞의 논문, P.236).
92) 도근현 고시 제40호, 1905년 2월 22일
93) 齊藤豊仙, 隱州視聽合記(1667) 참조
94) 이진명, 앞의 책, p.71 참조.
95) 빨라다호 및 올리부차호가 조선근해를 항해할 당시에 러시아에 알려진 최초의 조선지도는 1709년에서 1717년 사이에 선교사 들이 중국 및 조선의 자료를 이용하여 1737년에 프랑스의 단빌(D' Anville)이 발간한 신중국 지도이다(한국신문방송인클럽, "독도는 우리 땅", 2005, pp.403~404).
96) 올리부차호는 1839년부터 1841에 흑해의 세바스토플에서 건조되었으며

8월 10일 일본의 나가사끼에 입항하였다.

일본 정부와 대화가 부진하게 진행되어 이들 원정대는 보급품 보충을 위하여 상하이를 방문한 후, 12월 22일 다시 나가사끼에 귀환하여 일본과 외교협상을 계속하였다. 뿌쨔찐 제독97)의 원정대는 1854년 1월 24일 나가사끼를 재출항하여 필리핀의 마닐라를 방문한 후 2월 27일 러시아의 티타르 해협으로 향하였는데, 올리부차호는 바로 티타르 해협으로 항해하였고, 나머지 3척의 함정은 나가사끼를 당시 방문한 후 서로 항로를 달리하여 티타르 해협으로 항해하였다.98)

올리부차호의 함장 나지모프(1822~1867)는 1854년 4월 2일 대한해협의 동수로를 지나 북쪽의 티타르해협으로 행해하던 중에 4월 6일 러시아에서 최초로 독도를 발견하였다.99) 이 같은 독도 발견사실은 빨라다

최초에는 미네라이호라 불리었고, 그 후 올리부차호로 함정의 이름이 바뀌었다. 전장은 38.1m, 폭 10.6m, 승조원 186명이다.

97) 뿌쨔찐 제독은 1852년에서 1855년의 항해의 결과를 1856년 10월호의 해군지에 게재하였다. 첨부된 지도에 독도를 미네라이 및 올리부차도라 썼는데, 독도를 러시아 지도상에 최초로 표기한 지도이다(한국신문방송인클럽, 앞의 책, p.404).

98) "Отчет о Плавании фрегата(Паллада), Шкуны(Восток), Корвета (Оливуца) и Транаспорта(Князь Меншиков), под командою Генерал-Адьютанта Путятина, в 1852, 53, 54 годах", Морской Сборник, Т.20, No.1, 1856, стр.132-162. ; "Всеподданнейший Отчет Генерал-Адьютанта Графа, Путятина, О Плавании Отряда Военных Судов в Японю и Китай 1852-55 год", Морской Сборник, Т. 24, No.10, 1856, стр.23-104.

99) 1854년 4월 6일 동해안에서 돛으로 항해중(항해일지) 「⋯ 12:00시 바람을 가로질러 좌측으로 선회 함정내 수위. 4·75인치 아침에 발견한 2개의 높은 바위는 반나절 동안 시야에 있었으며, 이제 명확해졌다. 이 2개의 제법 높고 예각의 발가벗은 바위는 약 300사젠(약 642m) 떨어져 있으며, 이들 섬은 동남동 및 서남서로 놓여 있고 이들 중 서쪽 섬은 북위 37.13도, 동경 131.55도에 위치하고 있다 이 중 더 높은 서쪽 섬은 올리부차도라 명명

호의 조선 동해안 탐사결과 자료중에 다시 기록되어 있다.[100] 빨라다 호는 1854년 4월 20일부터 5월 11일 사이에 조선 동해안의 북위 35.30 도 지역에서부터 북위 42.30도, 동경 131.10도 지역까지 약 600마일의 해안을 조사하였으며 그 결과를 러시아 해군지 1855년 1월호에 게재하 였다.

특히, 독도 발견 사실이 공표된 2개월 후 1855년 3월호의 해군지에 는 1820년에 일본에 가서 발간한 일본지도를 러시아어로 번역한 지도 가 소개[101]되었는데 독도는 타고시마로 표기되어 있다.[102]

1861년부터 1880년의 추가 조사 자료를 바탕으로 1882년 6월에 러시 아 해군성 수로국에서 발간한 조선동해안 지도는 올리부차호의 독도 발견사실을 재확인하면서 1860년에 시르게프(СЕРГЕЕВ) 대령이 독도 를 북쪽으로 3.5마일 거리, 북서쪽 10도로 5마일 거리 및 북서쪽 61도

하고, 동쪽 섬은 발틱함대 그 후에 캄차트까 전단으로 소속되기 전에 1846 년까지 흑해함대 소속이었을 때 최초의 함정 이름을 기념하여 미네라이도 라 부른다.
올리부차도에서 북서쪽으로 2마일 가량 수상에 나타난 암초가 뻗혀있다. 올 리부차 및 미네라이도는 청명한 일기상태의 30마일 거리에서 발견하였다 (싱크트 뻬 부르크 소재 러시아 해군문서 보관소 소장, 문서번호 : 870-1-7208) ; 한국신문방송인클럽, "독도는 우리땅", 2005, p.401 참조).
100) 올리부차호의 독도 발견 사실이 빨라다호의 조선 동해안 조사 결과에 포 함되어 있기 때문에 빨라다호가 발견한 것으로 되어 있으나 실제는 올리부 차호가 발견한 것이다(한국신문방송인 클럽, 앞의 책, p.404 주석 17) 참 조).
101) "Карта Полуострова Кореи", Морской Сборник, Т.15, No.4, 1855, стр.78-79. ; "Обьяснение Карты Японии", Морской Сборн ик, Т.15, No.3, 1855, стр.42-43.
102) 독도의 일본식 지명은 이 후로는 20개월 후에 발표된 뿌쨔찐 제독의 항 해 결과에 첨부된 지도(해군지 1856년 10월호), 1857년 및 1882년 해군 성 발간 지도에는 조선 동해안 지도에 나타나 있지 않다.

로 14마일 거리에서 바라본 형상을 그려 놓았다.[103]

올리부차호의 독도발견 사실은 1861년에 영국해군 수로국에서 발간한 중국 수로지에도 기록되어 있다. 이 수로지는 중국, 조선 및 티타르 연안, 동해, 티타르 및 아무르만, 오호츠크해, 일본, 대만 및 쿠릴열도 지역을 취급하고 있으며, 조선 연안 조사 현황을 간략하게 기술하고 있다.

독도는 미네라이島(동도) 및 올리부차島(서도)로 1857년 및 1882년에 러시아 해군에서 발간한 지도에 표기되어 있다. 1898년에 해군성 수로국에서 발간한 지도에는 미네라이도 및 올리부차도(리안쿠르도)로 명기되어 있고, 1901년 해군성 수로국에서 최초로 발견한 조선 동해안 수로지에는 독도를 리안쿠르도라 부르고 있다.[104]

---

103) Карта Восточного Берега Кореи, СПБ, Гидрографический Департамент Морского Министерства, 1882.
104) 러시아의 독도발견 및 명칭변화를 보면 다음과 같다(한국신문방송인클럽 앞의 책, p.405 참조).

시기(년)	출처 / 발행기관	지명
1854년	올리부차호의 항해일지	미네라이(동도) 및 올리부차도(서도)
1855년	러시아해군지(1855년 1호)	미네라이(동도) 및 올리부차도(서도)
1857년	조선 동해안 지도 / 러시아 해군성	미네라이(동도) 및 올리부차도(서도)
1882년	조선 동해안 지도 / 러시아 해군성	미네라이(동도) 및 올리부차도(서도)
1901년	동해양 수로지(1권) / 러시아 해군성	리안쿠르도
1912년	동해양 수로지(1권) / 러시아해군성	리안쿠르도
1950년	세계해양도 / 소련해군	리안쿠르도
1962년	동해수로지(4권) 소련해군	독도(竹島)
1970년	한국동남해안 수로지 / 소련 국방부	竹島
1974년	태평양 해양도 / 소련해군	竹島
1986년	한국연안 수로지 / 소련국방부	리안쿠르도

러시아는 1855년 1월호 해군지에 기록된 이래 불렸던 지명은 다르지만 일관하여 독도를 조선의 영토에 포함하여 조선동해안 지도에 포함시켜 기록하고 있다. 특히 1986년에 발행한 수로지에는 「한국의 영토 중 가장 동쪽에 위치하고 있다」고 기술하고 있다.

② 다줄레島(Dagelet Island)와 울릉도

18세기 후반부터 서세동점의 시기에 서양 선박들이 동해에 들어오게 되는데, 1787년(정조11년) 프랑스의 이름있는 항해가 Jean Francois Galaupe de la Perouse[105] 대령이 2척의 범선(Boussole 호 및 Astrolabe호), 즉, 군함을 이끌고 제주도와 울릉도 해안을 측정하던 중 5월 27일 동해에서 자기들 지도에도 없는 섬 울릉도를 발견하고, 이 섬을 최초로 발견한 Boussole 호에 동승한 프랑스 육군사관 학교 교수 Lepaute Dagelet[106]의 이름을 따서 울릉도에 다줄레 島(Dagelet-Island)[107]라 이름을 부치고, 그 옆에 있는 죽서도(竹嶼島)에 붓솔岩

---

105) 장-프랑소아 드 라페루즈(1741-1788)백작, 프랑스 해군제독, 탐험가이며, 1741년 남프랑스 알비(Albi) 근처의 귀오(Guo) 성에서 태어나 1788년 초에 오스트레일리아 북부 뉴칼레도니아 근방의 바니코로(Vanikro, 솔로몬 군도) 섬 근처에서 실종되었다. 귀족 신분으로 인도식민지에 근무하던 프랑스인 하급관리의 딸과 결혼했으며, 자녀는 없다. 그는 「라페루즈의 세계탐험기」(Voyage de La Perouse autour du monde) 1791년 4월 22일 프랑스 국왕 루이 16세의 명에 따라 출판했다. 밀레 - 뮈로(Milet-Mureau, L.A.)가 본문을 작성하고, 1797년 프랑스 국립인쇄가 출판했다. 본문 전 4권, 대형 지도첩 1권이 딸려 있다 지도첩에는 한국관련 사항이 8점이 있다(이진명, 앞의 책, p.40).
106) Dagelet는 수학자, 천문학자이다.
107) 울릉도는 다줄레(Dagelet)라는 이름으로 1950년대 말까지 서양의 해도와 지도에 표기되어 왔다 그 뒤로 서양의 지도와 해도에서 울릉도를 가리키는 명칭은 하나 같이 'Ullung-do'로 통일되었다(이진명, "독도지리상의 재발견", 삼인, 2005, p.27).

(Boussole Rock)이라는 이름을 부쳤다.[108]

이때 독도에 대한 기록은 없다.

③ 아르고노트島와 울릉도

영국의 탐험가 James Colnett는 1789년 Argonaut호를 이끌고 대한 해협을 거쳐 동해로 진입하였다. 그는 계속 북서진하다가 울릉도를 발견하였는데, 자신의 배의 이름을 따서 아르고노트섬(Argonaut)로 이름지었다.

그러나 James Colnett이 섬의 경위도를 잘못 측정하여 서구의 지도에는 Dagelete와 Argonaute의 두 섬이 존재[109]하는 것으로 나타나게 되었다. 즉, 다케시마(울릉도)의 서양식 명칭인 아르고노트 섬은 1789년 영국 선박 아르고노트호가 울릉도의 경위도를 잘못 측정하여 존재하게 되었고, 다줄레 섬은 1787년 프랑스 선박이 울릉도의 경위도를 정확히 측정하여 존재되었는데, 이는 결국 한 섬인 울릉도가 하나는 실제위치에서 벗어나서 허상으로 존재하고, 하나는 실제 위치에 현상으로 존재하게 되었다. 이 같은 사실은 1811년에 간행된 영국의 Arrow-Smith의 「조선과 일본도」에도 보인다.[110] 이는 서양인이 볼

---

108) 신용하, 앞의 논문, 독도연구총서 ⑩, p.147 ; 김영구, 앞의 논문(독도연구총서 ③), 1998, p.237 ; 김명기, 앞의 책, p.18 참조.
109) 브뤼에(Brue, A.H), 1821, 중국 및 일본전도에는 울릉도 위치에 Argonaut가 독도위치에 Dagelet가 있다(한국신문방송인클럽, 앞의 책, p.356). 그 외에 모냉(Monin, C.V.), 1837, 중국 및 일본지도에 기록되어 있다.
110) 1811년에 간행된 영국의 애로-스미스(Arrow Smith)의 「조선과 일본도」는 두 개의 울릉도를 각각 아르고노트 섬, 다줄레 섬으로 그린 대표적인 지도이다(川上健三, 「竹島の歷史 地理的 研究」1966, p.11 ; 호사카유지, "근대일본의 독도인식-지도와 수로지를 통한 분석", 제5회 정기 독도연구 콜로키움(2010.3.3.), 동북아역사재단, p.27 참조.). 그 외에도 1856년

때는 Argonaute는 존재하지 않을 수 있는 섬이고, Dagelete은 바로 울릉도라고 인식할 수도 있으나 일본인의 시각에서 볼 때는 서양지도의 Argonaute는 다케시마(울릉도)이고, Dagelete은 마쓰시마(독도)로 인식되어 결국 이때까지도 일본인에게 명칭의 혼란은 없었다고 봐야 한다. 그러던 것이 1840년 나카사끼 출신 독일 의사이며, 아마추어 지도작성가 였던 Philipp Franz von Siebold[111] 박사가 일본에서 추방되어 네덜란드로 돌아가 3점의 일본지도와 서양지도를 참고하여 일본과 그 주변지도를 제작했다. 이 시볼트의 지도 동해 부분에 나타나는 Takasima, Matsushima는 나카쿠보 세키스이의 『개정일본여지노정전도』에 나타나는 다케시마(울릉도)와 마쓰시마(독도)를 참고로 그린 것인데[112], 그가 그린 Takasima와 Matsushima 역시 실제로 울릉도와

페리제독의 「일본원정기」삽입도에도 보인다(호사카유지, 앞의 논문, p.30 지도2-1 참조).

111) Siebold(1796-1866)는 독일인 의사로서, 네덜란드에서 활동한 일본 연구가이다. 1823년에 일본 나가사키(長崎) 소재 네덜란드 관 전임의사로 파견되어 1829년에 소위 '시볼트 사건'을 일으켜 일본에서 추방당했다. '시볼트 사건'이란 일본 최초의 실측전도를 작성한 이노 다다타카의 에도 막부 상사였던 다카하시 가게야스(高橋景保)가 시볼트를 통해 외국의 정보를 얻는 것을 조건으로 하여 그에게 이노 다다타카의 일본 지도 등을 건넨 사건이다. 이는 발각되어 다카하시는 사형선고를 받아 옥사했고 시볼트는 국외추방되었다. 이때 다카하시가 시볼트에게 건넨 지도 중 비밀리에 해외로 가져갈 수 있었던 지도는 모두 3점이었다. 그 3점은 이노 다다타카의 지도 축소판, 다카하시 가게야스가 제작한 '일본변계약도(1809)', 나카쿠보 세키스이(長久保赤水)가 제작한 '일본여지노정전도(1779)'등이다(東京地理學協會, "伊能圖に學ぶ", 1998 ; 호사카유지, 앞의 논문, pp.25-26).

112) Siebold의 지도제작 전인 1779년에 일본에서 작성되어 비교적 널리 보급된 나카쿠보 세키스이(長久保赤水)의 '개정일본여지노정전도'와 애로-스미스의 지도를 대조해 보면, 나카쿠보의 지도에 그려진 다케시마(울릉도)와 마쓰시마(독도)가 바로 스미스의 서양지도에 그려진 아르고노트섬, 다줄레섬과 일치하는 사실을 알 수 있다(호사카유지, 앞의 논문, p.28).

독도를 표기한 것으로 보이며, 일본인에게도 동일하게 인식될 수 있었다.[113] 즉, 일본 지도를 만들면서 울릉도(당시 일본이름으로 Takasima, 즉 竹島)를 Argonaute로, 독도(당시 일본 이름으로 Matsusima, 즉 松島)를 Dagelete로 기재하여 서양인이 독도의 위치를 정확히 측량하기 전에 시볼트는 일본에서 얻은 지식을 토대로 다케시마와 마쓰시마가 울릉도와 독도라는 사실을 분명히 알고 표기한 것이다.[114]

그 후[115] James Colnett의 오류[116]가 서양에 널리 알려져 아르고노트 섬, 다줄레 섬, 리앙쿠르 락스(호넷락스) 등 3섬이 그려진 지도가 등장하였다.[117] 그러던 중 해당 경위도에서 Argonaute를 찾을 수 없게

---

113) 호사카유지, 앞의 논문, p.29
114) 시볼트는 그가 동해에 그린 Takasima와 Matsusima가 울릉도와 독도라는 것을 보충하기 위해 지도 하단 부분에 그 사실을 그려 놓은 것에서 알 수 있다(호사카유지, 앞의 논문, p.29 참조).
115) 서양인들이 측량한 독도가 서양지도에 처음으로 등장한 연도는 1856년 페리제독이 「일본원정기」에 삽입된 지도로 알려져 있으며, 이 지도에는 독도가 'H. M. Sb. Hornet 1856'로 표기되어 있다(호사카유지, 앞의 논문, p.30 및 지도 2-1 페리제독의 「일본원정기」 삽입도 참조).
116) Colnett 오류는 경위측정의 잘못으로 두 개의 울릉도(Argonaut와 Dagelet)가 존재하는 것으로 착각 된 것을 말한다. 이는 Siebold가 1832년 일본지도를 만들면서 주기(註記)를 달아 Colnett를 Broughton[1797년 화태(樺太) 서해안으로부터 한국의 동해안을 탐사한 영국군함 Providence호가 해군 중령 부로우톤(William Robert Broughton)의 지휘하에 조선의 동해안을 탐사하고서는 지위관의 이름을 따서 영흥만에다 브로우톤만(Broughton Bay)라고 지명했다]으로 잘못 적었는데, 이를 秋岡武次郎이 "日本海西南の松島と竹島", 「社會地理」第27號(1948.8)에 Siebold의 잘못을 발견하지 못하고 인용하여, 그대로 일본 외무성 각서(1962년 7월 13일자 日本側覺書, 日語, pp.242-44 ; 英語. pp.260-262)에 인용한 잘못이 있다(김영구, 앞의 논문, 독도연구총서③, p.238).
117) 이같은 경향은 1894년 정도까지 이어졌다(川上健三, 앞의 연구, 참조 ;

되자[118] 1872년쯤부터 Argonaute는 존재하지 않는 섬으로 판단하여 제외시킨 지도가 등장하기 시작했고, 서양의 지도에는 자동으로 Argonaute란 섬은 없어지고 Dagelete만 남아서 울릉도로 사용되었다.[119] 이런 지도들은 동해에 2개의 섬만 그렸지만 울릉도를 마쓰시마(Dagelete), 독도를 리앙쿠르락스, 또는 호넷락스로 표시하고 있다.

Colnett이 울릉도를 지칭하는 이름 두 개 Dagelete와 Argonaute를 만들었고, Siebold가 Argonaute에 竹島를 Dagelete에 松島라는 이름을 붙였으며, Argonaute가 사라지면서 '竹島'라는 명칭도 사라지고, 실측에 맞는 Dagelete이 존재하게 되면서 울릉도 Dagelete은 松島가 되었고, 원래의 '松島' 자리에는 리앙쿠르 또는 호넷이 자리잡게 되었다는 것이다.[120] 그렇다면 이는 서양인들이 그들의 지도상 동해에서 섬의 개수 및

호사카유지, 앞의 논문, p.30 참조).

118) 빨라다(ПАЛЛАДА)호 기록에 의하면, 「다지레트도(울릉도)」는 바스토크호가 북위 37.22도, 동경 130.56도에서 관측하였는데, 둘레 20마일 크기의 원형모양이고 해안은 협소하여 거의 접근할 수가 없었다. 다지레트도 최고봉의 높이는 2.100피트이다. 아르고 나프트섬은 존재하고 있었는가 의심스럽기만하다. 그 섬은 보이지 않는다(한국신문방송인 클럽 앞의 책, p.402).

119) 일본 외무성 홈페이지, "竹島の問題"(다케시마 문제의 개요) ; 1962년 7월 13일자 일본측 각서, 일어. pp.242~44 ; 영어. 260~262 참조.

120) 도표로 정리하면 다음과 같다.

항해함	울릉도	독도
Perouse	Dagelet	
Colnett	Argonaute	
Colnett 경위측정잘못	Dagelet, Argonaute	
Siebold	Argonaute(竹島)	Dagelet(松島)
서양지도의 혼재	Argonaute, Dagelet	
혼재 이후	Dagelet(松島)	리앙 꾸르암(Liancourt Rocks)
1905.2.22	松島	竹島

명칭에 대해 혼란을 가져 온 것일 뿐 일본인들이 지도상의 명칭에 대한 혼란을 가져 온 것은 아니다. 혼란의 시작도 서양인들이 먼저 한 것이다. 따라서 일본의 주장은 근거가 희박하다.

④ 리앙꾸르암(Liancourt Rocks)

1849년 1월 27일(철종 1년) 프랑스 포경선 리앙꾸르(Le baleinier Liancourt)호[121]가 독도를 발견[122]하고 선박의 이름을 따서 독도(우산도)에다 리앙꾸르암(Liancourt Rocks)[123]이라는 이름을 부쳤다. 이후 외국지도에서는 울릉도가 다줄레島로, 독도는 리앙꾸르암 이라는 명칭을 흔히 사용하였다.[124] 독도의 경우 제3국에서는 리앙꾸르암으로 사

---

121) 프랑스 르 아브르(Le Havre) 항에 선적을 두고, 1847년 10월 25일 건조된 리앙꾸르호는 361톤급(선원 37명)이며, 1852년 8월 14일 오호츠크해에서 좌초되어 매각되었다. 선장 갈로르트 드 수자 일명 장로페즈(Galorte de Souza ; Jean Lopes)는 1804년 포르투갈의 아소르(Acores) 섬에서 출생, 프랑스 르 아브르항으로 와서 1830년부터 작살 담당 선원으로 출발하여 1838년 프랑스 국적을 취득하고, 1840년에 선장이 되었다. 1855년 은퇴하여 1883년 사망했다.
선주 제레미아 윈슬루(Jeremiah Winslow ; 1781-1858)이다. 윈슬루는 미국 태생으로 1817년 르아브르항에 정착하여 당대 프랑스 최대의 포경선 선주이며, 1821년 프랑스에 귀화했다.
122) 로페즈선장은 귀항일은 1850년 4월 19일 해군성 소속해양경찰 당국에 항해일지를 보고하고, 해군성 당국은 일지 중 독도발견 내용을 대단히 중요시하여 「수로지」(1850년판, 1851년 발간)에 싣고, 역시 1851년에 발간한 해도에도 독도를 '리앙쿠르 바위섬'이란 이름으로 정확한 좌표에 올렸다(이명진, 앞의 책, p.59). 이로써 독도의 위치와 서양명칭이 근대적이고 과학적인 해도와 지도에 역사상 최초로 확정되었다(앞의 책 p.59).
123) 1946년 1월 29일의 "SCAPIN 제677호" 제3항 ; 1947년 3월 20일 대일 평화조약 제1차 미국초안 및 8월 5일 제2차 미국초안 ; 1948년 1월 2일 대일평화조약 제3차 미국초안 ; 1949년 10월 13일 대일평화조약 제4차 미국초안 및 11월 2일 제5차 미국초안 등
124) 1850년대부터 1920년대 말까지 서양의 해도와 지도에서 독도는 어떤 동양명칭도 표기하고 있지 않고, '리앙쿠르'라는 명칭을 사용하여 오다가

용되어 현재에 이르고 있다.[125]

일본의 경우에는 1876년(明治 9년) 武藤平學이 「松島開拓之議」[126]를 제출한 이후로는 울릉도는 松島, 독도는 리앙꾸르島로 호칭하는 것이 관행이었다.[127] 리앙꾸르島란 명칭은 1905년 2월 22일 시마네현 고시 제40호로 독도를 竹島로 명칭 할 때까지 사용된다.[128]

⑤ 호넷트암(Hornet Rocks)

1855년 8월[129] 25일 영국군선 호넷트(Hornet)호가 해군 중령 포시드(Charles Cobrington Farsyth)의 지휘하에 독도를 발견,[130] 아주 가까

1920년대 말경부터 한국강점기에 '다케시마'라는 일본명칭이 알려지자 수로지에서는 주로 다케시마를 쓰고, 리앙쿠르는 그 뒤나 괄호속에서 사용되었다(이진명, "독도 지리상의 재발견", 삼인, 1998. pp.23-24).

125) 사상 최초로 독도가 리앙꾸르(Liancourt) 바위섬이란 명칭으로 정확한 좌표에 나타난 해도는 1851년 프랑스 태평양 해도이다(한국신문 방송인클럽, 앞의 책, p.365).

126) 武藤平學의 「松島開拓之議」란 동해의 새로운 섬 송도를 발견하여 이를 개척 개발코져 한다는 건의문이다. 일본정부는 이 건의문을 받음을 계기로 일본군함(天城丸)을 보내어 이 지역을 탐사하고 그가 말한 松島란 한국령인 울릉도임을 확인하고(日本海軍省水路局 「水路雜誌」16券, 1870년), 이 건의를 각하하였다(김영구, 앞의 논문, p.236 주석 52) 참조.

127) 1878년~1880년대까지 일본 외무성과 내무성에서는 독도를 '리앙꾸르島'라 불러 명칭의 혼란을 겪고 있었다. '松島開拓之議' 이후부터 일본 해군성에서는 그들이 최초로 실측한 「松島」의 명칭에 집착하여 울릉도를 '松島'라 부르고 종래 우산도(독도)를 松島라고 부르던 것을 바꾸어 「리앙쿠르島」라고 서양 명칭을 차용해서 불렀고, 이를 水路誌로 편찬하였다. 이후 '리앙쿠르島'의 명칭은 일반화 되었고, 해군성 수로국에 크게 의존하던 어부들도 해군성의 호칭을 따르게 되었다.

128) 일본은 1905년 1월 28일 내각결의로 리앙꾸르시마(Liancourt Rocks)를 竹島로 이름지어 이를 島根縣에 편입조치키로 하고, 동 2월 22일 島根縣 告示 제40호로 公示하고 1906년 3월 28일 울도 군수 심흥택을 방문하여 통고하였다.

129) 4월이라는 견해가 있다(이진명, 앞의 책, p.72.).

130) 호넷호의 포시드(Charles Cobrington Forsyth) 함장의 보고,

이(약 5.5km 거리)에서 측정 관찰하고 호넷트암(Hornet Rocks)이라는 명칭을 붙였다. 이에 대하여 프랑스 수로지는 1849년 1월 27일 로페즈 선장(Liancourt호 선장)이 발견한 독도를 재확인한 것인가에 대하여, 「영국 함대 사령관의 보고서는 로페즈선장의 발견을 재확인한 것인가 아니면, 잘 알려지지 않은 이 해역에서 또 새로운 바위섬을 발견했다는 말인가?」라고 의문을 제시하였고, 그 후 영국 해군이 발간하는 수로지와 해도에서도 독도는 프랑스 선박이 1849년에 발견했다는 사실을 인정하여, 1880년대 이후에는 이 섬의 명칭을 '리앙쿠르 바위섬'(Liancourt Rocks)으로 사용하고 있다.131)

「나는 북서방향에 있는 섬을 발견했는데, 그 위치는 북위 37도 17분 9초, 동경 131도 54분 14초이다. 해면으로부터 정상까지의 높이는 124m(실제 169m)이다.… 바다가 아주 고요하지 않고서는 이 섬에 내리는 것은 어려울 것으로 보인다.」(이진명, 앞의 책, p.72).
131) 이진명, 앞의 책, p.73

3. 일본의 다케시마 인지 제3항

가. 기술

제3항은 다음과 같이 기술하고 있다.

> 1840년 나가사키 출신의 의사 시볼트가 '일본지도'를 작성하였습니다. 시볼트는 일본의 여러 문헌과 지도를 통해 오키 섬과 한반도 사이에는 '다케시마'(현재의 울릉도)와 '마쓰시마'(현재의 다케시마)라는 2개의 섬이 존재하고 있다고 알고 있었습니다(다케시마가 마쓰시마보다 서쪽에 위치). 한편, 유럽의 지도에는 서쪽에서부터 '아르고노트 섬'과 '다줄레 섬'이라는 2개의 명칭이 함께 사용되고 있었다는 것도 알고 있었습니다. 이를 근거로 시볼트는 자신이 작성한 지도에 '아르고노트 섬'을 '다케시마'로, '다줄레 섬'을 '마쓰시마'로 기재하게 되었습니다. 이로 인해 '다케시마' 또는 '이소다케시마'로 계속 불리던 울릉도가 '마쓰시마'로도 불리게 되는 혼란을 가져오게 되었습니다.

나. 비판

(1) 일본의 지리적 인식 부족이 원인

일본은 "…시볼트는 일본의 여러 문헌과 지도를 통해 오키섬과 한반도 사이에는 …2개의 섬이 존재하고 있다. …"라고 주장하지만, 시볼트가 만든 지도에 2개의 섬의 존재사실과 그것이 역으로 일본에 언제 어떤 경로로 유입되어 일본인에게 혼란을 야기한 결과 사이에 대한 인과관계의 명확한 근거제시나 경로에 대한 설명이 부족하다. 만약 서양지도의 유입으로 두 섬의 명칭이 혼란스러웠다고 해도 현재의 일본정부가 주장할 정도였는지도 의심스럽다. 독도의 존재가 서양에 알려지지 않은 상황에서 동해에 두 개의 섬이 존재한다는 사실과 나카쿠보 세키스이의 개정일본여지노정전도의 竹島, 松島의 존재사실, 즉 「서양적 사실」과 「동양적 사실」이 더해져 앞서와 같이 서쪽 섬인 Argonaute는 竹島 로, 동쪽 섬인 Dagelete은 松島로, 표기된 사실은 추정해 볼 수 있다. 그러나 아르고노트 섬이 사라지게 된 경위가 명확하게 설명이나 근거제시가 없다.

또 일본은 "이로 인해 … 울릉도가 마쓰시마로도 불리게 되는 혼란을 가져오게 되었습니다"라고 주장하지만, 竹島를 지칭하는 아르고노트 섬이 사라졌으면, 다줄레 섬이 지칭하는 松島는 그대로 있고, 竹島의 서양 이름이 사라졌으므로, 竹島 를 대신하는 서양 명칭 자리에 다른 이름이 와야 함에도 불구하고, 竹島을 지칭하는 서양 이름이 사라졌는데, 일본 이름인 竹島까지 같이 사라졌다는 것은 이해되지 안 는다. 더 황당무계한 사실은 竹島와 그에 상응하는 서양 명칭이 사라진 자리에 과거 일본의 전통 '松島' 명칭이 왔다는 점이다. 이 사실에서 일본이 영유권 문제는 별론으로 하더라도 이 당시 제대로 두 섬을 지리적으로 인식은 하고 있었는지 의심스럽다.

특히 서양인들이 그들의 지도상 동해에서 섬의 개수 및 명칭에 대해 혼란을 가져 온 것은 명확하지만 이는 일본인들이 지도상 명칭의 혼란을 가져 온 것은 아닐 뿐 더러 혼란의 시작도 서양인들이 한 것이고 일본인은 아니다. 따라서 서양인들의 명칭 혼란을 자신들의 목적에 이용하는 것으로 볼 수밖에 없다.

(2) 일본의 독도영유권 주장의 비상식

일본은 시볼트가 아르고노트섬(竹島)과 다줄레섬(松島)으로 기재하면서 원인이 되었다고 하면서 "이로 인해 다케시마 또는 '이소다케시마'로 계속 불리던 울릉도가 '마쓰시마'로도 불리게 되는 혼란을 가져오게 되었습니다"라고 주장하고 있으나, 두 섬의 존재와 울릉도(松島) 한 섬의 존재 사이의 과정 연결에 대한 명확한 설명과 근거가 부족하다.

또한 두 섬 중 서쪽 섬인 아르고노트섬(竹島)이 사라지고 다줄레 섬(松島)만 존재하게 되었다면 「존재하는 섬」과 일본의 「전통적 지리적 인식」이 더해져 남은 섬은 松島, 즉 마츠시마(독도)가 되어야 한다. 그런데도 남은 섬이 울릉도가 되고 독도는 온데 간데 없이 공중으로 사라지고 없다.

따라서 일본의 변명은 진실로 「짜맞추기식」 궤변에 지나지 않는다.

특히 일본의 논리를 그대로 전면 수용하더라도 이해되지 않는 부분이 존재한다. 다줄레섬(松島 ; 울릉도)만 남게 되었는데, 이 시기 독도(현재의 竹島)는 어디가고 없으며, 한참 공백기간을 두었다가 1905년 2월 22일에 유령처럼 나타나게 되었는지 알 수 없다. 일본이 자국 영토로 인식하며 행정관리를 하고 있었다면 자국영토의 명칭이나 그 실재가 일정기간 동안 사라지는 것이 과연 존재할 수 있는지 의문이다.

이에 반해 한국은 서기 512년 이래 한국의 영토로 관리되어 온 이래 울릉도는 울릉도와 울도로, 독도는 그 시대에 따라 독도의 특징을 나타내는 우산도·삼봉도·독섬·독도·석도로 불려 왔으며, 행정상 공백기간이 단 한번도 없었다.

4. 일본의 다케시마 인지 제4항

가. 기술

제4항은 다음과 같이 기술하고 있다.

이와 같이 일본 국내에서는 예로부터 내려온 '다케시마', '마쓰시마'에 관한 지식과 그 후 서구에서 지어진 섬의 이름이 혼재하고 있었습니다. 그러는 중에 '마쓰시마'에 관심을 가지고 있던 한 일본인이 마쓰시마를 개척할 수 있도록 정부에 요청하였습니다. 정부는 그 섬의 명칭을 명확히 하기 위하여 1880(메이지13)년 현지조사를 실시하였으며, 개척청원 과정에서 '마쓰시마'라 불리던 섬이 울릉도임을 확인하였습니다.

나. 비판

(1) 일본의 민간인보다 일본 정부에서 한국영토로 인정

일본은 "일본 국내에서는 …혼재하고 있었습니다"라고 주장하지만, 일본 국내에서 혼란을 겪은 것은 주로 일본 정부였고, 민간인들은 주로 전통적인 명칭을 계속사용한 사실에서[132] 일본 정부는 일찍이 자국 영토로 여기지 않고 있었음을 쉽게 알 수 있다. 19세기 제작된 일본 지도들에 대한 가와카미 겐조의 분석[133]을 보면, 첫째로,

---

132) 호사카유지, 앞의 논문, p.32 참조.
133) 가와카미 겐조의 저서(1966)를 토대로 하여 분석한 일본의 울릉도, 독도 인식 분류

전통적인 다케시마(울릉도), 마쓰시마(독도)를 그린 지도가 가장 많고 12점이 보고되었으나 그것들이 모두 민간지도라는 점, 그리고 그 다음에 많은 분류는 마쓰시마(울릉도)와 리앙쿠르 락스(독도) 2섬을 동해에 그린 지도인데 9점이 보고 되었고 그들 중 공식지도가 가장 많이 5점 포함되어 있다는 점이다. 그러므로 당시 일본의 공식지도는 주로 울릉도를 마쓰시마, 독도를 리앙쿠르 락스(랸코도, 양코도, 리얀코르트열암)로 기재한 것이다.

바로 이런 현상이 일본학자들이 지적하는 두 섬의 명칭혼란이라는 현상이다. 그러나 혼란을 겪은 것은 주로 일본정부였고 민간인들은 주로 전통적인 명칭을 계속 사용하고 있었던 것이다.

둘째로, 마쓰시마(울릉도)와 리앙쿠르락스(독도) 2섬을 기재한 공식지도 5점 중 4점은 '일본 해군성 수로부'가 작성한 『수로지』의 공식기록으로 글로도 기재된 것들이다. 그러므로 전통적인 울릉도, 독도의 일본 명칭(다케시마, 마쓰시마)을 마쓰시마와 리앙쿠르 락스(=랸코도, 얀코도, 리얀코트로 열암 등)로 서양을 따라 변경해 버린 부처는 주로 '해군성 수로부'였다. 즉 현재 일본 외무성이 주장하는 두 섬의 명칭혼란을 실질적으로 주도한 부처는 해군성 수로부인 것이다.

(2) 일본 스스로 인정하는 불명확한 인식

울릉도 등이 기재된 일본제작 지도 분류	지도 수(괄호내 숫자 : 공식 지도 매수)
전통적인 다케시마(울릉도), 마쓰시마(독도) 2섬 기재	12(0)
다케시마, 마쓰시마, 리앙쿠르락스(독도) 3섬 기재	2(1)
마쓰시마(울릉도)와 리앙쿠르락스(독도) 2섬 기재	9(5)
다케시마(아르고노트섬), 마쓰시마(다줄레 섬) 2섬 기재	4(2)
마쓰시마(울릉도)만 기재	4(2)

일본은 "… 예로부터 내려온 … 지식과 그 후 서구에서 지어진 섬의 이름이 혼재하고 있었습니다"라고 주장하고 있으나 이는 '울릉도 쟁계' 이후 울릉도와 독도가 한국 영토로 인정되어 일본인들 사이에서 영유 인식이 멀어진 당연한 결과이며, 그로 말미암아 일본내에서 명칭의 혼란을 가져온 원인된 것이다. 또 일본 내에서 울릉도와 독도에 대한 도항금지령을 내려 처벌하고 있었으므로, 이로 인한 일본인들의 관심이 멀어진 이유이기도 하다.

따라서 명칭의 혼란은 일본인들의 한국영토 인정에 따른 영유인식으로 인하여 멀어진 것이며, 결코 서구의 잘못이 아니다. 그렇다면 동일한 섬 독도에 대하여 서구의 혼란을 한국은 영향 받지 않았는데, 일본만 명칭혼란 영향을 받았다고 주장하는지 의문이다.

이는 그 만큼 일본이 한국에 반비례적으로 울릉도와 독도에 대해 영유인식이 없었기 때문이다.

(3) 일본 정부의 공식 조사 후 독도는 한국영토로 인식

일본해군성은 1876년(明治 9년), 민간인 무토헤이가쿠(武藤平學)의 청원, '마쓰시마 개척 건'으로 외무성의 조사 요청을 받아 군함 아마기(天城丸)을 보내 현지를 조사한 후 그가 주장하는 곳이 조선의 울릉도임을 확인한 후 『朝鮮國 東海岸略記』[134]을 발표하여 민원인의 청원을 각하하고, 『水路雜誌』를 편찬하였다.[135]

---

134) 日本海軍省水路局, 「水路雜誌」, 제16호, 1879, pp.24-26 참조.
135) 일본해군성은 이와 유사한 내용의 1880년 9월의 실측 결과를 다시 「水路雜誌」 제4호에 발표하여 「松島」가 조선의 울릉도임을 명백히 하고 있다(신용하, 앞의 논문, 독도연구총서⑩, p.170 주석 60) 참조).

또한 일본 해군성 수로부가 그들이 처음으로 편찬한 수로지로, 세계
수로지인 『寰瀛水路誌』[136]의 1893년 제2권 제2판에서 처음으로 獨島
를 '리앙꼬르드 列岩'이라는 이름으로 울릉도는 '마쓰시마'라는 명칭
으로 '리앙꼬르드 列岩' 다음에 수록하면서 제2권 제4편 「朝鮮東岸
및 諸島」편에 수록하였다.[137]여기에 리앙쿠르 락스(독도)가 발견된 것
은 1849년에 프랑스의 '리앙쿠르호'에 의한 것이라고 기재하고 있는

---

136) 호사카유지, 앞의 논문, p.39 표-2 참조.

수로지	독도기재 위치	독도명칭	비고
환영수로지 (1893)	조선동안 및 제도	리앙쿠르 드 열암	'1849년에 프랑스의 리앙쿠르호에 의해 처음으로 발견 되었다'고 기재
조선수로지 (1894)	조선동안 및 제도	리앙쿠르 드 열암	'1849년에 프랑스의 리앙쿠르호에 의해 처음으로 발견 되었다'고 기재
조선수로지 (1899)	조선동안 및 제도	리앙쿠르 드 열암	'1849년에 프랑스의 리앙쿠르호에 의해 처음으로 발견 되었다'고 기재
일본수로지 (1897)	기재없음	기재없음	기재없음
조선수로지 (1907.3)	일본해 및 조선동안	다케시마	'1849년에 프랑스의 리앙쿠르호에 의해 처음으로 발견 되었다'고 기재
일본수로지 (1907.6)	본주 및 북서안	다케시마	'메이지 38년(1905)에 시마네현소관으 로 편입되었다'고 기재
일본수로지 (1916)	본주 및 북서안	다케시마	'메이지 38년(1905)에 시마네현소관으 로 편입되었다'고 기재

137) 日本海軍省 水路部, 「寰瀛水路誌」, 제2권 제2판, 1886(1893년의 오기
로 보인다), pp.397~398 참조 ; 신용하, 앞의 논문, 독도연구총서 ⑩,
p.171 참조 ; 신용하, "독도영유권에 대한 일본주장비판", 서울대학교 출판
부, 2002, pp.70~71 ; 호사카유지, 앞의 논문, p.32 참조.

데, 이는 역사적으로 독도가 일본에서 '마쓰시마'라고 불려 왔다는 사실을 완전히 무시한 것으로, 당시 일본의 해군성 수로부가 독도의 역사를 완전히 망각했거나 일부러 무시한 것으로, 독도에 대한 영유인식을 하지 않은 것이다. 그 후 나라별로 『日本水路誌』『朝鮮水路誌』 등으로 나누는 과정에서도 리앙꼬르드 列岩 및 마쓰시마(울릉도)(제4편 '朝鮮東岸 및 諸島')를 한국영토로 인정하여 『朝鮮水路誌』138)에 포함시켜 편찬하였다.139)

한편, 1897년 『日本水路誌』제4권 제3편은 '본주북서안(本州北西岸)'에 대해 기재되어 있어 일본섬인 오키(隱岐)는 포함되어 있으나 독도는 포함되어 있지 않다. 1899년까지 '독도'는 『환영수로지』와 『조선수로지』의 '朝鮮東岸140)'에 기재되어 있을 뿐 『일본수로

---

138) 이 책은 1894년 최초로 편찬하였는데, 독도를 리앙꼬르드列岩이라는 이름으로 朝鮮水路誌의 제4편 朝鮮東岸에 포함시켜 설명하고 있다(日本海軍省 水路部, 「朝鮮水路誌」, 제2권 제2판, 1894, pp.255·256 참조). 「조선수로지」는 1899년에 제2판이 발행되었으나 조선의 위치, '리앙쿠르드 열암', '울릉도(일명 마쓰시마)' 등에 대한 기재에는 차이가 없다(호사카유지, 앞의 논문, p.33).

139) 일본외무성은 이 부분에 대하여 「朝鮮水路誌」는 水路誌일 뿐, 소속영토의 표시개념이 포함되어 있지 않다고 주장한다. 이에 대한 반론은 「일본 해군성 수로부는 세계수로지인「寰瀛水路誌」체제를 해체하여 각국별로 수로지를 편찬할 때 국가의 영토별로 이를 편찬하여 「朝鮮水路誌」는 조선 영토의 수로를 묶은 것이므로, 영토의미가 크다고 한다. 그 증거로 1905년 2월 島根縣에 편입이후 1907년 「日本水路誌」제4권에서 隱岐島의 북방에 작은 점을 그려 넣어 일본수로지에 보이고 있다. 이 같은 사실은 1905년 2월 이전에는 일본 해군성이 그 위치를 정확히 알고 있음에도 불구, 일본영토가 아니기 때문에 불포함한 것이며, 당시 일본의 새로운 영토 臺灣과 澎湖島, 千島列島 최북단의 占守島 등이 일본 영토에 포함된 사실에서도 알수 있다(신용하, 앞의 논문, 독도연구총서⑩, PP.172-174 참조).

140) 독도가 조선동안에 기재되어 있고, 조선의 범위 속에는 기재되지 않았다. 즉, 환영수로지나 조선수로지에서 「조선의 위치는 북위 33도 15분-42도

지』에는 기재되어 있지 않다.

1905년 독도를 시마네현에 편입한 후에 편찬된 1907년 3월의 『朝鮮水路誌』에서 독도는 '竹島'라는 이름으로 제4편 '일본해 및 조선동안'에 나온다. 그전의 '리앙꼬르드 列岩'이라는 명칭이 '竹島'로 바뀌었을 뿐 조선수로지에 나온다. 3개월 후인 1907년 6월에 일본해군성 수로부는 『日本水路誌』를 별도로 발행하여 독도를 「日本水路誌」(1907.6)로 옮겨 발행141)하면서 '독도가 메이지 38년(1905)에 시마네현 소관에 편입되었다'라고 설명을 추가하고 있는데, 이는 편입에 따른 조치를 반영한 것으로 보인다. 日本海軍省 水路部는 1910년 일제강점하에서는 『朝鮮水路誌』 자체를 독립시키지 않고 「日本水路誌」 내에 포함시켜 편으로 구분하고 있다.142)

일본 육군성도 해군성과 마찬가지로 독도를 한국영토로 재확인하였다. 일본 육군성 참모국이 1875년(명치 8년)에 편찬 발행한 『朝鮮全圖』를 보면 울릉도와 함께 독도를 포함하여 그려서 한국영토임을 나타내고 있다. 이 같은 한국영토 인식은 계속되어 1936년의 일본군육지측량부의 『地圖區域一覽圖』에서도 한국영토로 표시하고 있다.143)

25분, 동경 124도 20분-130도 35분에 이른다」고 범위표시를 하고 있는데, 여기에는 독도가 북위 37도 14분, 동경 131도 55분으로 기재되고 있지 않다. 이것을 일본인들은 수로지에서도 독도를 한국영토로 생각하지 않은 증거라고 주장한다(호사카유지, 앞의 논문, pp.32-33).
141) 일본 해군성수로국, 일본수로지(1907.6)제4권 제3편 '본주 및 북서안' 참조.
142) 1916년에 발행된 「일본수로지」제4권 제1편 '본주 및 북서안'에 독도는 '다케시마'라는 명칭으로 오키섬 다음에 기재되어 있고 이도(離島) 항목하에 들어 있으며, 메이지 38년(1905)에 시마네현 소관에 편입되었다고 설명되어 있다(호사카유지, 앞의 논문, p.35 ; 신용하, 앞의 논문, 독도연구총서 ⑩, P.174).

결국 일본 明治政府의 外務省[144], 內務省[145], 海軍省[146], 陸軍省[147]
과 일본의 최고국가기관인 太政官이 일본정부의 公文書로써 리앙꼬르
드列岩(독도)이 한국영토라고 표시하고 있다.[148]일본 태정관의 경우,
1877년(明治10) 3월 17일 내무성으로부터 일본의 최고국가기관인 太政
官(右相 岩倉具視)에게 제출된 품의서[149]에 대한 1877년 3월 20일의
답변 지령문[150]이 결정되고, 3월 29일에 정식으로 내무성에 보낸 "竹

---

143) 신용하, 앞의 논문, 독도연구총서⑩, p.174 참조 ; 신용하, 앞의 책, 서울
　　대학교 출판부, p.74 참조.
144)　日本外務省調査部編, 「日本外交文書」, 第3卷, 事項6, 文書番號87,
　　1870年4月15日字, 〈外務省出仕佐田白芽等ノ朝鮮國交際始末內探書〉 「朝
　　鮮國交際始末內探書」, p.137 ; 신용하, 앞의 논문, 독도연구총서⑩, p.150
　　주석 44) 참조.
145) 1876年10月16日字의 島根縣 參事 境二郎으로부터 內務卿 大久保利通에
　　게 접수된 질의서 「日本海內竹島外一島地籍編纂方伺」에 대한 답변, 1877
　　年3月29日 울릉도와 독도는 「本邦(日本)關係無之」(堀和生,, 〈一九O五年
　　日本の竹島領土編入〉, 〈朝鮮史硏究會論文集〉, 第 24輯, 1987 참조. ; 신
　　용하, 앞의 논문, 독도연구총서⑩, pp.158-159 참조).
146) 앞의 본문 p.45-48 참조.
147) 앞의 본문 p.48-49 참조.
148) 신용하, 앞의 논문, 독도연구총서 ⑩, p.174 참조.
149) 日本太政官編, 「公文錄」, 內務省之部, 1,(日本國立公文書館所藏), 1877
　　年 3月17日條, 「日本海內竹島外一島地籍編纂方伺」 참조.
150) 「公文錄」, 앞의 자료 1877年 3月 20日條 太政官指文令書,
「明治十年三月二十日
大臣(印)　　　　　　本局(印)(印)
　參議(印)
　卿輔(印)
別紙內務省伺日本海內竹嶋外一島地籍編纂之件 右ハ元祿五年朝鮮人入島 以來舊
　政府該國ト往復之末遂ニ本邦關係無之相聞候段申立候上ハ伺之趣御聞置左之
　通御指令相成可然哉 此段相伺候也
　　　　　　御指令按
伺之趣竹島外一島之義本邦關係無之義ト可相心得事」
「별지 내무성 품의 일본해내죽도외일도지적편찬지건. 위는 원녹 5년 조선인이

島(울릉도)와 外一島(松島;독도)가 '日本과 關係가 없다'는 것을 心得할 것"에서 쉽게 알 수 있다.[151] 이 지령문은 내무성으로부터 외무성에 전달되었고, 1877년 4월 9일자로 도근현에도 전해졌다.[152]

입도한 이래 구정부와 해국(조선)과의 왕복의 결과 마침내 본방(일본)은 관계가 무하다는 것을 들어 상신한 품의의 취지를 듣고, 다음과 같이 지령을 작성함이 가한지 이에 품의합니다.
　　　　　　어지령안
품의한 취지의 죽도 외 일도의 건에 대하여 본방(일본)은 관계가 무하다는 것을 심득할 것.」

151) 태정관 지령문서의 끝에 이 지령문을 내무성에 발송한 이 일자가 매우 작은 글씨로 첨기되어 있고, 그 담당관리의 인장이 찍혀 있다(신용하, 앞의 논문, 독도연구총서 ⑩, p.165). 또한 태정관 지령문(1877. 3. 29) 속에는 두 섬의 전통적인 명칭인 다케시마, 마쓰시마를 사용하고 있는데, 이는 에도시대 명칭 그대로 다케시마는 울릉도를, 마쓰시마는 독도를 가리키고 있어 명칭의 혼란을 보이지 않고 있다(호사카유지, 앞의 논문, p.37).

152) 堀和生, 앞의 논문 ; 신용하, 앞의 논문, 독도연구총서 ⑩, p.165 참조.

5. 일본의 다케시마 인지 제5항

가. 기술

제5항은 다음과 같이 기술하고 있다.

> 이상의 경위를 통하여 울릉도는 '마쓰시마'로 불리게 되었으며 따라서 현재 다케시마의 명칭을 어떻게 할 것인지가 문제가 되었습니다. 정부는 이에 대하여 시마네현의 의견을 청취한 후, 1905(메이지38)년 지금까지의 모든 명칭을 대체하는 것으로 현재의 다케시마를 정식으로 '다케시마'로 명명하였습니다.

나. 비판

(1) 울릉도에 대한 '마쓰시마' 명칭의 근거 희박

일본은 명확한 경위에 대한 설명의 연결과정이 없이 울릉도에 대하여 '마쓰시마'로 불리게 되었다고 한다.

그러나 일본이 울릉도에 대하여 '마쓰시마'라 호칭하게 된 것은 서양 과학을 지나치게 맹목적으로 추종한 결과이며, 일본인들의 지리적 영유인식이 부족하여 발생한 것이다.

(2) 독도에 대한 '다케시마' 명칭은 일본의 허황된 영토야욕의 결과

일본이 영유권 주장을 하는 독도(竹島)는 한국이 1432년 이래 한결같이 행정관리를 해온 우산도(독섬·석도)이며, 일본정부의 최고국가기관인 太政官이하 외무성·내무성·해군성·육군성이 한국의 영토로 확인 및 재확인까지 해준 섬이다.

그런 독도에 대하여 동물 이름지어주듯 울릉도가 마쓰시마가 되었으므로 독도는 다케시마라고 호칭하여 자국영토로 편입했다는 주장이 논리상 합당한지 의문이다. 즉, 일본은 과거 독도에 대하여 마쓰시마로 부르다가 18세기 어느 순간 독도에 대한 명칭을 잃어버렸다. 그후 리앙꼬르드列岩으로 호칭하다가 다케시마라는 이름과 함께 일본영토로 편입했다고 주장한다.

특히 국가가 작은 섬의 명칭을 정하는데, 지방현의 의견을 청취한 후 그때까지의 모든 명칭에 대체되는 개념으로 정했다고 한다.

그렇다면 지방현에서 사용하고 있는 명칭인 '리앙 꼬르드섬'으로 호칭해야 마땅한데도 불구하고, 과거 울릉도의 옛 명칭인 '다케시마'를 사용했다는 점에서 명칭사용, 즉 '다케시마' 사용의 이론적 근거가 되지 못한다고 본다.

또 지방현의 의견을 존중하여 사용코자 했다면 '마쓰시마'를 복원하려고 노력하여 그동안 잘 못 사용된 예를 바로 잡고 새로운 이름으로 호칭해야 하는 것이 논리상 옳다. 그런데도 그때까지 사용된 모든 명칭을 대체한다고 하면서 일본 내에서는 혼란을 가중하고 국제분규를 자처하는 다케시마라는 명칭을 사용하는 것은 일본정부가 명칭을 정할 때도, 일본 영토에 편입할 때도, 한국영토로 과거정부가 확인·재확인까지 해 준 사실을 명확히 알고 있었으므로, 확신이 없었기 때문이다.

즉, 당시 제국주의 일본이 전쟁을 치르면서 영유권에 대한 인식없이 상황논리상 필요했기 때문이다.[153) 이는 마쓰시마라 부르던 독도를 다케시마로 부르기로 한 1905년 일본 각의의 결정이 얼마나 제국주의적이고, 인위적이었는지 알게 해 주는 부분이다.[154) 따라서 이는 제국주의 일본의 명백한 한국영토에 대한 야욕을 나타낸 것이다.[155)

---

153) 「… 시국(러일 전쟁 중이었다)이러하므로, 그것의 영토편입이 시급히 요청된다.…」는 당시 외무성 정무국장 야마자 엔지로(山座円次郎)의 말에서 알 수 있다(다카사키 소지, "문화재 문제와 죽도=독도문제", 이태진, 사사가와 노리가츠 공편, "한국병합과 현대 역사적 국제법적 재검토", 태학사, 2009, p.838).

154) 김영구, 앞의 논문, 독도연구총서 ③, p.238 참조.

155) 1904년 죽도편입에 대한 일본 내무성 당국자의 반대의견에서 쉽게 알 수 있다(다카사키 소지, 앞의 논문, p.842). 「… 황망하고 불모인 일개 암초를 모아서, 주위에서 보고 있는 여러 외국 나라들로 하여금 우리가 한국을 병합할 야심이 있다는 의심을 크게 하는 것은 이익은 매우 적고 일 자체는 결코 쉽지 않은 것이다.」

[2] 한국의 다케시마 인지

1. 한국의 다케시마 인지 제1항

가. 기술

제1항은 다음과 같이 기술하고 있다.

> 한국에서 예로부터 다케시마를 인식하고 있었다는 근거는 없습니다. 예를 들어, 한국측은 조선의 고문헌 「삼국사기」(1145년), 「세종실록지리지」(1454년), 「신증동국흥지승람」(1531년), 「동국문헌비고」(1770년), 「만기요람」(1808년), 「증보문헌비고」(1908년) 등의 언급을 근거로 '울릉도'와 '우산도' 2개의 섬을 오래 전부터 인지하고 있었으며 '우산도'가 바로 현재의 다케시마에 해당하는 것이라고 주장하고 있습니다.

나. 비판

(1) 한국은 기록상 독도의 존재를 명백히 인식

① 삼국사기·삼국유사 검토

일본은 "한국에서 예로부터 다케시마를 인식하고 있었다는 근거는 없습니다"라고 주장하지만, 한국은 일본보다 235년이나 앞서 먼저 독도를 명백히 인식하고 있었다.156)

또한 일본은 "한국에서 예로부터 다케시마를 인식하고 있었다는 근거는 없습니다. 예를 들어, 한국측은 고문헌 … 등의 언급을 근거로 '울릉도'와 '우산도'라는 2개의 섬을 오래 전부터 인지하고 있었으며, 그 '우산도'가 바로 현재의 다케시마에 해당하는 것이라고 주장하고 있습니다"라고 주장하고 있으나, 한국측 고문헌 '삼국사기' (1145년)는 우산국157)에 대한 기록이 있다는 것이지 일본측 주장처럼 고문헌 삼국사기나 삼국유사가 우산도에 대한 기록이 있다고 주장하고 있지 않다.158) 따라서 일본측 주장은 근거 없는 허구다.

다만, 한국측은 고문헌 삼국사기나 삼국유사를 근거로 합리적으로 추정을 해 볼 때 "우산국은 울릉도 (또는 우릉도) 한섬으로 구성되었다고 볼 수는 없다"159)고 보며, 또한 삼국사기 이후의 서적인 세종실록 지리지, 만기요람 등의 우산도에 관한 기록으로 미루어 볼 때 우산도의 존재를 명확하게 확인할 수 있으며, 세종실록지리지 등의 우산도

---

156) 앞의 I. [1] 주석 28) 참조.
157) 이 부분에 대하여 삼국유사(권 제1, 지철로 왕조)는 「… 便風二日程 有于陵島 …」라고 하여 우산국의 우릉도를 기록하고 있다. 한편 삼국사기(권 제4, 신라본기, 제4 지증마립간조)는 「… 于山國在 溟洲正東海島 或名鬱陵島地方一百里…」라고 하여 우산국은 명주의 정동에 있는 바다 가운데의 섬으로 혹은 울릉도라고도 이름 한다고 기록하고 있다. 즉, 삼국사기는 '우산국의 울릉도'를, 삼국유사는 '우릉도'를 기록하고 있다. 이를 종합해 보면 우산국의 울릉도와 우릉도는 같은 섬의 同島異名으로 보인다.
158) 삼국사기에 「우산도」에 대한 기술(기록)이 있다고는 한국에서 누구도 주장하고 있지 않다. 무엇을 기초로 하여 외무성은 그러한 말을 하는지 알 수 없다(나이토 세이추 앞의 책 p.22).
159) 신용하, 앞의 논문, 독도연구총서 ⑩, pp.128~129 참조 ; 호사카유지 외 3인, 독도 영유권에 대한 한일 및 주변국의 인식과 정책 비교연구, 한국해양 수산개발원, 2007, p.114 참조.

는일본이 말하는 오늘날의 다케시마가 분명하다.

특히 '우산국'의 '국'(國)은 나라를 지칭하는 것이다.[160] 나라는 그 영역이 도서일 경우 보통 일정 영역 내의 여러 개의 섬으로 구성된다. 따라서 우산국은 울릉도 본도와 현재의 독도를 포함한 여러 개의 섬으로 구성되었다고 보는 것이 자연스럽다. 울릉도 주변이 단 하나의 섬만 있다면 모르되 원근에 여러 개의 섬이 있는데, 유일하게 울릉도 하나로만 구성되어 '우산국'[161]이라는 나라를 만들었다고 해석하는 것은

160) 우산국이 나라를 지칭한 근거는 첫째, 삼국사기(권 제4, 신라보기 제4, 지증마립간조)에서 '우산국은 혹은 울릉도'라고도 하는데에서 울릉도라고 지칭하지 않고 굳이 '우산국'이란 용어를 3번이나 반복해서 강조하고 있고, 삼국사기(권 제44, 열전, 제4, 이사부조)에서도 '우산국'이라고 2번이나 강조하여 사용하고 있다. 두 번째 근거는 세종실록 지리지(강원도 울진현, 단종2년, 1454년 편)에서 「于山 武陵二島, 在縣正東海中 二島相距不遠, 風日淸明, 則可望見, 新羅時稱 于山國, 一云鬱陵島, 地方百里…」라고 기록한 것이다. 즉, 「우산과 무릉 2섬이 현(울진현)의 정동 바다 가운데 있다. 2섬이 서로 거리가 멀지 아니하여 날씨가 맑으면 가희 바라볼 수 있다. 신라 때에 우산국 또는 울릉도라 하였는데, 지방이 백리 …」라고 하고 있다.
검토하면, 우산국이라는 작지만 고대국 형태의 나라가 존재하고, 우산국은 우산도와 무릉도로 구성되어 있으며, 우산국은 그 지방이 백리(약 40~50km)이고, 두섬은 날씨가 맑아야 보인다는 사실이다. 평소에는 잘 안보이고 특별히 날씨가 맑아야 보인다고 한 점으로 미루어 울릉도의 부속도서 중 날씨가 특별히 맑아야 보이는 섬은 현재의 독도밖에 없다. 따라서 우산국은 나라를 세울만큼 큰 세력이거나 이와 동일시 되는 정치형태로 보인다. ; 홍성근, "독도영유권 문제와 영토의 실효적 지배", 독도연구총서⑨, 독도연구보전협회, p.154 ; 김윤곤, "우산국과 신라, 고려의 관계", 울릉도 독도의 종합적 연구, 대구 :영남대민족문하연구소 1998, pp.23-53 참조.
161) 기록으로 보아 우산국은 신라의 영토에 편입되어 신라지방행정 체계상의 한 단위에 포함된 것은 아니다. 우산국은 이때 멸망한 것이 아니라 신라에 귀복하여 신라와 연합 동맹을 구축하면서 공물을 바치는 복속국가로 존재하였다고 볼 수 있으며(김호동, 「독도영유권 확립을 위한 연구」(영남대학교 독도연구소 독도연구총서3), 영남대학교 독도연구소, "지방행정체계상에

매우 비논리적이다.162) 다만, 고대국가 체제에서 국가로서 독립적인 지위에 있었던 것은 아니며 정치적으로 독립163)을 어느 정도 인정받은 것으로 추측된다.164)

② 세종실록지리지 검토

세종실록지리지는 울릉도와 우산도의 인식의 근거가 될 뿐만 아니라 우산도는 오늘날의 독도에 해당한다.

세종실록지리지(강원도 울진현, 단종 2년, 1454년)165)는 "于山166), 武

서 본 울릉도·독도 지위의 역사적 변화", pp.251~252참조), 고려초기에는 다른 호족들처럼 반독립적인 입장에 둔채 우산국을 간접통치하였다. 이러한 사실은 현종 연간에도 '우산국'이란 호칭을 9년, 10년, 13년에 계속 사용한 예와 덕종 연간에 '우릉성주'라는 호칭사용에서도 잘 알 수 있다 (고려사, 권4, 현종 세가 9년 11월 병인, 10년 6월 기묘, 13년 7월 병자, 덕종 원년 11월 병자 ; 임영정, 앞의 연구, pp.51-52 참조).

162) 이에 대해 우산국의 존재를 인정한다고 가정하여도 우산국은 울릉도와 그 주변의 석도, 관음도 등을 포함한 지근의 섬들만을 포함한 나라였을 뿐 독도를 포함한 것은 아니라고 주장할 수도 있다. 그러나 항해술이 그리 발달 하지도 않은 512년경에 최단 육지로부터 130.3km를 정복(당시는 명주로 거리가 150km)하러 간 정복군대가 단지 본섬으로부터 87.4km 밖에 떨어지지 않은 육안으로 보이는 섬을 포함하지 않았다는 것은 타당하지도 않고 개연성이 없다.

163) 우산국이 독자적 정치세력으로 존재하였기 때문에 지방행정체계속에 포함될리 없다(김호동, 앞의 책, p.252 참조).

164) 이와 관련, 「…우산국이 신라에 항복하였다고 하여 512년에 우리나라 땅이라고 주장하는 것은 설득력이 별로 없어 보인다. 도리어 울릉도가 역사적으로 우리나라 땅이 분명한 이상 우산국 성립부터 한국사의 영역속에 포함시켜 설명하는 것이 훨씬 더 설득력을 갖고 있다. 그리고 서로 바라볼 수 있는 울릉도와 독도는 우산국 영토였다고 하는 것이 낫다. … 」는 견해가 있다(김호동, 앞의 책 pp.252-253 참조.).

165) 1432년(세종 14년)에 편찬된 「新撰八道地理志」의 울릉도, 독도에 관한 기록이 그대로 '세종실록지리지'에 게재된 것이다.

166) 「독도의 칭호는 최근세(특히 광무년간)로부터 알려진 이름이며, 그 이전의 아국측 도명은 于山(一作 芋山)이었다. '于山'은 본시 본도(모도)인 울

陵二島, 在縣正東海中 二島相距不遠, 風日淸明, 則可望見, 新羅時稱于山國, 一云鬱陵島 …"라는 기록에서, 첫째 강원도 울진현에 우산도와 무릉도가 존재하고, 둘째 우산도와 무릉도는 평일에는 잘 안보이고 특별히 날씨가 맑아야 보인다는 점을 기록하고 있다. 현재 울릉도 해역에서 날씨가 특별히 맑아야만 볼 수 있는 섬은 현재의 독도밖에 없다.167) 따라서 현재의 독도는 우산도이거나 무릉도이며, 한국은 그것이 기록상 우산도라고 본다.168)

③ 신증동국여지승람 검토

단순한 관찬지리서가 아니라 조선왕조 정부의 유권적인 「朝鮮領土地理解說書」169)인 『신증동국여지승람』(권 45, 중종 26년, 1531년 증보)의 기록에 의하면, "于山島 鬱陵島 一云武陵, 一云羽陵, 二島在縣正東海中, …"라는 기록에서 "우산도와 울릉도 ; 무릉이라고도 하고, 우릉이라고도 한다. 두 섬은 현(울진현)의 정동해 중에 있다"고 하여 분명히 2섬을 인지하고 있으며, 2섬 중 우산도는 현재의 독도가 분명하다.170)

릉도의 고명으로 그 후 도명은 '于山' 외에 芋陵, 蔚陵, 鬱陵, 武陵, 茂陵 등의 書稱을 갖게 되었지만 '于山', '芋山'은 속도(子島)인 독도의 專稱으로 되고 말았다」(이병도, 앞의 논문, p.38).

167) 일본은 이 부분 관음도나 죽도라고 주장하지만 관음도나 죽도는 흐린 날에도 보이므로, 특별히 맑은 날 볼 필요가 없어 독도가 분명하다.

168) 「新增東國輿地勝覽」卷45 蔚珍縣條, ; 「萬機要覽」軍政編 4. 참조.

169) 신용하, 앞의 논문, 독도연구총서⑩, p.133

170) 신증동국여지승람(권45, 중종26년, 1531년 증보)의 기록 「… 一説于山 蔚陵本一島…」에 대해 일도설(일본 川上健三, '竹島의 歷史 地理學的研究'(1966 p.104) 2도설(신용하, 앞의 논문, 독도연구 총서 ⑩, pp.131~132.주석19) 참조 ; 호사카유지 외3인, 앞의 연구 p.118)의 견해가 있으나 본문에 따르면 2도설이 타당하고, 이 경우는 어느 설을 소개한

특히 신증동국여지승람의 부속지도(팔도총도)171)에는 분명히 두 섬을 구분하여 그리고 있으며,172) 또한 '울릉도 및 우산도'의 지명을 분명히 명기하여 이를 분명히 하고 있다.173)

④ 동국문헌비고 검토

"동국문헌비고(1770)」174)에서는 「于山島 · 鬱陵島 : 在東 三百五十里 鬱一作 蔚一作 芋一作 羽一作 武二島 一卽 芋山 有事實 錄于左"175), "우산도 · 울릉도 : 동쪽 3백50리에 있다. 울(鬱)은 또 울(蔚)이라고도 하고, 우(芋)라고도 하고, 우(羽)라고도 하고, 무(武)라고도 하는데 두 섬으로, 하나가 바로 우산도(芋山島)이다"라는 명백한 기록에서 독도

데 그친 것이라고 봐야 한다. 이에 대하여 '본래한섬'이라는 기술은 '두 섬은 원래 우산국이라는 한 나라의 영역'이라는 뜻으로 해석할 수 있다는 견해(호사카유지 외3인, 앞의 연구 p.118)가 있다.

171) 신증동국여지승람(1530)의 부속지도에는 팔도총도 외에 팔도주현도가 있으며, 여기의 「강원도별도」에는 한반도 가까이에 우산도 오른 쪽에 울릉도가 그려져 있고, 이는 1480년경의 상황을 반영하고 있다.

172) 그러나 일본은 우산도가 울릉도와 조선본토 중간에 그려져 있어 여기의 우산도가 현재의 독도가 아니라고 일본은 주장한다(「왕복문서, 1962년 7월 13일자 일본측 구술서〈No.228/ASN〉; 일본정부견해(4)」 참조.

173) 신증동국여지승람에서 울릉도와 독도를 언급하면서 끝에 「…一說 于山 鬱陵 本一島…」라는 구절이 있는데, 이 부분이 한일학자들간에 다툼이 있다. 하지만 '신증동국여지승람'에서는 부속지도를 두어 우산도와 울릉도를 두 개의 섬으로 그려넣어 지리상 별개의 섬으로 구분하고 있으므로 달리 다툴 여지가 없다고 본다.

174) 東國文獻備考는 1770年(영조 46) 8月 왕명에 의해 金致仁 등이 우리나라의 역대 문물제도의 典故를 모아 13考로 편찬한 100卷 40冊이다. 원래 이서적은 영조의 명으로 1769年(영조 45) 편찬에 착수, 1770年에 완성되었다. 체재는 중국 '文獻通考'의 예에 따라 상위(象緯)·여지(輿地)·예(禮)·악(樂)·병(兵)·형(刑)·전부(田賦)·재용(財用)·호구(戶口)·시적(市糴)·선거(選擧)·학교(學校)·직관(職官)의 13고(考)로 나누어 수록하였다. 그 후 이를 다시 증보하여 고종 때 「增補文獻備考」라 하여 250卷으로 간행하였다.

175) 東國文獻備考九. 卷之18, 輿地考13, 關防3, 海防10. p.124 참조.

(松島)가 우리 땅임을 분명히 하고 있다.

특히 이 시기에 그려진 정상기의 『동국대전도(東國大全圖)』(1757)은 우산도를 울릉도의 동쪽에 그리고 있어 현재의 독도의 위치에 표시하고 있어 우산도는 우산국의 부속섬의 하나로 오늘날의 독도가 분명하다.176) 또한 일본의 유명한 실학자 하야시 시헤이(林子平)가 1785년(비슷한 시기)에 편찬한 『삼국통람도설(三國通覽圖說)』의 부속지도에 『삼국접양지도(三國接壤之圖)』가 있는데, 각국 영토를 나라별로 달리 채색한 이 지도에서는 조선은 황색, 일본은 녹색으로 채색하여 색으로 영토를 표시하고 있다. 여기서 동해 가운데 울릉도와 독도를 정확한 위치에 그리고 조선의 색상인 황색을 채색하여 울릉도와 독도가 조선 영토임을 분명히 하고 있다. 특히 이 지도에서는 두 섬이 "조선의 소유(朝鮮ノ持へ)"라고 글자까지 써 넣고 있다. 이를 볼 때 우산도는 독도가 분명하고 한국의 영토가 분명하다.177)

⑤ 만기요람(萬機要覽) 검토

만기요람(1808)178)에 의하면, "文獻備考曰, 鬱陵島在蔚珍正東海中與. … 輿地志云 鬱陵・于山 皆于山國地, 于山則倭所謂松島也 …", "…여지지(輿地志)에 이르기를 울릉도와 우산도(于山島)는 모두 于山國의 땅이며, 于山島는 왜인들이 말하는 마츠시마(松島)이다.…"라고, 하여 울릉

---

176) 신용하, 앞의 16포인트, P.59 [2] . ; 한국해양수산개발원, 앞의 비판, 일본의 주장에 대한 비판1. ; 김정숙, "죽도문제에 관한 조사 연구 최종보고서-서구제작도의 분석에 대한 비판", 영남대학교 독도연구소 독도연구총서3., 경인문화사 2009, P.61 참조.

177) 신용하, "세계인의 독도문제를 이해하기 위한 16포인트", 사) 독도연구보전협회 2009년도 학술 대토론회, p.62 참조.

178) 만기요람(1808), 군정편 4. 해방, 동해, 문헌비고울릉도사실, 참조.

도와 于山島가 모두 우산국에 속해 있음을 기록하고 있다.[179] 이는 우
산도가 일본 사람들이 말하는 송도(현 독도)라고 분명히 기록하고 있
다.

⑥ 증보문헌비고(增補文獻備考) 검토

증보문헌비고(1908)[180]는 "于山島·鬱陵島 : 在東三百五十里 鬱一作
蔚一作 芋一作 羽一作 武二島 一卽 芋山 今爲 鬱島郡"[181], "우산도·
울릉도 : 동쪽 3백 50리에 있다 울(鬱)은 또 울(蔚)이라고도 하고, 우
(芋)라고도 하고, 우(羽)라고도 하고, 무(武)라고도 하는데, 두 섬으로
하나가 바로 우산도(芋山島)이다. 지금은 울도군으로 되었다.…"라는
기록에서 일본이 말하는 당시의 송도(현 독도)가 한국 영토임을 분명
히 하고 있었음을 나타내고 있다.

---

179) 신용하, 앞의 논문, 독도연구총서⑩, P.128
180) 增補文獻備考는 우리나라의 문물제도를 분류하여 정해 놓은 類書로, 약
    칭 「문헌비고」이다. 본서는 18세기 말에 엮은 「增訂東國文獻備考」를
    수정, 보충하였다. 박용대·김택영 등 33명이 찬집을, 박제순 등 17명이 교
    정을, 한창수 등 9명이 감인을, 김영한 등 3명이 인쇄를 맡았다.
181) 增補文獻備考 第31卷, 輿地考 19, 關防 7, 海防, 江原道 蔚珍 참조.

2. 한국의 다케시마 인지 제2항

가. 기술
제2항의 기술은 다음과 같습니다.

> 그러나 '삼국사기'를 보면 우산국이었던 울릉도가 512년 신라에 귀속되게 되었음을 알려주는 기술은 있지만 '우산도'에 관한 언급은 없습니다. 또한 조선의 다른 고문헌에 나와 있는 '우산도'에 관한 기술을 보면 그 섬에는 많은 사람들이 살고 있으며 큰 대나무가 자라고 있다는 점 등 다케시마의 실제 모습과는 다른 점을 서술하고 있으며 오히려 울릉도를 상기시키는 내용이라 할 수 있습니다.

나. 비판

(1) 일본의 근거없는 주장

일본은 "그러나 '삼국사기'를 보면, 우산국이었던 울릉도가 512년 신라에 귀속되게 되었음을 알려주는 기술은 있지만, '우산도'에 관한 언급은 없습니다"라고 주장하지만, 일본은 근거 없는 사실을 말하고 있다. 한국역시 '삼국사기'에는 우산국[182]에 관한 기록이 있다고 말 할

---

182) 한국의 고문헌은 우산국과 우산도를 구분(우산도와 울릉도의 구분기록 : 세종실록지리지, 고려사지리지, 성종실록, 동국여지승람, 신증동국여지승람, 동국여지지, 강계고, 동국문헌비고, 숙종실록, 만기요람, 증보문헌비고)하여 기록하고 있는데 우산국은 '나라'를 나타내고자 함이고 '우산도'는 우산국에

뿐 일본 주장처럼 우산도에 관한 기록이 있다고 한국에서 누구도 주장하고 있지 않다. 일본은 무엇을 기초로 하여 그러한 말을 하는지 알 수 없다.[183)

(2) 오기는 단순한 실수

일본은 "또한 조선의 다른 고문헌에 나와 있는 우산도에 관한 기술을 보면 그 섬에는 많은 사람들이 살고 있으며, 큰 대나무가 자라고 있다는 점 등 다케시마의 실제 모습과는 다른 점을 서술하고 있으며, 오히려 울릉도를 상기시키는 내용이라 할 수 있습니다"라고 주장하고 있다. 하지만 그렇지 않다. 한국의 고문헌의 한 부문[184)185)에서만 이 같은 기록이 보이는데, 이는 단순 오기에 불과하다. 즉, '우산국'이라 표현할 것을 '우산도'라 기록한 단순한 실수이다.

부속된 섬임을 나타내고자 한 것이다. 따라서 우산국이라는 나라에는 기록에는 없으나 우산도(현재의 독도)가 부속되었을 것으로 추정된다. 그 근거는 울릉도에서 우산도가 육안으로 보이기 때문이다.

183) 앞의 I. [2] 주석 158) 참조.

184) 「1417년(태종17) 2월에 '우산도(우산국의 오기)'에서 안무사 김인우가 돌아왔다. 그는 (대죽)大竹 · (수우피)水牛皮 · (생저)生苧 · (면자)綿子 · (검박대)檢樸大 등의 토산물을 바쳤고 거민 3명도 데려왔다. 또 島內에 15호 남녀 86명이 살고 있다는 것도 확인하였다(태종실록, 태종17년 2월 壬戌 참조)」고 기록하고 있는데, 우산도 현상과는 맞지 않고 우산국(울릉도)의 환경과 일치되는 것으로 추정된다.

185) 태종실록 외에 한 곳인 세종실록(세종 18년 윤 6월 甲申)에 「…무릉도 우산은 땅이 기름지고 산물이 많을 뿐 아니라 동서남북이 각각 50여리나 되고, …」라는 기록의 '무릉도 우산은'이라는 표현에서 문맥상 '무릉도인 우산국은' 라는 의미로 '우산'은 '우산국'의 약칭이다. 즉, '대한민국'의 약칭인 '한국'과 같다.

3. 한국의 다케시마 인지 제3항

가. 기술

제3항은 다음과 같이 기술하고 있다.

또한 한국측은 「동국문헌비고」, 「증보문헌비고」, 「만기요람」에 인용된 「여지지」(1656년)를 근거로 '우산도는 일본이 말하는 마쓰시마(현 다케시마)다'라고 주장하고 있습니다. 이에 대하여 「여지지」의 본래의 기술에서는 우산도와 울릉도는 동일한 섬이며, 「동국문헌비고」 등의 기술은 「여지지」로부터 직접적으로 올바른 방법으로 인용한 것이 아니라고 비판하는 연구도 있습니다. 그러한 연구에서는 「동국문헌비고」 등의 기술은 안용복의 신빙성이 낮은 공술을 무비판적으로 받아들인 또 다른 문헌 「강계고(강계지)」(1756년)를 근거로 한 것이라고 지적하고 있습니다.

나. 비판

(1) 인위적으로 의도된 일본의 5가지 쟁점 주장

일본은 위 제3항에서 모두 5가지의 터무니 없는 주장을 하고 있다.

첫째, 우산도는 일본이 말하는 마쓰시마가 아니다.

둘째, 우산도와 울릉도는 동일한 섬이다.

셋째, 동국문헌비고 등의 기술은 여지지로부터 직접적으로 올바른 방법으로 인용한 것이 아니다.

넷째, 직접, 인용한 것이 아니라고 비판하는 연구가 존재한다.

다섯째, 동국문헌비고 등의 기술이 안용복의 신빙성 낮은 공술을 무비판적으로 받아들인 강계고를 근거로 하고 있다.

결론적으로, 일본의 5가지 주장은 논쟁만을 위한 논리주장일 뿐 시대의 새로운 변화가 반영된 실증사료를 전혀 고려하지 않은 주장일 뿐만 아니라 실증사료에 대한 충분한 검토가 이뤄지지 않은 인위적인 아전인수격의 주장이다.

(2) '우산즉 왜소위송도' 분명

일본은 "한국 측은 동국문헌비고, 증보문헌비고, 만기요람에 인용된 여지지(1656년)를 근거로, '우산도는 일본이 말하는 마쓰시마(현 다케시마)다'라고 주장하고 있습니다"라고 하여, 한국 측이 말하는 우산도(현 독도)가 일본이 말하는 다케시마가 아니라고 주장하고, 한국 측이 주장하는 실증자료는 여지지(1656)를 근거로 하고 있다고 주장한다.

① 根據 및 沿革

㉮ 申景濬, 「旅菴全書」 卷7, 「疆界考」[186](1756)4, 鬱陵島

"愚按輿地志云…一則倭所謂松島…"

---

186) 「疆界考」)(1756)는 조선후기 영조대의 학자 申景濬(1712-1781)이 저술한 역사지리서이다. 이 책은 「疆界誌」라고도 하나, 이는 후대에 적어넣은 것으로 보이므로, 그 서문에 있는 대로 「疆界考」로 불러야 한다(송병기, "獨島(竹島)問題의 再檢討 ", 동북아역사논총 18호(2007.12), p.295.) 그 밖에 고려대학교 중앙도서관 소장 수필고본(貴 518)은 表題를 疆界志, 序題를 疆界考로 적고 있다(박인호, 앞의 논문, p.78).

㉯ 安鼎福, 「雜同散異」, 海防

"輿地志云…于山則倭所謂松島…"

㉰ 「東國文獻備考」[187](1770)卷之14, 「輿地考13」, 關防3, 海防10, 東海

"輿地志云…于山則倭所謂松島…"

㉱ 「萬機要覽」(1808)卷10, 「軍政編」4, 海防, 鬱陵島

"輿地志云…于山則倭所謂松島…"

㉲ 「增補文獻備考」(1908)卷31, 「輿地考」19, 關防7, 江原道, 蔚珍

"輿地志云…于山則倭所謂松島…"

② 우산즉 왜소위 송도가 분명

"…于山則倭所謂松島…"[188]는 안용복 사건(1693-1696) 이전의 기록인 조선 초기의 동국여지승람이나 한백겸의 동국지리지, 유형원의 동국여지지[189] 등에는 보이지 않는다.[190][191] 그러나 강계고 이후 기록에

---

187) 울릉도·독도의 변화된 인식이 국가차원에서 공식화된 문헌이다.

188) 관찬서인 「동국문헌비고」에 「于山則倭所謂松島」가 기술된 것은 분명히 안용복 사건의 영향으로 보인다(박병섭, "시모조마사오의 논설을 분석한다"), 독도연구 제4호(2008.6.30), 영남대학교 독도연구소, p.105).

189) 「강계고」의 인용구절 「여지지」는 「수정동국여지」와 동일서적이거나 「여지」를 근간으로 한 수정본으로 인식하고 서술한다(상세한 사항 뒤의 주석 212) 참조).

190) 동국문헌비고의 '여지지'가 '동국여지지'가 아닐 수 있다는 견해를 통해, 만약 아니라면 유형원의 여지지가 실존하지는 않으나 따로 존재할 수 있고 여지지 편찬(1656) 당시, 즉 안용복 사건 전에도 우산도가 '왜소위송도'라는 사실이 알려져 있었다고 볼 수 있다는 견해(유미림, 앞의 논문, p.203)가 있다. 또 「여지고」의 '輿地志云'의 해석을 통해, 안용복사건 전에 '우산즉왜소위송도'라는 사실이 알려져 있었다고 해석하는 견해(송병기, 앞의 논문, p.296)가 있다. 다른 견해는 「여지」가 완성된 1656년 당시

서는 이 부분 기록이 인용되고 있다. 이 같은 사실은 안용복 사건을 계기로 于山島(현 독도)가 일본이 말하는 松島(현 竹島)라는 사실이 한국 측에 명확하게 알려진 것을 반영한 것이다.[192] 즉, 1696년 3월 18일 울릉도에 도착하여 일본인을 만난 안용복이 "송도는 자산도(子山島)로서 거기도 우리나라 땅인데, 너희들이 감히 거기에 왜 사는가"라는 기록[193]과 그해 5월, 안용복이 다케시마(울릉도)로부터 마쓰시마(자산도)를 경유하여 오키도(隱岐島)와 돗토리번(鳥取藩)으로 가서 "마쓰시마는 자산도이다"라는 공술기록[194] 처럼 안용복이 2차로 일본에 건너갈 시기, 또는 그 이후에는 이미 울릉도의 子島인 '子山島', 고유명칭 '于山島'가 왜인들이 松島라 부른다는 사실은 이미 '公知의 사실'로 간주되고 있을 만큼 명확한 사실로 밝혀지고 있다. 따라서 '우산즉왜소위송도'는 신경준의 견해로,[195] 당시 고증을 통하여 여러 지리지와 지

그러한 인식이 있었는지 의문시하는 견해(박병섭, "시모조 마사오의 논설을 분석한다(2)", 독도연구 제7호, 2009, 영남대학교 독도연구소, p.128)가 있다.

191) 일본에서도 안용복 사건 이전에는 우산도를 송도라고 하는 자료는 없는 것 같다는 견해(박병섭, 앞의 논문, 독도연구 제7호, p.128)가 있다.

192) 유형원의 동국여지지(1656)가 편찬될 당시에는 안용복 사건(1693-1696)이 발생하기 전이고, 강계고(1756)를 저술할 때는 이미 울릉·우산도 문제가 종결된 뒤의 일이므로, 여지지에는 없으나 강계고에는 반영된 것으로 본다.

193) 「肅宗實錄」肅宗 22(1696)年 9月 25日

194) 일본 무라카미가 문서(村上家文書),「元祿九丙子年 朝鮮舟着岸一卷之覺書」참조.

195) 신경준은 숙종년간 일본과의 최대 외교현안으로 등장하였던 안용복사건을 통해 지금까지 다시는 울릉도를 일본 땅이라고 하지 않게 된 것은 모두 안용복의 공이라고 적고 있다(疆界考,「安龍福事」:「旅菴全書」1-271면 ; 박인호 앞의 논문, p.114).

도를 상고한 끝에 명확하게 알게 된 사실과 수토사 등의 답사를 통해 알게 된 새로운 사실을 반영한 것이다.

조선 초기 동국여지승람(1486)을 발간한 이래로 관료로 진출하고자 하는 조선의 문인들은 동국여지승람은 필독서였고,[196] 동시에 다른 자료와 비교를 통해 가장 큰 극복의 대상이었다.[197] 그런 관료들이 전대의 기록을 인용하여 후대의 변경사항을 자신의 의견(愚按)[198]으로 첨가하는 방식으로 수정하는 형식은 당시의 관례였으며, 전대의 기록의 중심에 선 것이 동국여지승람이었다. 특히 이때까지의 '강역지' 편찬은 『여지승람』 중에서 강역·관방·산천·도리의 내용을 찾아내고, 아울러 숙종 이후 당대에 이르기까지의 사적을 모아 증수하는 것으로 여겨졌다[199]. 신경준의 경우에도 전대의 동국여지승람을 중심으로[200] 하여 한백겸의 동국지리지와 유형원의 동국여지지를 참고로 하여 후대의 변경사항을 자신의 의견(愚按)으로 첨가하는 형식을 취했다.[201]즉,

196) 조선 전기에 편찬된 「동국여지승람」은 이 점에서 조선 후기 지리지의 기본 텍스트로 이용되었다(유미림, "한국문헌의 '울릉·우산'기술에 관한 고찰", '신경준 개찬'론에 대한 비판, 동양정치사상사 제8권 제1호 (2009.3) p.188).
197) 박인호, 앞의 논문, p.9.
198) 개인의 史論 '按' 또는 '謹按' 왕명의 표시 史論 '臣謹按', 여러명이 왕명으로 인한 사론 '臣等按'형식으로 적고 있다.
199) 「頤齊亂藁」 卷13, 己丑 1769年 12月 28日 : 2-667년 ; 박인호, "조선후기 역사지리학연구" 문헌비고 여지고를 중심으로, 한국정신문화연구원 (1995.8.31), p.28
200) 황윤석의 傳聞에 따르면, 신경준이 사적으로 「여지승람」을 초략하여 작성한 '疆域志'(疆界考〈1756〉)를 홍봉한에게 보여주었다는 사실에서도 알 수 있다(박인호, 앞의 논문, p.31 참조).
201) 조선의 학문방식에서 지리지 편찬시 사실관계가 분명해야 하는데, 설이 많아 의문스럽거나 단정하기 어려운 경우, 여러 설을 고증하고 자신의 견해

당시의 문헌에서 울릉도와 우산도에 관한 기술방식을 보면, 전대의 지
리지를 참고하여 기술하되 새로 밝혀진 사실과 후대의 사항을 추가하
는 방식으로 수정하였다.202)이 같은 서술방식은 문헌비고 『여지고』
에도 나타나는데, "그 체재가 완전한 서술식 체재가 아니라 전통적인
역사서술 방식과 자료는 그대로 인용하고 편찬자의 견해는 史論의 형
식을 통해 덧붙이는 방식"을 취하고 있다. 203)

따라서 "…于山則倭所謂松島…"는 신경준이 시대변화를 반영한 것이
며, 于山島는 일본이 말하는 마쓰시마(현 다케시마)가 분명하다.

또한 일본은 "이맹휴가 우산도와 울릉도를 同島異名으로 한 분주(分
註)를 신경준이 '우산도는 일본이 말하는 송도다'라고 개찬하여 후
세에 전해지게 된 것이다"라고 주장하지만, "…于山則倭所謂松島…"는
신경준이 강계고(1756)204)을 저술하기 이미 60년 전에 도서의 어민도

를 덧붙여 후대 학자의 질정을 기다린다. 다만, 지리지가 대체로 국가사업
으로 편찬되는 것이므로 개인의 견해보다는 역사적 사실과 전대의 기술이
중요한 전범이 되는 경우가 많았다(유미림, 앞의 논문 , p.188).
202) 유미림, "한국문헌의 '울릉·우산' 기술에 관한 고찰 : '신경준 개찬'
론에 대한 비판", 동양정치사상사 제8권 제1호(2009.3) , p.189
203) 박인호, 앞의 논문, p.18
204) 申景濬이 영조 32년(1756)에 편찬한 私撰書로, 당시까지 개인적인 차원
에서 이룩한 상고시기 우리나라 역사지리에 관한 가장 종합적이고도 체계
적인 연구서 중의 하나이다. 「彊界考」는 서문 및 권4~권7의 4권으로 이
루어져 있다. 강계고의 서술체재는 대체로 국가적 단위를 중심으로 각국의
국도와 강계를 정리하는 것으로 구성되어 있다. 강계고에서 확립된 신경준
의 영역관은 그가 1770년 「東國文獻備考」의 「輿地考」 편찬시 그대로
수록되어 조선후기 관부적 차원의 영역관을 대표하고 있다.
특히 강계고와 여지고에 상당한 지면을 할애하여 안용복 사건을 수록하고
있다(정구복, "조선후기 역사지리학 연구(文獻備考輿地考를 中心으로)", 한
국정신문화 연구원, 박사학위 논문(1995), pp.78-125참조).

아는 사실을 '안용복 사건'과 같은 커다란 사건을 겪은 후의 강계에 관한 많은 서적을 섭렵한 신경준이 몰랐을리 없다. 특히 『承政院日記』에서도 신경준의 학문의 요체를 「地理學」이라고 적을 정도로 신경준은 지리학에 밝았다.[205] 신경준이 이와 같이 기록한 것은 일본의 주장처럼 전의 서적[206]을 개찬(改竄)한 것이 아니라 전의 잘못 서술되거나 알려진 사실을 바로 잡았다고 보는 개찬(改撰)이 옳을 것이다.

특히 일본은 "신경준의 강계지에는 이맹휴의 춘관지에 없는 역사도 덧붙여 있었다"라고 주장하지만, 이는 신경준이 이맹휴의 견해와는 다른 견해를 취하고 있었음을 의미한다. 즉, 신경준이 추가한 내용은 '주(註)'[207]형식으로 기술되어 있는데, 이는 '삼봉도'라는 명칭이 새로 등장한 사실에 주목하여 자신의 견해를 덧붙이고자 고증을 위해 고의로 '愚按輿地志云'을 넣은 것이다.[208] 즉, 이맹휴는 『신증동국여지승람』에 '삼봉도'라는 호칭이 새로 보이자 삼봉도 다음에 『지봉유설』의 말을 인용하여 이수광의 설(의죽=울릉도)에 동의(울릉=삼봉도)하며, 의문 없이 넘어갔는데, 신경준은 여기에 의문(울릉≠삼봉도)을 품고 삼봉도가 울릉도가 아니라면 우산도일 것이라는 생각에서, 그 근거를 찾았고,

---

205) 「承政院日記」1308冊, 英祖 46年 8月 3日 丙子 : 國史編纂委員會, 73冊 189면 다) 참조.
206) 일본은 이 부분 전의 서적을 이맹휴의 춘관지라고 주장하지만, 춘관지가 일정 부분 참고된 것은 사실일지 모르나 참고서적이 반드시 이맹휴의 춘관지이였거나 하나뿐이라고는 단언할 수 없다.
207) '註'는 '按'에 해당하는 것으로 전래의 형식이며(박인호, 앞의 논문, p.58), 형식이 '本文'과 '註' '分註' 형식으로 다르게 되어 있다 할지라도 이는 조선시대 문헌에서의 설명방식의 차이 일뿐 이를 가지고 내용의 중요도에 따라 가치를 매긴 것은 아니다(유미림, 앞의 논문, p.190).
208) 유미림, 앞의 논문, pp.197-198 참조.

결국 자신과 같은 생각을 갖고 있는 여지지를 찾아서 이를 인용한 것이다.[209] 따라서 신경준이 이맹휴의 춘관지를 덧붙인 것이 아니라 바로 잡은 것이며, 개찬(改竄)[210]이 아니라 개찬(改撰)[211]한 것이다. 일본은 왜 꼭 새롭고, 명확한 사실 앞에서 이맹휴의 춘관지만을 기준으로 내세우는지 의문이다. 이맹휴와 신경준의 지리학적 업적 등은 여러 면에서 비교 대상이 되지 안 는다. 그럼에도 불구, 신경준을 이맹휴의 「춘관지」 틀에 억지로 짜 맞추려고 하는지 의문이다.

③ 한국문헌의 「輿地志云」 및 일본의 궤변

일본은 "輿地志云…于山則倭所謂松島…"가 서술되어 있는 동국문헌비고 등이 「輿地志云」이라는 인용문을 문두에 두고 있어서 유형원의 동국여지지에 근거하고 있다고 주장하나, 이는 문구에 사로잡힌 '논쟁만을 위한 논쟁'일 뿐 상세히 기록을 살펴 바르게 해석하지 못한 경우로, 저자의 저술의도, 즉 '의사전달' 의도를 전혀 고려하지 않은 잘못된 해석이고 인위적인 해석에 불과하다.

일본은 신경준의 『彊界考』 "愚按 輿地志[212]云 一說于山 鬱陵本一

---

209) 앞의 주석 51) 참조.
210) 개찬(改竄)은 저자가 고의로 다른 사람이 말한 내용을 마음대로 먹칠하여 지우고 고쳤다는 부정적인 의미이다.
211) 개찬(改撰)은 책이나 글을 고쳐서 다시 엮거나 만드는 경우로 긍정적인 의미이다.
212) 여기서의 「여지지」는 1656년에 저술된 유형원의 여지지를 말하고, 현재는 失傳된 역사지리서로 보는 견해(송병기, 유미림, 박병섭(제7호))가 있고, 다른 견해는 최근 서울대 규장각에서 발견된 .「수정동국여지지」를 여기서의 여지지, 즉 유형원의 저서로 보는 견해(양보경, 박인호, 오상학, 박병섭(제4호), 다케시마연구회)가 있다.

島 而考諸圖誌 二島也 一則其所謂松島 而盖 二島 俱是于山國也"라는
기록의 '愚按 輿地志云'에 근거하여 '一則其所謂松島'를 단순 해
석하여 주장하고 있다. 그러나 일반적으로 고문서는 일본뿐만 아니라,
한국과 중국에서도 구두점(句讀點)이 일체없다. 따라서 이 경우에도 분
주(分註)의 어디까지가 인용이고, 어디부터가 신경준의 견해(愚按)인가
가 명확하지 않다.[213] 하지만 '愚按'에서는 '一則其所謂松島'가 연결되
지만, '輿地志云'에서 '一則其所謂松島'는 연결이 되지 않는 끊어
지는 문장으로 해석하고 싶다. 저자 신경준이 이 글을 쓰면서 전달하
고자 하는 말은 '우산·울릉은 두 섬이고, 하나는 왜(그들)가 말하는
송도'이다. 즉, "두 섬이고, 하나는 송도다"라는 사실을 전달하고자 하
는 것이 주이다.[214]

　　그러면 "愚按 輿地志云 一說于山 鬱陵本一島 而考諸圖誌 二島也"는
어떻게 해석할 것인가에 대하여 "생각건대, 여지지는 말하기를, 일설에
우산·울릉은 본래 한 섬이라 한다. 그러나 여러 도지를 상고하면 두
섬이다"라고 해석된다.[215] 이를 다시 보면, "여지지는 말하기를, 일설에
우산·울릉은 본래 한 섬이라 한다"에서 인용구절은 끊어지고,[216] "생

---

213) 박병섭, 앞의 논문, 독도연구 제4호, pp.104-105.
214) "대개 두 섬은 모두 우산국이다"가 바로 신경준이 내린 결론인 것이다
　　(유미림, 앞의 논문, p.199).
215) 다른 견해(오상학, 앞의 논문, p.77) 「여지지를 살펴보니 거기서 말하기
　　를, '일설에 우산과 울릉은 본래 한 섬이다'고 했다」와 또 다른 견해(송병
　　기, "울릉도와 독도", 단국대학교 출판부(1999), p.52) 「내가 안험컨대 여
　　지지에 이르기를 「일설에는 우산과 울릉은 본래 한 섬」, (송병기, 앞의
　　논문, 동북아역사논총 18호 p.295) 「내가 살피(생각)건대, 여지지에 이르
　　기를 일설에는 우산과 울릉은 본래한 섬이라고 하나」가 있다.
216) 여지지 인용문이, 「… 한 섬이다」에서 끊어진다는 견해(박병섭, 앞의
　　논문, p.105)가 있다. 이 경우 해석의 결론에 도달하는 과정에서 「여지지

각건대, 그러나 여러 도지를 상고하면 두 섬이다", 계속해서 "생각건대, 그 중 하나는 왜(그들)가 말하는 송도이다", "생각건대, 두 섬이 모두 우산국에 속한다"라고 해석해 볼 수 있다.217)

따라서 일본의 주장 「輿地志云」을 전문장에 걸처 해석하는 것은 저자의 의도를 제대로 파악하지 못한 결과이다. 즉, 글의 해석은 저자의 저술의도와 글의 주종을 먼저 가려 해석해야 하며, 저자의 의도를 무시하고 문구자체에 억매여 해석해서는 안 된다.

(3) 본래의 여지지는 우산도와 울릉도를 두 섬으로 기술

일본은 "…여지지의 본래의 기술에서는 우산도와 울릉도는 동일한 섬이며, …"라고 종래의 주장을 되풀이 하여 '一島說'을 주장하지만, 우산도와 울릉도는 두 섬이 분명하다.

① 根據 및 沿革

의 원문을 참조하면」이라고 하여 「저자의 의도」가 아닌 「여지지」를 들어 이 책과 같은 결론에 도달하고 있는 부분이 이 책의 해석과 다르다.
다른 견해는 여기서 끊어지지 않을 경우, 이미 「여지지」에서 '우산을 송도'라고 한 것으로 이것은 신경준의 조사와는 무관한 것이 되어버리기 때문이라고 한다(오상학, 앞의 논문, p.78).
또 다른 견해 「'한섬이다'에서 문장이 끊어지는 것이 아니라 '이라고 하나'로 이어지는 것으로 보아야 하며, 문장 전체도 그렇게 되어야 자연스럽다.」는 견해(송병기, 앞의 논문, p.297)가 있다.
그 외에 강계고 서문을 근거로, 「여지지에 일설에 우산과 울릉은 본래 한섬이다」에서 끊어지고, '내가 생각하기에'가 전체에 걸리는 해석(유미림, 앞의 논문, p.199)이라는 견해가 있다.
217) 해석의 결론 도달과정만 다르고 해석은 같은 견해(박병섭, 앞의 논문, p.105)가 있다.

㉮ 「世宗實錄」(1432)卷153, 「地理志」, 江原道, 蔚珍縣條

"于山·武陵二島…則可望見"

㉯ 「高麗史」(1451)卷58, 「地理志」

"一云于山武陵本二島…則可望見"

㉰「新增東國輿地勝覽」(1530)卷45

"于山島 鬱陵島 一云武陵, 一云羽陵, 二島在縣正東海中…"

㉱ 柳馨遠, 「東國輿地志」(1656) 卷7, 江原道, 蔚珍縣, 山川

"于山島 鬱陵島 一云武陵 一云羽陵 二島在縣正東海中 三峯岌嶪撐空
南峯稍卑 風日淸明則峰頭樹木山根沙者 歷歷可見 風便則二日可到 一說
于山鬱陵本一島…"

㉲ 李孟休, 「春官志」[218](1745), 卷8

"輿地勝覽曰…二島在縣正東海中…"

㉳ 申景濬 「旅菴全書」卷7 彊界考(1756)4, 鬱陵島

"愚按 輿地志[219]云 一說于山 鬱陵本一島 而考諸圖誌 二島也 一則其
所謂松島 而盖 二島 俱是于山國也"

㉴ 「東國文獻備考」(1770)卷之13, 「輿地考」, 關防3, 海防10, 東海

"…一作武二島 一卽于山有事實錄于左…"

㉵ 「萬機要覽」(1808)卷10, 「軍政編」4, 海防, 鬱陵島

"輿地志云 鬱陵·于山 皆于山國地…"

---

218) 「春官志」는 이맹휴가 1744년부터 편찬에 참여, 1745년 9월에 초고를
완성하고, 1781년에 예조에 소장되었는데, 1781년 정조가 이맹휴의 조카인
이가환에게 수정을 명하였다. 이 책은 국왕의 명령에 의해 예조가 편찬을
주관했으나 이맹휴와 이가환이 실제 담당자였다는 점에서 성호학파의 저작
이라 할 수 있다.
219) 여기서의 여지지는 1656년에 저술된 유형원의 동국여지를 말한다.

㉝ 「增補文獻備考」(1908)卷31, 「輿地考」19, 關防7, 海防1, 東海
"于山島 鬱陵島 ···一作武二島 一卽芋山 今爲鬱島郡"

② 우산·울릉은 두 섬이 분명

일본은 우산·울릉은 두 섬이 아니라 한 섬임을 일관되게 주장하면
서, "여지지 본래의 기술에서는 우산도와 울릉도는 동일한 섬···"이라고
주장[220]하지만, 우산·울릉은 두 섬이 분명하다. 여지지(1656) 원래의
본문기록(전단)에서는 두 섬을 동일한 섬이 아닌 별개의 섬으로 분명
히 기록하고 있다.[221]일본의 주장은 후단의 소수설 소개를 근거로 한
것으로[222] 본문 내용과 다르다. 즉, 일본은 『여지지』에 쓰인 일설의
기술만을 들어, 『여지지』의 견해와는 정반대의 견해를, 정말로 『여
지지』의 견해인 것처럼 적은 것이다.[223]

특히 일본은 『동국문헌비고』를 비판하면서 신경준의 『강계고』의
문장 전문을 인용하지 않고 앞 부분만을 인용하면서 뒷 부분을 인용하
지 않아 전문이 표현하는 2도설이 갑자기 1도설이 되어 의사내용이 완
전히 달라지도록 일본측의 논리에 맞춰 인위적으로 조작하여 주장하고
있다.[224]

---

220) "우산도와 울릉도는 같은 섬의 다른 이름(同島異名)이다"라는 주장은 시
　　모조의 견해로, 그대로 외무성 최근 홍보 간행물에 받아들여졌다(박병섭,
　　앞의 논문, 독도연구 제4호, p.103 참조).
221) 오상학, '일본측 독도영유권 주장의 비판적 검토-역사지리학적 내용을
　　중심으로-', 독도연구제6호, 영남대학교 독도연구소 2009.6.30, p.79 참조.
222) 「일설에 의하면 우산·울릉은 본래 한 섬이라 ···(一說 于山鬱陵本一島
　　···)」라는 기술은 일설의 소개에 지나지 않는다(위의 ①㉝ 참조).
223) 박병섭, 앞의 논문, 독도연구 제4호, p.104.
224) 오상학, 앞의 논문, pp.78-79 참조 ; 박병섭, "시모조 마사오의 논설을

'一島說'은 신증동국여지승람(一說于山鬱陵本一島)에서 유형원 동국여지지225)로 신경준의 강계고, 동국문헌비고(여지고), 만기요람, 증보문헌비고로 인용되는 과정에서 강계고까지는 일설, 즉 '二島說'을 주장하기 위해 소수설이 잘 인용되고 있는데, 동국문헌비고에 와서는 일설이 배제되고 이후의 기록인 만기요람, 증보문헌비고에도 일설이 제외된 채 인용되고 있다.226)이는 신경준이 동국문헌비고의 여지고 부문을 서술하면서 강계고의 문장에서 불필요한 부문을 삭제하고 축약하는 과정에서 새로운 사실 또는 명확하게 밝혀진 사실을 반영하면서 발생된 것이다. 강계고는 『동국여지승람』을 초략하고, 『동국지리지』, 『동국여지지』를 참조한 정도였으나, 『여지고』 편찬 때는 대충 대충 편찬하지 않고, 여지지를 비롯한 필요한 문헌들을 왕실이나 개인소장을 막론하고 많은 서적을 접하여227) 이들 서적을 집약하여 영조의 명에 따라 간단명료하면서 신중하고 엄격하게 서술하고자 한 결과물이다.228)또 그 동안의 여러 경로를 통해 이론적으로 소수설이나마 존재하고 있던 '一島說'이 명확하게 두 섬으로 드러남에 따라 이를 신경준이 반영한 것이다. 즉, 여지지에서 인용된 부문을 다르게 판단한 데

분석한다", 독도연구 제4호(2008.6.30), 영남대학교 독도연구소, pp.102-103.
225) 유형원의 동국여지지는 신증동국여지승람의 기록과 정확히 일치한다(오상학, 앞의 논문, P.79).
226) 이 때의 연구방법은 서술형식에 있어서 다른 사람의 문장과 자신의 안설(按說)을 구별하는 형태가 아니라 완전히 자신의 문장 속에서 논리적으로 증명해 가는 형태를 취하고 있다(박인호, 앞의 논문, p.12 참조).
227) 송병기, 앞의 논문, 동북아역사논총 18호, p.296 참조.
228) 「英祖實錄」卷114, 英祖 46年 正月 20日 戊戌 ; 「朝鮮王朝實錄」44-346 나) ; 박인호, 앞의 논문, p.31

서 비롯된 것이다.229) 그래서 신경준은 『여지지』와 『동국여지승람』에 일설로써 쓰인 同島異名說을 부정하기 위해, 고의로 『강계고』에서 그 일설을 특별히 언급한 것이다.230) 또 수토사의 잦은 울릉도 현지답사로 인하여 '일응 1도설'이 확실하게 '2도설'로 밝혀진 이상 인용구절로 1도설의 언급이 더 이상 불필요 했던 까닭이다. 그래서 신경준은 분주에서도 특별히 이를 언급하지 않은 것이다.231) 이는 고증학의 영향을 받은 당시의 실학적 분위기와도 무관하지 않다.232)

따라서 여지지 본래의 기술에서도 우산·울릉은 두 섬이 분명하다.

(4) 동국문헌비고의 기술과 여지지 인용

일본은 "동국문헌비고 등의 기술은 여지지로부터 직접적으로 올바른 방법으로 인용한 것이 아니라…"고 인용방법에 대하여 주장한다. 일본의 주장은 '一島說'에 한정된 말로, 신경준은 이미 명확하게 밝혀진 사실앞에서 더 이상 이론적 언급이 불필요했던 까닭이다.

「동국문헌비고는 신경준의 강계지를 저본(底本)으로 하고 있다. 그래서 저본의 강계지를 보면, 해당 부분에서는 "여지지에서 이르기를, 일설에 우산과 울릉은 원래 한 섬이다."라고 인용되어 있고,

---

229) 오상학, 앞의 논문, P.79
230) 박병섭, 앞의 논문, p.105 참조.
231) 박병섭, 앞의 논문, p.105 참조.
232) 조선후기 역사지리학에서는 기존의 역사지리에 관한 기록들을 재구성하고 비판적으로 인식하여 새로이 「강역비정」과 「위치고증」을 하였을 뿐만 아니라 그를 통해 당대의 강역이나 토지에 대한 현실적인 문제를 학문적으로 제기하기도 하였다(박인호, 앞의 논문, p.7).

동국문헌비고의 분주(分註)에 인용된 「여지지」와는 문장이 다르다. 게다가 신경준의 「강계지」에 인용된 「여지지」를, 원전인 유형원의 「동국여지지」에서 확인해 보면, 거기에는 "일설에 우산과 울릉은 본래 한 섬이다."가 있다는 것이다. 이 사실은 「동국문헌비고」에서 "우산도는 왜가 말하는 마쓰시마이다."라고 기재된 분주는, 유형원의 동국여지지에서 유래한 것이 아니라, 동국문헌비고의 편찬 과정에서 날조되어 있었다고 하는 것이다. 독도를 울릉도의 부속이라고 하여, 6세기 이래 한국의 영토라고 하는 한국측의 근거는 무너져 버린 것이다(2007B,P3).」[233]

① 根據

㉮ 柳馨遠, 『東國輿地志』(1656) 卷7, 江原道, 蔚珍縣, 山川

"于山島 鬱陵島 一云武陵 一云羽陵 二島在縣正東海中 三峯岌嶪撑空 南峯稍卑 風日淸明則峰頭樹木山根沙者 歷歷可見 風便則二日可到 一說于山鬱陵本一島…"

㉯ 『東國文獻備考』(1770)卷之18, 『輿地考13』, 關防3, 海防10, 東海

"于山島·鬱陵島 : 在東 三百五十里 鬱一作 蔚一作 芋一作 羽一作 武二島 一卽 芋山 有事實錄于左"

"輿地志云, 鬱陵于山皆于山國地 于山則倭所謂松島也"

② 문헌 비교

---

233) 박병섭, "시모조 마사오의 논설을 분석한다", 독도연구 제4호 (2008.6.30), 영남대학교 독도연구소, pp.102-103

구분	동국여지지	춘관지	강계고	동국문헌비고
'一島說' 언급	있음	있음	있음234)	없음
于山則倭所謂松島	없음	없음	있음	있음
'安龍福事' 언급	없음	있음	있음	있음
'輿地志' 인용	'	없음	있음	있음

③ 직접인용 여부

직접인용 방법과 관련하여, 『여지지』에서 『강계고』를 거쳐 『동국문헌비고』로 이어지는 과정을 거쳐 인용되었으므로, 직접인용은 아닐지 모른다. 그러나 「지리지」의 편찬에서 시간이 흐를수록 과학·기술이 발달하여 전대의 이론적 지식은 사실이 아님이 얼마든지 밝혀질 수 있으며, 후대의 서적은 이를 충실하게 반영해야 「지리서」로서 역할이 가능한 것이다. 여지지(1656)에서 동국문헌비고(1770) 사이에는 100년이 넘는 기간이 존재하고 그 사이에는 문명 과학의 발달로 지리적 인식의 변화도 크다고 본다. 따라서 여지지에서 강계고, 동국문헌비고로 이어지는 과정에서 전대의 서적을 참고하되 새로운 지리적 인식의 반영된 결과로 「강계고」를 거치는 것은 당연한 일련의 과정이며, 이는 조선의 지리서 편찬의 관례였다.

---

234) 순수한 의미의 '一島說'은 아니나 부정하기 위해 언급한 경우도 일단은 언급된 것으로 취급한다.

④ '輿地志云'은 문장의 축약과정의 일환

동국문헌비고의 "輿地志云 鬱陵于山皆于山國地 于山則倭所謂松島
也"는 東國輿地志에 없는 내용이다. '輿地志云'이라고 인용했으므로, 여
지지에 이 같은 내용이 있어야 함에도 불구, 인용 후의 내용이 없으므
로 직접인용이 아니고, 개작한 것이라 주장하고 있다.

신경준의 '일도설'은 『동국여지승람』과 『동국지리지』, 『동국여
지지』를 참조하여 『강계고』를 저술하고, 신경준이 『동국문헌비
고』의 『여지고』 편찬에 참여하면서 기존의 『강계고』를 『여지고』
편찬에 반영한 것은 어느 정도 사실로 밝혀지고 있다. 이 과정에서
『동국문헌비고』와 『여지지』 사이에는 『강계고』가 존재한다. 여
기서 동국문헌비고의 내용과 여지지의 내용이 같으면 별문제 없겠으나,
다른 내용이 존재하고, 일본은 이 부분에 대해 직접인용이 아닌 간접
인용이며, 개찬(改竄)했다고 주장한다. 그러나 신경준이 전대의 서적을
참고[235]했더라도 『여지지』와 『동국문헌비고』 편찬 사이인 『강계
고』 편찬 당시는 사정변경이 발생하여 사실로 밝혀진 이상 전대의 이
론을 더 이상 고수할 수 없어 이를 『동국문헌비고』에 반영한 것이다.
즉, 명확히 밝혀진 사실에 대해 이론적 재고의 가치가 없어 이를 축약
하여 기술한 것이다. 특히 신경준은 관찬서의 권위를 높이기 위해 여
지지를 인용했을 가능성이 높은데, 이 과정에서 문장을 축약함으로 인
하여 일본의 주장과 같은 오해를 낳은 것이다. 축약을 풀어 보면 다음
과 같다.[236]

---

235) 黃胤錫(1729-1791), 「頤齊亂藁」卷14, 庚寅 1770年 2月 6日 ; 박인호,
   앞의 논문, p.77 참조.

"(愚按) 輿地志云(一說于山鬱陵本一島 而考諸圖志二島也)[237] 鬱陵于山 皆于山國地 (=而盖二島俱是于山國也) 于山則倭所謂松島也 (=一則其所謂松島)"

『강계고』의 내용과 『동국여지』의 내용을 같이 서술해 보면 위와 같은데, 의미가 잘 통하고 저자가 의도하는 바를 쉽게 알 수 있다. '내가 생각건대(愚按)이 생략되고, 「여지지운」 다음에 인용구절이 생략되어 축약된 문장이고, 울릉 이하는 "愚按"으로 서술된 문장으로 해석된다.[238] 따라서 신경준이 "愚按 鬱陵于山皆于山國地 于山則倭所謂松島也"라 하지 않고, 신경준이 왜 '輿地志云'이라고 했으며, 『여지지』를 인용하면서 '一說'이하를 생략했는가는 명확한 근거를 찾기 힘드나 이는 관찬서의 권위를 높이고, 고증적인 연구의 성과가 깊었으므

---

236) 축약 풀어 해석한 것은 필자의 견해이며, 특별히 근거가 있는 것은 아니다. 이후 다른 타당한 견해가 있을 경우 그에 따른다.

237) 위의 괄호( )안은 疆界考의 내용이다.

238) 이에 대하여 「여지고」의 주기에 "「여지지」에 이르기를(輿地志云)"이라고 한 것은 '여지지를 직접 본 바에 의하면'이란 뜻이라고 해석하는 견해(송병기, 앞의 논문, p.296)가 있다. 이 견해에 의할 경우 여지지는 1656년 편찬된 것이므로 안용복 사건 전에 '우산즉왜소위송도'라는 사실을 안 것이 된다.
다른 견해, 즉 「울릉 우산은 모두 우산국의 땅이다」가 인용문이고, 그 이하의 「우산은 곧 왜가 말하는 바의 마쓰시마이다」는 신경준의 견해로 해석하면서 「여지지」를 근거로 드는 견해(박병섭, 앞의 논문(제4호), p.105)가 있다. 박병섭 또 다른 논문에서는 아오야기 쓰나타로(靑柳綱太郎)의 1917년 「증보문헌비고」 해석의 견해를 들어 같은 해석을 하고 있다(박병섭, 앞의 논문, 독도연구 제7호, 2009. p.127).
또 다른 견해, 」「울릉 우산은 모두 우산국의 땅이다」가 여지지의 말(인용문)이라 하더라도 신경준이 자신의 의견과 부합된다고 여겨 취한 것으로, 신경준의 결론으로 보아도 무방할 것이다」라는 견해(유미림, 앞의 논문, p.199)가 있는데, 그 이하 '우산즉왜소위송도'에 대한 언급은 없다(유미림, 앞의 논문, p.201 이하).

로 이를 자신만의 방법으로 새로운 사실이나 명확하게 밝혀진 사실을 축약하여 수록코자 한데서 비롯되었다고 본다.[239]

이 같은 사실을 방법론에서 보면, 여지고 편찬시 개인적인 의견[240]을 상당량 첨부하여 실을 수 있었기 때문이며[241] 강계고가 개인의 의견을 개진하고 결론을 도출하는 형식(愚按 …, 盖)을 취했다면, 동국문헌비고에서는 우산과 울릉 두 섬의 관계에 대해 고증하고 이를 단정짓는 형식을 취했기 때문이기도 하다.[242]

그러나 신경준의 강계고에서 보듯 '울릉·우산이 모두 우산국의 땅'이고, '우산은 왜가 말하는 송도'라는 사실은 명확하게 알고 서술한 것으로, 저자 신경준의 '저술의도'를 도외시한 채 문구만에 구속되어 해석해서는 안 된다. 따라서 축약을 풀어 서술하면 강계고의 내용과 일백상통한다.

'一島說'은 동국여지승람을 거쳐 동국여지지로, 강계고로 동국문헌비고로 이어지는 과정에서 강계고에서 끝났고, '于山則倭所謂松島'는 강계고에서 시작하여 동국문헌비고, 만기요람, 증보문헌비고로 이어졌으며, '安龍福事'는 춘관지에서 시작하여 강계고, 동국문헌비고, 만기요람, 증보문헌비고로 이어졌다. 이렇게 볼 때, 일본이 여지지를 직접인

---

239) 이 문제에 대하여 명확한 해법을 찾지 못한 국내학자들은 일본의 주장을 피하기 위해 『수정 동국여지지』가 『강계고』나 『동국문헌비고』「여지고」의 인용구절의 '여지지'(유형원)가 아니라고 여러 근거를 들어 견해를 피력하고 있는 것으로 보인다.

240) 신경준이 마음대로 고친 것이 아니라 사료에 근거하여 수정하는 의견을 말한다.

241) 「增補文獻備考凡例」 : 「增補文獻備考」 상-9면 ; 박인호 앞의 논문, p.58 주석 141) 참조.

242) 유미림, 앞의 논문, p.201.

용한 것이 아니라고 주장하는 경우는 '一島說'에 한정되는데, 「여지지」를 서술할 때와 「동국문헌비고」를 서술할 때의 시기 사이에는 '안용복 사건'이라는 커다란 사건이 존재하고 있을 뿐만 아니라 지리인식 변화에 따른 울릉도 독도에 대한 존재가 많은 사람들에게 알려져서 「동국문헌비고」의 편찬 때는 당연히 변화된 새로운 지식이 반영될 수밖에 없었으므로, 이를 두 서적의 내용이 이 부분 다른 것은 당연한 것이다.

따라서 일본의 「직접, 올바른 방법」으로 인용된 것이 아니라는 주장은 사회의 변화에 따른 지리적 인식이나 울릉도·우산도와 같은 당해 사건을 다룬 '울릉도 쟁계'의 결과의 반영을 인정하기를 부정하는 일본의 의도적인 주장이다.

(5) 일본의 악의적인 '비판연구' 존재기술

일본은 "동국문헌비고 등의 기술은 여지지로부터 직접…인용한 것이 아니라고 비판하는 연구…"가 있다고 하는데, 이는 관찬서인 동국문헌비고의 내용을 훼손하기 위한 목적에서 나온 다분히 악의적인 글이다. 신경준의 생각은 바로 18세기 역사지리 연구를 대표하며, 신경준 이후의 학자들에게 있어서 그는 가장 큰 극복의 대상이기도 했다. 그의 견해는 동국문헌비고 여지고의 편찬을 전담하면서 「여지고」를 통해 정부적 차원에서 공식적인 견해로 확정되었다.[243] 문헌비고 여지고는 典章·制度를 역사적인 관점에서 정리한 百科全書學的 硏究에, 개인들이 발전시켜 온 歷史地理學의 연구성과를 정부적인 차원에서 최대한 결집

---

243) 박인호, 앞의 논문, p.14 및 p.21.

시키면서 이루어진, 조선후기 역사지리학의 학문적 발전에 있어서 중요한 결과물이자 발전의 지표이다.[244] 따라서 일본이 『동국문헌비고』「여지고」를 훼손하려는 것은 조선 정부의 공식적인 견해를 부정하려는 의도이며, 이는 과거 당사국의 합의로 이뤄진 공식견해를 현대의 일본이 시간을 소급하여 부정하는 것이다.

일본은 한국에 "…비판하는 연구"가 존재하는 것처럼 말하고 있다. 무엇을 근거로 이처럼 주장하는지 알 수 없으나 한국에서 기존의 연구는 「비판연구」가 아니라 『여지지』에서 『강계고』, 그리고 『동국문헌비고』로 이어지는 과정을 분석하여 설명하는 연구가 존재할 뿐, 일본의 주장처럼 악의적인 「비판연구」가 존재하는 것은 아니다.

이는 강계고 전후의 서적들의 전체 내용이 나타내는 일련의 의미가 일맥상통하는 점에서 잘 알 수 있다.[245] 다만, 『동국문헌비고』(1770) 편찬 후 그 당시 문헌 자체에 대해 일부 비판이 존재했고, 신경준에 대한 평도 존재했으며, 그 후 전후의 연결과정을 분석·설명하는 연구가 존재하고 있다.

① 『동국문헌비고』 刊誤에 대한 기록

동국문헌비고가 급하게 완성되어 동국문헌비고에 대한 비판으로 안정복, 정약용·한진서 등이 있다.[246] 이들은 문헌적인 면에서 비판을

---

244) 박인호, 앞의 논문, p.17.
245) 이 부분에 대하여 「일부러 '비판하는 연구도 있습니다'고 여기서만 이 설을 취급한 외무성의 의도를 알 수 없다」는 견해(나이토 세이추, 앞의 책, pp.23-24)가 있다.
246) 박인호, 한국의 역사가와 역사학(상), 창비신서<126>, 창작과 비평사, 1994, p.256.

88 제2편 일본의 고유영토 주장 비판

하였다. 丁若鏞은 『文獻備考刊誤』를 저술[247]하여, 여기서 『東國文獻備考』 『輿地考』의 역사지리 비정을 조목별로 비판하고 있으나 「輿地考」(卷13)에 대한 비판에서 이에 대한 언급은 없다.[248]

안정복은 동국문헌비고가 편찬되어 나왔을 때, 범례가 없다는 점, 여러 사람이 분찬하였으므로 각 '考'의 첫머리에 편찬자의 이름을 기록하여야 하는데 한꺼번에 적어서 구분하지 않은 점, 교정이라는 말은 이미 완성된 책이 있어 후인이 이정하는 것을 교정이라 하는데, 이 책에서는 바로 崇政殿校正이라는 글자를 써서 이전에 이 책이 있었던 것과 같이 적은 점, 그리고 무엇보다 여러 책에서 초출하여 편집하였으면 당연히 그 초출한 책의 편찬자의 이름이 부기되어야 함에도 불구하고 이 책은 인용전거를 모두 기록하지 않았던 점을 문제점으로 지적하였다.[249]

그 밖에 동국문헌비고를 속수하였던 이만운도 문헌비고가 넓게 모으기는 하였으나 정밀하지 않아 소루한 곳이 많이 있음을 지적하고 있다.[250] 특히 정조가 『동국문헌비고』 중에 잘못 된 곳이 많은 가를 묻자, 李萬運은 몇 가지 사례를 들어 그 문제점을 지적하고 있다. 「전부고」 중에서 전라도의 저치미(儲置米)가 전혀 누락되었다는 점, 「병고」 중에서 평구찰방과 11속역이 기록되지 않은 점, 「형고」 중에서 열조수교년조 가운데 잘못 기록된 점, 그리고 「직관지」 승정원조에서

---

247) 「與猶堂全書」 3, 驪江出版社, 1985 참조.
248) 박인호, 앞의 논문 p.14 주석 52) 참조.
249) 「順菴集 卷5, 「書」, 與洪判書書 庚寅(1770) ; 「順菴全集」 1-119~120면 ; 박인호, 앞의 논문, pp.35-36 참조.
250) 頤齋亂藁 卷24, 戊戌 1778년 3월 16일 ; 박인호 앞의 논문, p.36 주석 55) 참조.

동부승지가 낙루되었을 뿐만 아니라 부빈객 수어사 총융사 포도대장 등이 누락되었음을 지적하고 있다.[251]

李萬運은 『동국문헌비고』의 잘못을 수정하고 빠진 곳을 보충하려는 정조의 뜻에 따라 「증정문헌비고」를 집필한 인물이다. 그러나 동국문헌비고(1770)를 편찬 후 13년이 지나서도 「여지고」에 대한 언급이 없다. 이는 신경준이 집필한 여지고가 13년 후 지리적 인식이 변화하였음에도 불구, 수정할 내용이 없었다는 것을 의미하는 점에서 의의가 있다.

② 「申景濬」에 대한 기록

申景濬은 박학으로 유명하였다. 같은 시기의 학자이면서도 상당히 라이벌 관계에 있었던 黃胤錫(1729-1791)은 향리에 있을 때는 교유하던 사이였는데,[252] 신경준이 고문사에 능하고 해박함에는 비길자가 없다고 하였다.[253]

徐命膺도 신경준의 박학은 미칠 수가 없다고 하였다.[254]

그 외 『실록』과 『승정원일기』에서도 신경준의 박학함을 영조에게 아뢰는 말이 곳곳에서 산견된다.

또한 당대의 인물이었던 鄭東愈(1744-1808)도 "신경준은 본래 학식이 매우 깊고 넓은 것으로 이름이 있으며, 진실로 남보다 뛰어난 데가

---

251) 「承政院日記」1540冊, 正祖7年(1783) 9月 9日 丁酉 : 83-420 마) 바) ; 박인호, 앞의 논문, p.38.
252) 「頤齋亂藁」卷1, 庚午 1750年 10月 18日 : 1-91면 ; 卷3, 己卯 1759年 2月 18日 : 1-202면 ; 박인호, 앞의 논문, p.76.
253) 「頤齋亂藁」卷12, 丁亥 1767年 12月 12日 : 2-55면
254) 「頤齋亂藁」卷6, 丙戌 1766年 3月 25日 : 1-552면

많다. 그런데 독선적으로 억지로 갖다 붙인 설을 가끔 자작하여 도리어 옛것으로 만드는 일이 있다. 이것이 그의 단점이다"[255]고 하였다.

洪良浩는 『旅菴集序』에서 신경준의 학문에 대하여 백가지 학문을 모으되 자신의 도로 절충하여 일가의 학문을 이루었다고 평가하였다.

그리고 그가 여러 가지의 학문에 박학하면서 특히 본국의 산천과 도리에 더욱 밝았음을 강조하고 있다.[256] 신경준은 대체로 박학하지만 정밀하지 못하다는 여론을 받기도 하였다.[257]

鄭寅普(1892-?)는 신경준의 학문을 "星湖 農圃의 巨學으로도 오히려 孤寂 索莫을 느끼게 된다"[258]고 하였다. 여기서 정인보는 신경준의 학문을 史學이 중심이 되었으되 단순히 역사를 살피는데 그치는 것이 아니라 현실적인 급무에 응한 것이라 하여 그 實用性을 높이 평가하고 있다.

③ 전후의 연결과정에 대한 분석 연구존재

"『강계고』에서 동국문헌비고로 편집하는 과정에서 기존의 一說이 빠지고 우산을 송도라고 하는 부분도 『여지지』에서 말하는 것으로 처리되어 있다. 이는 강계고의 문장을 축약하는 과정에서, 문장 가운데 여지지에서 인용된 부분을 다르게 판단한 데서 발생한 것이다. 이후 동국문헌비고의 문장은 다시 만기요람에도 그대로 전재되면서 이 분야

---

255) 鄭東愈, 「畵永編」 참조 ; 박인호, 앞의 논문, p.76.
256) 「耳溪先生集」卷33, 「左承旨旅菴申公景濬墓碣銘幷序」: 「耳溪洪良浩全書」하-685면; 박인호, 앞의 논문, p.77
257) 「頤齋亂藁」卷14, 庚寅 1770年 2月 6日.
258) 「南遊寄信」, 申旅菴故宅訪問記(1): 「薝園 鄭寅普全集」1, 延世大出版部, 1983, p.188

의 연구자들이 「신중한 사료 비판 없이」 받아들이는 결과를 초래했던 것이다"259)에서, 일설이 빠지고 우산을 송도라고 하는 부분이 강계고의 영향임에도 불구, 여지지에서 말하는 것으로 처리되어 이 부분을 분석하는 연구가 있고, 만기요람 등에 게재되면서 '사료고증'이 없다는 분석 연구가 있다.

(6) 안용복의 활동기록에 대한 신빙성 훼손의도

일본은 "그러한 연구에서는 '동국문헌비고' 등의 기술은 안용복의 신빙성이 낮은 공술을 무비판적으로 받아들인 또 다른 문헌 『강계고』(疆界考) '강계지'(疆界誌)」, (1756년)를 근거로 한 것이라고 지적하고 있습니다"라고 주장하고 있으나260), 그렇지 않다. 안용복이 다케시마(울릉도) 및 오키제도와 구별된 섬으로 마쓰시마(현 다케시마/독도)를 인지하고 있었던 것은 오키의 무라카미스케쿠로가(村上助九郎家)문서에 의해 증명되었으며261), 신경준의 안용복 관련 기록을 「강계고」에 반영한 것도 근거가 있는 것으로, 무비판적으로 게재한 것은 아니며, 또한 이맹휴의 춘관지를 날조한 것도 아니다.

① 根據 및 沿革

㉠ 李孟休, 春官志(1745) 卷8, 鬱陵島爭界

---

259) 오상학, 앞의 논문, p.79
260) 일본이 이같이 주장하는 원인은 동국문헌비고 등의 기술이 안용복의 호언장담을 마치 사실인 듯 기술한 춘관지의 내용과 비슷하기 때문이다(박병섭, 앞의 논문, P.282).
261) 池內敏, "隱岐·村上家文書と安龍福事件", 「鳥取地域史研究」9호, 2007, p.14

㉯ 申景濬 , 彊界考(1756) 卷4 昭代篇, 蔚珍縣, 鬱陵島

㉰ 東國文獻備考九(1770) 卷之18, 輿地考13, 關防3, 海防10

"… 龍福追至松島, 又罵曰, 松島卽, 芋山島, 爾不聞 芋山亦我境乎, …"[262]라는 기록에서 "… 용복이 뒤따라 송도까지 가서 또 꾸짖기를, "송도는 바로 우산도이다. 너희들은 우산도도 또한 우리땅이란 말을 듣지 못하였느냐?…"

㉱ 「萬機要覽」(1808) 卷10 軍政編4, 海防, 鬱陵島

㉲ 增補文獻備考(1908) 卷31, 輿地考19, 關防7, 海防, 江原道 蔚珍

"…龍福追至松島, 又罵曰, 松島卽 芋山島, 爾不聞芋山亦我境乎, …"
라는 기록에서 "… 용복이 뒤따라 송도까지 가서 또 꾸짖기를, "송도는 바로 우산도이다. 너희들은 우산도도 또한 우리 땅이란 말을 듣지 못하였느냐?…"

② 안용복 활동기록에 대한 신빙성 훼손의도가 분명

㉮ 안용복 진술의 신빙성

안용복관련 기록은 한·일 두 나라에 많은 기록이 있다. 안용복의 공술 중에는 의문시되는 내용도 많다. 그러나 당시의 지리적 인식을 고려한다면 이 같은 사안은 문제가 되지 않는다. 즉, 잘못된 기억과 이문화(異文化)로 인해서 일어날 수 있는 것이며, 월경죄를 범한 죄인으로서 공술을 다소 과장했을 수 있다. 그러나 그가 말한 대부분의 사실이 한국 측 숙종실록[263] 등에 기록되어 있을 뿐만 아니라, 일본 측 무라카미스케쿠로가 문서[264]와 『竹島考』下[265]에 의해 증명되고, 『다

---

262) 앞의 備考九, p.135 참조.
263) 「肅宗實錄」, 肅宗 22年 9月 戊寅 , 10月 丙申

케시마 기사(竹島紀事)』를 충분히 검토한 견해266)에 의해서도 증명되고, 대체로 사실로 믿어진다.267) 1696년 10월 안용복이 제2차 도일 후 비변사에서의 공술, 즉 「于山則倭所謂松島」와 「지리적 인식」은 이후의 서적과 지도에 큰 영향을 주었다. 그때까지 애매했던 우산도의 방향이 실제로 합치되어 울릉도 동쪽에 그려지게 되었다.268)

㉯ 강계고의 안용복사

신경준이 강계고(1756)를 저술할 때의 '安龍福事'269)는 어느 책을 참고했는지는 명확한 기록이 없다. 다만 안용복 사건 이후 여러 '안용복전'이 저술되어 읽혀지고 있었던 것으로 추정되는 상황에서 朴師洙의 『安龍福傳』270)를 참고로, 李瀷이 『星湖僿說』를 저술하여 이것이 그의 아들 이맹휴에게 영향을 주어 李孟休가 『安龍福傳』을 지었고,271) 그것이 『춘관지』 「울릉도쟁계」에 실린 것이 사실이다. 여기

---

264) 일본시마네현 무라가미(村上助九郞)씨 소장 「원록 9병자년 조선주착안 일권지각서(元祿九丙子年朝鮮舟着岸一卷之覺書)」

265) 岡嶋正義(1784-1858), 「竹島考」下(1828), "大谷之船人 拿歸朝鮮人" ; 송병기, 앞의 논문, 동북아역사논총 18호, p.303 주석 17) 참조.

266) 田川孝三, "于山島について", 「竹島資料」(10), 島根縣立圖書館所藏, 1953, p.100.

267) 田保橋潔, "鬱陵島その發見と領有", 「靑丘學叢」3(1931), pp.19-20.

268) 박병섭, 앞의 논문, 독도연구 제4호, p.110.

269) 신경준은 자신의 주장을 입증하기 위해 다양한 고증방식을 이용하고 있는데, 자신의 의견을 나타내는 것으로 '按', 동국문헌비고에서는 '臣謹按' 형태의 史論으로 하는 것 외에 '辨', '敍', 사건의 전말을 기록한 '事'(=安龍福事), '說', '疏' 등의 독립된 史論을 두었다(박인호, 앞의 논문, p.58 및 pp.80-81).

270) 成海應, 「硏經齊全集」 後集11, 「題安龍福傳後」 ; 송병기, "獨島(竹島) 問題의 再檢討", 동북아역사논총18호(2007. 12), p.297 참조.

271) 李瀷(1681-1763, 李孟休의 父) 「星湖集」卷12, 「答鄭汝逸」(1745) 「近時에 朴判書師洙가 安龍福傳을 가지고 있다」

서의 『안용복전』은 신경준이 당시 많은 서적을 참조하여 안용복사를 저술했을 것으로 추정되는 상황에서 『강계고』에 영향을 미쳤고, 또 다른 알려지지 않은 『안용복전』을 참고 했을 가능성도 높다. 신경준이 어떤 책을 참고하더라도 그 내용은 비슷했을 것으로 추정되며, 이렇게 볼 때 이맹휴의 『춘관지』의 내용과도 비슷했을 것으로 추정된다.[272] 특히 신경준의 『강계고』昭代篇의 이민족 관련 기사는 주로 일본의 경우는 『海槎錄』, 『看羊錄』, 『通文館志』, 『春官志』등의 교섭관계 기사를 정리하여 쓴 것이다.[273] 따라서 이맹휴의 춘관지가 강계고 안용복사에 어느 정도영향을 미친 것은 사실로 인정된다. 다만, 참고했다고 하여 같은 서적일 수는 없으며, 그 신빙성도 같이 취급될 수는 없다. 참고서적인 춘관지의 내용과 일부 비슷한 부분이 있다고 하여 같은 서적일 수는 없다. 당시(1693, 숙종 19, 元祿6)의 울릉도 쟁계는 많은 사람들에게 파장을 일으켜 정부 당국자 뿐만 아니라 일반인들에게도 많은 관심을 불러일으켰다.[274] 또한 수토관이 3년마다 정기적으로 왕래[275]하여 울릉도 지도와 토산물을 바침에 따라 지리적 인식

---

272) 안용복의 활동 기사에 관해서는 「춘관지」와 「강계고」의 내용은 거의 같다(박병섭, "시모조 마사오의 논설을 분석한다(2)", 독도연구 제7호, 2009, 영남대학교 독도연구소, p.123).

273) 정구복, 앞의 논문, pp.85-86.

274) 가령 1694년(숙종20) 7월 전무겸선전관(前武兼宣傳官) 성초형의 상소(上疏)에서도 알 수 있듯 '울릉도 군영설치 의견' 주장(承政院日記, 肅宗 20년 7月 16日)과 수준정비 진설치 의견(肅宗 36年 10月 甲子), 왜선에 대한 비어책(備禦策)(肅宗實錄, 肅宗 34年 2月 甲辰 ; 英祖實錄, 英祖 10年 正月庚寅) 등에서 당시 많은 사람들이 관심을 갖고 있었음을 알 수 있다.

275) 1694年(숙종20) 9月 19日 장한상(삼척첨사) 1699年(숙종25) 6月 4日 전회일(월송포만호), 1702年(숙종28) 5月 己酉條, 이준명(삼척영장) 등 이후 매 3년을 기준으로 강계고 발간 때(1756)까지 계산하면 10여 차례 이

도 분명해졌고[276] 이런 모든 결과가 안용복 사건에 기인함도 분명하게 알고 있었다. 동국문헌비고가 강계고를 저본(底本)으로 취한 것은 사실로 간주되지만[277] 안용복 관련 서술에서 다소 과장된 면을 제외한 나머지 부문에서는 그 신빙성이 인정되고 있다. 즉, 조선의 관찬서인 숙종실록[278] 등과 일본의 무라가미 문서 등에 의해 어느 정도 사실로 드러났다. 또한 동국문헌비고의 기술이 전체로서 우산도와 관련된 안용복 부문이 전혀 근거가 없는 것이 아님을 볼 때 오히려 상대적 우위의 증거자료가 되고 있다. 일본이 의도적으로 강계고 등의 안용복사 내용의 전체적인 의미를 도외시한 채 일부분의 다소 과장된 부분만을 적시하여 신빙성을 다투는 것은 신경준의 지리학적 업적을 의도적으로 폄훼하여 종국에는 안용복의 업적을 희석시키려는 의도에서 나온 것이다.

안용복 관련 기록을 검토해 보면, 박사수로부터 이익의 『성호사설』 [279]로, 이맹휴의 『춘관지』로 이어지고, 이들 서적을 신경준이 횡으로 연결하여 참고했을 가능성이 있다. 이후 신경준은 『강계고』 [280]

상이 된다.

276) 장한 상 이후 여러 차례 이상의 울릉도 현지 답사결과 '일응 1도설'이 분명하게 '2도설'임이라는 것이 확인되었고, 그 대표적인 서적이 신경준의 강계고이다. 다만, 1711년 박석창의 소위 우산도는 '죽도'로 추정된다.

277) 申景濬의 「彊域志(彊界考)」로 인하여 文獻備考로 편찬되어 나와 공이 가장 앞선다고 하여 따로이 五衛將을 제수하였다(承政院日記) 1305冊, 영조 46년 윤 5월 16일 신유 ; 73-37 나) ; 정구복 앞의 논문, p.34 주석 47) 참조.

278) 조선의 관찬서인 숙종실록, 비변사등록, 승정원일기, 변례집요 등은 안용복의 사건을 가능한 한 객관적으로 기술하여 신뢰성이 높다(박병섭, 앞의 논문, P.282).

279) 이익은 자신의 문집 성호사설에서 안용복에 대한 기록은 판서 박사수의 것이 매우 상세하다고 지적하고 있다(「星湖先生文集」 권12, 書, 答鄭汝逸 乙丑 ; 오상학, 앞의 논문, p.80).

를 저술하고, 다시 『동국문헌비고』로 이어지고 있는데281) 이는 이맹휴의 춘관지와 더불어 안용복 관련 기술이 상세한 면은 있으나 다소 과장되었다는 비판을 받는 이유이다.282)그렇다고 해서 신경준의 강계고가 이맹휴의 춘관지를 날조한 것으로 볼 수는 없다. 안용복 관련 기록은 현대에 있어서 만큼은 정밀하지 않더라도 당시에는 관련기록이 많았고, 신경준이 『안용복사』를 저술할 당시에는 그 모든 기록을 과장이 아닌 진실한 사실기록으로 받아들였을 가능성이 높다. 그것이 후에 더 정밀한 기록이 발견되고, 지리학의 발달에 따라 일부 과장된 면이 노출된 것이라 볼 수도 있다. 따라서 현재를 기준으로 그 당시를 평가해서는 안 된다. 이는 중요하고, 전체적인 의미는 사실왜곡이 없기 때문이다.

그럼에도 불구하고 일본은 의도적으로 신경준의 지리학적 업적을 폄훼하여 종국에는 안용복의 도일업적을 희석시키고, 강계고 이후 기록들의 신빙성을 훼손시키려 의도적으로 조작하고 있다. 안용복의 진술 관련, 서증의 진정성283)은 일본의 시마네현 무라가미(村上助九郎)씨 소

---

280) 신경준의 강계고는 이익의 아들 이맹휴의 춘관지를 날조한 것이 아니며, 이미 안용복 사건이 종결된 뒤의 일이므로, 자신이 비변사 취조록 등을 통하여 알고 있는 지식에 이익의 성호사설의 영향을 받았을 가능성이 높다.
281) 당시 이맹휴가 '안용복전'을 썼고, 그것이 다시 문헌비고에 수록된 사실은 문인 사이에 널리 알려져 있었다고 한다(성대중, 「청성잡기」, "울릉도에서 왜인을 내쫓은 안용복전의 전말"; 유미림, 앞의 논문, p.195 주석 24) 참조).
282) 안용복의 호언장담을 사실처럼 기술하고 있기 때문이다(박병섭, 앞의 논문, p.282).
283) 진정성이란 진술서에 서명·날인이 없거나 진술서의 기재내용이 진술과 상이한 경우 또는 진술내용이 진실과 다른 경우와 같이 신용성을 의심스럽게 하는 유형적 상황을 의미한다. 진정성은 증거능력의 요건에 불과하므로

장의 『원록 9병자년 조선주착안 일권지각서(元祿九丙子年朝鮮舟着岸一卷之覺書)』, 『控帳』에 의해서도 사실로 증명되고 있다.[284] 그런데도 일본은 한국측이 본증으로 내세우는 중요한 실증 기록의 증거력에 고의적인 훼손을 가할 목적으로 마치 모두가 문제기록인 것처럼 근거없이 주장하고 있다.[285]

일본은 안용복에 관한 한국 측의 기록[286]에 대한 진정성[287]을 문제[288]삼지만 한국보다 오히려 일본에서 안용복의 활동기록이 많이 보이고,[289] 한국사료에 대한 신빙성을 일본기록이 증명력을 더해 주고 있다.[290] 안용복 기록과 관련, 일본은 한국측 자료를 의문시 하고 있으나 일본 스스로도 자신들에게 불리한 기록의 언급은 회피하거나 무시

자유로운 증명에 의하여 인정하면 족하다.

284) 「伯耆州様江御斷之義在之罷越申候 … 其方義島取伯耆守様ヘ訴訟在之參候と之申方ニ而候間 … 朝鮮人一卷之書付幷朝鮮人 出候奉書目錄」(元祿九年丙子年朝鮮舟着岸一卷之覺書) ; 「控帳」元祿 9년 8월 1일 條 참조.

285) 최근 다케시마문제연구회의 「최종보고서」에서는 신경준의 「강계고」의 안용복 관련 기록은 이맹휴(1713-1751)의 「春官志」(1744)에 나오는 기록을 자신의 기록으로 날조한 것이라는 주장을 펴고 있다. 이러한 주장은 사료에 대한 정확한 비판없이 제기한 것으로 다분히 문제가 있다. 이는 신경준의 지리학적 업적을 폄훼시키려는 의도에서 나온 것으로 객관적 사실과는 거리가 멀다(오상학, 앞의 논문, pp.79-80 참조).

286) 肅宗實錄, 承政院日記, 邊例集要, 增補文獻備考 등

287) 앞의 주석 283) 참조. 서류나 물건의 신용성을 의심스럽게 하는 유형적 상황이 없음을 의미하는 것

288) 다가와 코조(田川孝三)는 숙종실록과 증보문헌비고가 같은 계통의 것으로 범죄자의 진술서에 나오는 것을 취해 무비판적으로 적의적록 전재한 것에 지나지 않아 신뢰할 수 없다고 한다(田川孝三, "竹島領有に 關する 歷史的考察", 東洋文庫書報, 20(1988), p.24 참조).

289) 발서공(竹島渡海由來記拔書控), 이혼호키시(異本伯耆志), 다케시마키지(竹島紀事), 히카에초(控帳), 인푸넨표(因府年表), 다케시마코(竹島考) 등

290) 元祿 九年 丙子年 朝鮮舟着岸一卷之覺書 ; 控帳 ; 拔書控 참조.

하는 태도를 보이고 있다.[291] 즉, 안용복이 일본에 도일 했을 때의 당대의 기록을 무시하고 오히려 후대의 기록을 중시하는 모습에서 쉽게 알 수 있다.

안용복의 진술은 그를 납치했던 오야케의 기록과 송환을 책임졌던 쓰시마번의 기록에서도 확인되고 있다. 특히 조선인의 죽도(현 울릉도) 도해금지를 요구하며, 교섭을 벌였던 다치바나도 조선의 약점이 될 만한 모든 사항을 열거하여 영유권 주장을 했으나 안용복의 에도행에 대해서는 언급하지 않았다는 사실[292]에서도 안용복의 진술은 신빙성을 더하고 있다.

---

291) 竹島考, 因府年表 참조 ; 권오엽, "안용복의 도일활동에 따른 그 행적", 동북아역사재단, 2007, p.25 주 41)・42) 참조.
292) 「肅宗實錄」「肅宗」20年 2月 辛卯 以下 參照.

4. 한국의 다케시마 인지 제4항

가. 기술

제4항은 다음과 같이 기술하고 있다.

> 또한 「신증동국여지승람」에 첨부되어 있는 지도에는 울릉도와 '우산도'를 별개의 2개의 섬으로 언급하고 있습니다. 만일 한국측이 주장하는 대로 '우산도'가 다케시마를 말하는 것이라면 이 섬은 울릉도의 동쪽에 위치해 있으며 울릉도보다 훨씬 작은 섬이어야 합니다. 하지만 이 지도에 나와 있는 '우산도'는 울릉도와 거의 같은 크기로 나와 있으며 더욱이 한반도와 울릉도 사이(울릉도의 서쪽)에 위치해 있다는 점 등으로 보아 실재로 존재하지 않는 섬이라는 것을 알 수 있습니다.

나. 비판

(1) 현대의 과학기술을 바탕으로 중세기를 평가한 오류

① 울릉도 · 독도의 인식

일본은 "… 만일 한국측이 주장하는 대로 '우산도'가 다케시마를 말하는 것이라면 이 섬은 울릉도의 동쪽에 위치해 있으며, 울릉도보다 훨씬 작은 섬이어야 합니다"라고 주장하지만, 현대 과학기술을 바탕으로 해서 16세기의 지도를 판단해서는 안 된다. 즉 현대지리학 분야에서 고지도를 볼 때는 지리적 측면이 중시되어 과거의 지리를 복원하여 그것을 현재의 위치로 파악하는 과학[293]으로 인식하고 있지만, 한중일 3국의 역사 속에서 나타나는 고지도는 그 지리적 측면보다는 「역대강역」과 「구획의 변동」과 관련된 「역사적 연혁」을 중심으로 파악하고 인식되는 점에서 고지도를 보는 견해 자체가 다르다.[294] 현대의 지리학적 관점에서는 고지도의 우산도의 위치가 문제될 수 있으나 한중일 3국의 역사속에서 나타나는 고지도의 우산도는 그것은 「어느 나라 영토」이며, 어떤 「역사적 권원」을 갖고 있는지가 매우 중요하다. 따라서 고지도의 우산도에 대해 인식할 때 우산도가 어느 나라 영토에 속하고, 어떤 연혁을 갖고 권원을 형성했는지가 중요하므로, 여러 정황상 고지도의 우산도는 조선의 영토가 분명하다.

이와 같이 볼 때, 논점의 하나는 '우산도와 울릉도'라는 두 섬의 존재를 한국이 역사상 조선의 강역으로 인식하고 있었는가와 또 하나는 한국이 말하는 우산도가 연혁상 현재의 독도인가의 여부이다.

『신증 동국여지승람』에 첨부된 『팔도총도』에서는 우산도와 울릉도를 구분하여 두 섬으로 그려놓고 있으며, 많은 한국의 고지도[295]에서도 이같이 두 섬이 분리된 지도가 보인다. 이런 기록들은 우산도라는 섬이 울릉도 근처에 확실히 실재하고 있음을 나타낸 것이다. 그런데 기록은 '울릉도의 정동으로 맑은 날 특별히 볼 수 있는 섬이 우산도이다'라고 기술하고 있어서 이를 합리적으로 해석해 볼 때 정동에

---

293) きくちどしお(윤정숙 역), 「역사지리학방법론」, 이회문화사, 1995, p.13 ; 박인호, 앞의 논문, pp.4-5
294) 박인호, 앞의 논문, p.5 참조.
295) 輿地圖, 八道地圖, 關東地圖 등

맑은 날 특별히 보이는 섬은 현재의 독도 밖에 없으므로, 우산도는 현재의 독도가 분명하다.296)

또한 첫 수토관으로 숙종 20년(1694) 9월 울릉도에 파견된 장한상의 「울릉도사적」297)이라는 기록을 보면 더욱더 명확하다.

따라서 한국은 일찍이 우산도와 울릉도 두 섬의 존재를 인식하고 있었을 뿐만 아니라 우산도가 현재 독도라는 사실과 일본이 말하는 마쓰시마(현 독도)라는 사실까지도 명확하게 인식하고 있었다.

② 중세기 우산도는 현재의 독도가 분명

일본은 "한국 측이 주장하는 대로 '우산도'가 다케시마를 말하는 것이라면 이 섬은 울릉도의 동쪽에 위치해 있으며, 울릉도보다 훨씬 작은 섬…"이어야 할 텐데 위치도 동쪽이 아닌 서쪽에, 크기도 훨씬 작은 것이 아니라 비슷하게 그려진 것인가라고 의문을 제시하고 있다. 그러나 16세기 당시에는 과학기술이 발달하지 못해 현재의 실측지도가 아닌 지도298)를 그렸다. 고지도는 현대의 실측지도와 달리 모든 면에서 부정확하다. 이는 일본의 경우에도 크게 다르지 않다.299) 고지도를

---

296) 앞의 Ⅰ. [1] 주석 28) 참조.
297) 장한상, 鬱陵島事蹟(원본은 소장처를 알 수 없고 복사본이 국사편찬위원회에 소장됨) ; 이상태, 앞의 논문, PP.24-25 참조.
298) 일본에서는 이를 회도라 부른다. 즉, 서양의 기법을 받아들여 만든 것을 지도라 하고 그 이전에 만들어진 것을 지도라고 구분하는 견해(松村 明 監 修 : 「大辭泉」東京 : 小學館, 1995, p.289)가 있고, 회도는 주택이나 정원 등의 평면도를 나타내는 단어라는 의미로 그 용어사용을 지양해야 한다는 견해(김화경, "한국의 고지도에 나타난 독도인식에 관한 연구" 후나스기 리키노부의 한국 고지도 분석에 대한 비판을 중심으로, 「영남대학교독도연구소」(독도연구총서3), p.4 주석 1) 참조)가 있다.
299) 야마무라(山村淸助)의 「대일본 분견신도(大日本分見新圖)」(1878) 등에서 보이듯, 일본 측 문헌과 지도에서 명칭과 위치에 대한 혼란은 19세기까

검토할 때에는, 현대의 지도에 비교하여 부정확한가는 중요하지 않으며, 고지도의 제작과정과 제작배경을 분석하는 것이 우선되어야 한다. 이 같은 분석을 통하여 고지도가 제작된 시대의 공간인식, 가치관을 이해하는 것이 무엇보다 중요하다.[300] 당시로서는 위치나 크기에 중점을 둔 국토의 개념이 큰 것이 아니라 국경과 섬의 존재인식에 중점을 두고 있었다[301]고 봐야 한다. 특히 한중일 3국의 역사 속에서 고지도에 대한 인식은 「역대 강역」과 「구획의 변동」과 관련된 「역사적 연역」을 중심으로 파악해야 한다.

위치가 틀렸다고 우산도의 존재인식 자체가 부정되는 것은 아니며, 이는 일본도 같다.[302] 따라서 섬 자체의 존재인식 자체에는 변함이 없으며, 이를 지도에 일관되어 분리한 표기에서 알 수 있듯 분명 독도의 존재를 인식하고 있었다.[303]

(2) 근거를 무시한 일본의 억지주장

일본은 "하지만 … 실재로 존재하지 않는 섬이라는 것을 알 수 있습

지 계속되고 있다(한국해양수산개발원 독도연구센터, "독도는 과연 일본 영토였는가 – 일본 외무성 「독도」홍보자료에 대한 비판 –", (2008.4.16) 참조.)

300) 船杉力修, 「繪圖 · 地圖からみる 竹島(Ⅱ), "竹島問題に關する調査硏究 最終報告書", 松江, 竹島問題 硏究會, 2007. p.103 참조 ; 김화경, 앞의 책, p.5 참조.

301) 신용하, 앞의 16포인트, P.58 참조. ; 이 부분에 대하여 「…지도를 제작하는 과정에서 육지를 중시하였으므로, … 지도의 적당한 공간에 동해안에 존재하는 두 섬을 그려 넣은 것으로 보아야 한다…」는 견해(김호동, 앞의 책, pp.32~33참조)가 있다.

302) 앞의 주석 296) 참조.

303) 동북아역사재단, 앞의 반박문, 2. 참조.

니다"라고 주장을 하나, 그렇지 않다. 한국은 우산도가 현재의 독도라는 사실과 우산도·울릉도 두 섬의 존재사실을 명확하게 인식하고 있었다.304)

따라서 실재하지 않는 섬이라는 주장은 근거 없다.305) 특히 한국은 안용복 사건 이전까지는 고지도형태로 우산도를 울릉도 서쪽에 그리고 있었으나306) 안용복 사건 이후에는 우산도를 울릉도 동쪽에 그려 현재의 지도와 같이 정확히 표시하고 있다.307)

(3) 지도의 정확성과 고지도

일본은 "…신증동국여지승람에 첨부된 지도…" 즉 팔도 총도가 크기나 위치가 틀려서 현재의 독도라고 인식할 근거가 되지 못한다고 주장한다. 국제법의 보조적 法源308)인 국제사법재판소(ICJ)의 판례상 지도는 「인증성(authenticity)」과 「정확성(accuracy)」309) 이 요구된

---

304) 앞의 주석 138) 참조.
305) 이에 대해 일본은 「일도이명설」에의 집착을 나타내는 것이다. 요컨대 「우산도」는 현재의 독도라고 하는 한국측의 주장을 부인한 셈이지만, 상술한 설명으로는 도저히 상대를 명확히 설득시킬 수 없음이 명백하다는 견해가 있다(나이토 세이추, 앞의 책, p.24. 참조).
306) 이 시기 고지도를 제작한 이유에 대해 「조선시대는 울릉도에 가는 것조차 허락하지 않았는데, 그보다 떨어진 독도에 일부러 가는 일은 드물었기 때문에 현지 답사에 의한 지도 작성이 힘들었다는 사실을 알 필요가 있다는 견해가 있다(한국해양수산개발원 독도연구센터, 앞의 연구, 참조).
307) 독도를 울릉도 동쪽에 정확히 표시하고 있다(정상기의 「동국대전도(東國大全圖)」(1757)). ; 김정숙, "竹島問題에 關한 調査硏究 最終報告書" - 西歐製作圖의 分析에 대한 비판 -, 앞의 영남대학교독도연구소 독도연구총서3, p.61 참조.
308) ICJ 규정 제38조 제1항 d호. 참조.
309) 지도는 원칙상 증명력이 인정되기 위해서는 정확성이 요구된다(Palmas

다.310) 그렇지 않을 경우 해당지도는 자유심증주의 원칙에 따른 증거
조사가 이뤄지지 않아 실체 증거방법이 절차에 사장될 수 있다. 이 같
은 ICJ의 판례원칙에 의해 볼 때, 일본의 주장은 합리적 의문의 제시
임에는 틀림없다. 따라서 안용복의 도일 전까지의 한국의 많은 공적
고지도 및 사적 고지도 그 자체로서는 권원을 형성하지 못하며,311) 정
황증거로 되거나 많은 수의 고지도가 절차상 간과될 가능성이 높다.
그러나 행정지도 복사본 대축척 지도상에서 멀리 외따로 떨어져 있는
섬, 비록 그 지리상 좌표가 정확치 않지만 그것 외에는 합당한 섬이
없을 경우는 증거방법을 통한 증거가치가 인정된다.312) 특히 일본의
공식지도313)인, 다카하시의 『일본변계약도』나 야스다 라이슈(安田雷
洲)의 『본방서북 변경수륙약도』 일본 육군성의 『조선전도』 일본

    Island Case(*RIAA*. 1949, pp.852-53) ; Guatemala-Hondras Boundary
    Arbitration <*AJIL*, Vol.57, 1963. p.782>).
310) 증명력 판단의 기준으로 "인증성"(authenticity), "정확성"(accuracy) 이
    외에 "원본성"(originality)이 논의되고(Sandifer, *Eridence before
    International Tribunals*, revised ed., "Chicago : Chicago Univ. Press,
    1975", p.203), "공정성"(impartiality)이 논의된다(Charles Cheney Hyde,
    "Maps as Evidence in International Boundary Disputes", *A.J.I.L,*
    Vol.27, 1933, p.314).
311) *Ibid*, ICJ, Sovereignty over *Pedra Branca /plau Batu Puter, Middle*
    Rocks and South Ledge(Malaysia/Singapore), pare.274
312) 행정지도 복사본 대축척 지도상에서 멀리 외따로 떨어져 있는 섬, 비록
    그 지리상 좌표가 정확치 않지만 그것 외에는 없을 경우는 증거방법으로써
    증명력이 인정된다(Max Huber, p.888 ; Victor Emmanuel, op. cit.,
    supra note 36, p.394 참조).
313) 공식지도는 당사국을 구속한다(Hyde, supra n.31, p.315 ; Cukwurah,
    *The Settlement of Boundary Disputes in International Law
    "Manchester : Manchester Univ. Press,* 1967", p.219 ; 김명기, "국제법
    상 지도의 영토권원 인정 증거에 관한 연구", 독도연구 제7호, 2009, 영남
    대학교 독도연구소, p.180).

해군수로국의 『한국동해안도』 등은 울릉도와 독도를 한국의 영토로 그려넣고 있으며, 하야시 시헤이(林子平)의 『삼국통람여지로정전도』 등에서 울릉도·독도를 한국의 영토로 표시하고 있다. 여기서의 『삼국통람여지로정전도』는 일본 영토 회색, 중국 영토 붉은색, 한국영토 노란색으로 표시하였는데, 울릉도와 독도는 노란색으로 표시하여, 특별히 "조선의 소유(朝鮮ノ, 持へ)"라고 기록하고 있다.[314]

이를 ICJ의 판결과 관련하여 검토해 보면, 이는 일본이 자국지도에서 울릉도와 독도의 영토를 일부 누락시킨 것보다 영토의 일부(독도)를 상대국(한국)의 영토로 표시한 것으로, 이는 국제사법재판소의 판결의 추세에 따른 실질적 증거가치가 인정된 증거방법으로써 한국 측에 귀중한 반증이 되고 있다.[315] 이는 지도제작자가 특정 목적을 위하여 주의를 기울여 수집한 정보에 의해 작성한 특별지도(the special map)인 관제 또는 반관제 지도가 있는 경우 이 지도 제작을 지시한 국가가 아닌 상대국이 해당 부분의 영토권 주장이 있는 경우, 즉 울릉도·독

---

314) ICJ(국제사법재판소)에 있어서 지도의 증거력은 원칙적으로 부차적 능력(제2차 증거 또는 간접증거) 밖에 없다. 다만 협정상 본문에 첨부된 지도의 경우만 본문과 함께 1차적 증거로서 증명력이 인정된다(Timor Island Arbitration ⟨*AJIL*, VOL, 9, 1915, p.259⟩ ; Jaworzina Advisory Opinion ⟨*PCIJ*, Series B, No, 8, 1928, p.33⟩ ; Monastery of Saint-Naoum Advisory Opinion ⟨*PCIJ*, Series B, No. 9, 1924,p.21⟩ ; Palmas Island Case ⟨*RIAA*, 1949, P.853-54⟩ ; Sovereignty over *Pulan Ligitan and Pulau Sipadan* Case ⟨*ICJ*, Reports, 2002, p.625⟩ ; Sovereignty over Pedra Branca Case ⟨ICJ, Judgement, 23 May 2008, paras. 269-270⟩ 참조).

315) ICJ는 페드라 브랑카를 자신의 영토에서 누락시킨 싱가포르의 지도보다는 페드라 브랑카를 싱가포르의 영토로, 즉 상대국의 영토로 표시한 말레이시아의 지도의 증명력이 높다고 판단했다(ICJ, supra n.1, para. 272 참조).

도가 한국 영토임을 표시하고 있는 일본의 공식 또는 반공식적 지도가 존재하고 이를 상대국인 한국이 본증으로 영토주장을 하는 경우 그 주장은 특별한 가치가 있다.[316] 즉, 그 주장은 자유심증에 영향을 미치는 인용 증거자료가 될 가능성이 높다.

또한 제3국의 공식지도는 지도의 증명력 평가기준의 하나인 "객관성", "중립성", "공정성"의 요건을 구비했다는 점에서 의의가 있다. 공식지도는 아니나 영국의 지도학자 보웬(E. Bowen)이 그린 『조선왕국도(Carte du Royaume de Kau-Li ou Coree)』(1752)에서도 울릉도와 독도를 한국 동해안에 매우 가까이 그리고 있는데, 이는 해양에 관한 객관성을 유지하는 제3국, 특히 영국이 인정한 지도라는 점에서 독도가 한국 영토임을 보여주는 귀중한 자료이다.[317]

따라서 일본의 주장은 정확성을 문제 삼지만 한국의 고지도에 없는 정확성의 문제는 일본 지도들에 의해 그 정확성이 증명된 것이나 다름없다. 따라서 이 부분 일본의 주장은 한국의 고지도만을 대상으로 하여 실질적 증거가치를 다투지만 실상 일본의 고지도가 독도를 한국 영토로 표시하고 있어서 쟁점으로 타툴 실익이 없다. 오히려 일본 고지도들이 독도가 한국 영토라는 사실에 대해 제2차적 정확증거(circumstance evidence)로서 원용될 소지가 높다.

---

316) Max Huber, op. cit., *supra* note 20, pp.891-93 참조.
317) 권위 있는 제3국의 지도에서 이를 방증할 수 있다면 증거력이 형성된다 (Max Huber, *Ibid.,* p.893참조).

Ⅱ. 다케시마의 영유권

1. 일본의 영유권 확립주장에 대한 비판

(1) 일본 스스로 불법행위를 자인(自認)

일본은 "울릉도로 건너갈 때의 정박장으로 또한 어채지로 다케시마를 이용하여…"라는 주장을 하고 있으나[1] 일본 어부들이 반드시 독도에 들른 다음 울릉도로 간 것은 아니며, 일부는 그냥 지나친 경우[2]도 있을 뿐만 아니라 독도는 단독으로 활용할 만한 가치가 없고 울릉도와 함께 할 때만 활용가치가 있다.[3] 이는 독도가 울릉도의 부속 섬이라는 의미가 크다. 그런데 울릉도는 과거나 현재에도 변함없는 한국의 땅이다. 한국 영토인 울릉도가 빠진 당시의 독도는 아무 의미가 없으며, 본섬인 울릉도가 있을 때만이 독도라는 부속 섬이 비로소 의미를 갖게된다.[4] 결국 일본은 스스로 국경을 침범하여 한국 영토인 울릉도에까지 불법어로 활동을 하고 있음을 스스로 인정한 것이다.

또한 일본은 울릉도로 건너갈 때 다케시마를 정박장으로 또한 어채로 이용했다고 주장하는데, 일본인들이 어로활동의 주목적지로 삼은

---

1) 개정 전 일본 외무성 홈페이지 10포인트 중 제3포인트 제목 : 「일본은 울릉도로 건너갈 때의 정박장으로 또한 어채지로 다케시마를 이용하여, 늦어도 17세기 중엽에는 다케시마의 영유권을 확립했습니다. 」
2) 「竹島一件으로 구속된 아이즈야 하치에몬(會津屋八右衛門)은 …마츠시마 (다케시마=독도)의 근처를 통과하였으므로…」(池內敏, 앞의 논문, p.216 참조.)
3) 池內敏, 앞의 논문, p216 참조.
4) 당시 독도 만으로는 아무 의미가 없었으므로, 오타니·무라카와 집안은 울릉도 부활 탄원을 반복했다고 한다(池內敏, 앞의 논문, p.216).

울릉도는 한국 영토임은 앞서 설명과 같고, 중간에 정박장이나 어채지로 다케시마를 이용한 부분에 대해서는 막부가 약 200년 전에 이미 한국 영토로 인정한 것을 다시금 재론하는 것은 온당치 않다. 1695년 12월 24일 막부는 7개조의 질문을 돗토리번에 했고, 돗토리번은 "다케시마나 마쓰시마, 그 외에 양국에 부속된 섬이 없다"고 하자, 막부는 새로운 명칭인 마쓰시마(현 독도)라는 명칭에 관심을 갖고 마쓰시마에 대해 상세한 사항을 보고해 줄 것을 요청했다. 이 때 돗토리번은 오늘날 일본의 주장과 같은 송도는 죽도로 가는 도중 들러서 고기잡이에 이용될 뿐이므로 송도를 어로 목적지로 이용하는 경우는 없으며, 인백 양국 이외의 사람이 이용하는 일은 없으므로 죽도에 대해 도해금지를 하면 자동으로 송도 또한 도해하는 일이 없을 것이라고 답변했다.[5] 즉, 송도는 경유지 일뿐 목적지가 아니므로 목적지를 금지하면 자동으로 경유지 문제는 해결되며, 따로 이를 정할 필요가 없다고 본 것이다.[6] 따라서 돗토리번은 막부의 처음 질문에 대한 답과 같이 죽도·송도는 일본 영토가 아니다는 취지의 재답변을 하였다.[7]

또한 일본은 "…17세기 중엽에는 다케시마의 영유권을 확립했습니다"라고 주장[8]하지만, 무엇을 근거로 죽도 영유권을 확립했다는 것인지 알 수 없고, 그에 대해 어떤 기술도 하지 않고 있다.[9]

---

5) 竹島之書附 ; 竹島紀事 元祿 9(1696)년 1월 28일 ; 박병섭, "안용복사건과 돗토리번", 앞의 독도연구(제6호), 2009.6.30. 영남대학교 독도연구소, pp.313-314 ; 나이토 세이추, 앞의 책 p.32-34 참조.
6) 한국해양수산개발원, 앞의 일본외무성 「독도」 홍보자료에 대한 비판, 비판 2. 참조.
7) 池內敏, 앞의 논문, pp.214-215
8) 앞의 주석 1) 참조.

특히 독도(당시 송도)에 대한 일시 불법점유 행위에 근거해서 독도의 영유권을 주장하는 것은 타국을 존중하는 주권국가로서 타국에 대한 올바른 태도가 아니며, 일본 역시 한국 영토 울릉도의 부속도서로 독도를 인정하고 취급한 과거의 선례[10]을 부정하는 것으로 일본 스스로 자신들의 역사를 부정하는 모순을 보이는 것이다.

특히 일본의 주장은 논리상도 허황된 주장에 불과하다. 독도를 일본 어부들이 정박장이나 어채지로 이용하여 늦어도 17세기 중엽에 영유권을 확립했다고 주장하는데, 영유권의 확립은 상대국의 다툼이 없이 계속적이고 평화적으로 지배하고 있거나 조약에 의해 인정되어야 영유권의 확립이 이뤄졌다고 주장할 수 있음에도 불구하고 일본은 일부 어민들이 일시 체류한 사실을 들어 영유권이 확립되었다고 주장하고 있다. 이는 국제법상 어민의 일시 체류가 영유권 확립의 근거가 된 예를 제시해야 할 것이며, 울릉도가 한국영토이고 그 부속도서에 대한 영유권 주장에 대해서 막연한 주장이 아닌 구체적 사실을 들어 주장해야 하며, 과거 막부정부의 도해금지명령에 대한 설명도 있어야 할 것이다.

그럼에도 불구하고 일본이 영유권을 확립했다는 주장은 허황된 주장[11]에 불과하고, 한국을 공연히 국제사회에서 무시하는 처사이다.

---

9) 나이토 세이추, 앞의 책, p.26 참조.
10) 元祿 8年 12月 24日付, 島取藩の幕府への 回答 「島取縣立 博物館藏」; 日本 大谷家 文書, 「竹嶋內松嶋」, 「竹島近邊松島」, 「竹島近所之小嶋」 참조.
11) 이에 관해 허황된 주장의 배경을 설명한 견해가 있다. 다음과 같다. 「1661년에 하타모토(에도시대쇼군 직속에서 만석 이하의 녹봉을 받는 무사)인 아베 시로고로의 알선에 의해 요나고 초닌의 송도(현 독도) 도해에 대해서 막부의 '내의(內意)'를 얻었다고 하는, 오오야가의 문서에 있는 기술을 한 때 가와카미겐조(川上健三)가 '송도배령(松島拜領 ; 배령이라고 하는

2. 다케시마의 영유권 제1항

가. 기술

제1항은 다음과 같이 기술하고 있다.

> 1618년(주) 돗토리번(鳥取藩) 호키국(伯耆國) 요나고(米子)의 주민 오야 신키치(大谷 甚吉)와 무라카와 이치베(村川 市兵衛)는 돗토리번의 번주(藩主)를 통하여 울릉도(당시의 '다케시마')에 대한 도해면허(渡海免許)를 취득하였습니다. 그 이후 양가는 교대로 일년에 한 번 울릉도로 도항하여 전복 채취, 강취 포획, 대나무 등의 수목 벌채 등에 종사하였습니다.
> (주) 1625년이라는 설도 있습니다.

나. 비판

(1) 일본 스스로 독도가 한국영토임을 인정

일본은 "1618년(주 : 1625년 이라는 설도 있다.) 돗토리번(鳥取藩) 호우키국(伯耆國) 요나고(米子)의 주민 오야 신키치(大谷 甚吉), 무라카와 이치베(村川 市兵衛)는 돗토리번의 번주(藩主)를 통하여 울릉도(당시의 '다케시마')에 대한 도해면허(渡海免許)[12]를 취득하였습니다"[13]라

것은 영주로부터 영유권을 양도 받는 것을 말한다)'이라고 과장한 일에 근거한 잘못이다.」(나이토 세이추, 앞의 책, p.28 참조).

12) 이에 대하여 일본의 주장처럼 '울릉도 도해면허'가 아니라 '죽도 도해면허'

고 주장하지만, 당시의 도해면허는 한국의 항의로 1696년 2월 9일 철회되었는데, 이는 일본 스스로 독도가 한국영토라는 것을 인정한 것이다.14)

1696년 1월 28일에 로우주우 4명이 나란히 참석한 자리에서 로우주우 도다 야마시로노카미(戶田山城守)가 쓰시마의 텐류인(天龍院, 宗義眞)에게 각서를 전달함과 동시에 요나고 백성의 다케시마 도해 금지를 전했다.15) 같은 날 로우주우 4명이 서명한 다케시마 도해금지의 봉서

라는 견해가 있다. 두 면허 사이에는 분명 차이가 있다 이를 소개하면 다음과 같다. 「막부는 새로운 섬에 '죽도'라는 명칭을 붙여서 요나고 초닌에게 배타적 조업권을 인정한 것이다. 울릉도에 대해서는 일본이 '기죽도'라고 부르고 쓰시마번이 영유화를 획책해서 조선왕조와 교섭한 것은 1614년이다. 그런 만큼, 새로운 섬에는 기죽도와 다른 '죽도'라는 명칭이 필요했다. 막부는 울릉도를 죽도라고 새롭게 호칭함으로써 일본 국내 수준의 취급으로서 도항을 허가했다고 생각하지 안되며, 당연히 쇄국령의 적용 예외로 했다. 그러나 이섬은 조선측이 울릉도가 아닌가라고 주장하여 울릉도에 대한 죽도라는 명칭은 1693년부터 시작된 '죽도일건'의 조일(朝日)교섭 중에도 문제가 되어 1696년에 일본이 울릉도를 조선령이라고 인정하여 결말이 났다.」(나이토 세이추, 앞의 책, pp.27~28 참조)

13) 막부의 정식허가 보다는 아베와의 사적인 인연으로 받은 것으로 보는 견해가 있다. 죽도도해면허는 「異國渡海朱印狀」과도 다르고 「奉書船制度」에 따른 봉서와도 다른 것이었다. 주인장에는 「自日本到渡安南國舟也」 처럼 도항지와 발급연월일은 명기하나 문면이나 도항 기간은 없다. 그리고 그것은 도항이 끝나면 반납하는 일회성의 것이었다. 「봉서선제도」의 봉서는 주인선이 출항할 때마다 노중이 나가사키 봉행 앞으로 보내는 것이었기 때문에 「竹島渡海免許」 처럼 톳토리번주 앞으로 보내는 경우는 있을 수 없는 일이었다(朝尾直弘, 「鎖國」, 日本の歷史17, (小學館, 1975, 53項) ; 권오엽, 앞의 논문, pp.11-12).

14) 이에 대하여 독도(竹島)는 양국의 영유인식 외에 놓여 졌을 뿐 어느 나라에도 속한 것은 아니며, 인지는 양국이 하고 있었다. 다만, 영유인식은 1880년대에 이르러서야 독도를 영유인식의 대상으로 새롭게 인식하고 있었다는 견해(池內敏, 앞의 논문, pp.216-217)가 있다.

15) 내용은 다음과 같다. 「구상의 각서 오래 전부터 호키 요나고의 백성 2명

(奉書)가 에도의 돗토리 번저에게 넘겼다.[16] 그로 인해 돗토리 번주에게 발행된 막부의 다케시마 도해 허가증은 2월 9일에 막부에 반납되었다.[17] 따라서 일본은 스스로 권한없이 타국영토에 발부한 도해면허를 철회한 것이다.

도해면허는 일본내국 섬으로 도항하는 데는 필요없는 문서이므로,[18] 이는 오히려 일본이 울릉도·독도를 일본의 영토로 인식하고 있지 않았다는 사실을 스스로 인정한 것이다. 또한 도해면허가 영유권의 증명이라면 일본 측은 독도영유권 주장에 앞서 먼저 울릉도 영유권을 주장해야 논리상 합당하다.[19] 그럼에도 불구 일본은 한국의 영토인 울릉도와 그 부속도서인 독도을 분리하여 독도에 대해 영유권을 주장하고 있으나 도해면허는 영유권 인정의 근거가 될 수 없다. 또한 오야 진키치와 무라카와 이치베가 돗토리번주로부터 받은 울릉도 도해면허[20]에서

이 다케시마로 도해해 지금까지 고기잡이를 했습니다. 조선인도 그 섬에 와서 고기잡이를 했다고 합니다. 그렇다면 일본인이 섞이는 것은 이익이 없으므로 앞으로 요나고 백성의 도해를 금지할 것을(장군이) 분부하셨습니다. 마쓰다이라 호키노카미에게도 봉서(奉書)로 알렸습니다. 그것을 명심하도록 명합니다.」(竹島紀事 元祿9(1696)년 1월 28일 ; 박병섭 앞의 논문. p.314 참조)

16) 御用人 日記 元祿(1696)년 1월 28일 참조.
17) 磯竹島覺書 및 磯竹島事略 참조 ; 박병섭, 앞의 논문, p.314 참조.
18) 한국해양수산개발원, 앞의 비판 2, 참조 ; 동북아역사재단, 앞의 반박문 3. 참조 ; 신용하, 앞의 16포인트 7. 참조.
19) 신용하, 앞의 16포인트 7. 참조.
20) 이에 대해 「울릉도에의 도해 면허」에 대해 의심의 여지가 있다는 견해가 있다. 「도해면허장에는 호오키국요나고에서 죽도로 「작년에」 배로 도해한 경험이 있기에 그처럼 이번에도 도항하고 싶다는 신청에 대해서 허가했다는 내용으로 되어 있다. 막부가 허가했던 것은 「이번」의 도항에 대해서이다. 그럼에도 불구하고 요나고 초닌은 그 이후에도 「쇼군가의 아욱꽃의 문장을 새긴 깃발을 세우고」죽도로의 항해를 계속했던 것이다. 이러한

'울릉도'라고 하면 한국의 섬이고 한국(당시의 조선)이 쇄환정책[21]을 취했기 때문에 무인도가 되었다고 하더라도 한국이 영유권을 포기한 것은 아니며,[22] 또한 한국의 영토인 울릉도에 도해를 막부가 허가했다 하더라도 일본 국내에서 허가장 발부 그 자체는 문제가 없으나 이를 당시 국가간의 관계상 외국영토에 대한 허가장 발부로써는 유효하지 않으며, 막부 정부는 스스로 부적법한 것을 인정하여 1696년 2월 9일 철회하였다.[23]

따라서 울릉도의 속도[24]인 독도를 분리하여 일본이 영유권을 주장함은 이유없다.

(2) 일본은 스스로 불법행위를 자인

일본은 "그 이후 양가는 교대로 일년에 한 번 울릉도로 도항하여 전복 채취, 강치 포획, 대나무 등의 수목 벌채 등에 종사하였습니다"라고 주장하여, '한국 영토' 인 울릉도에서 매년 행한 불법행위를 현재의 일본정부가 정당한 사업으로 인식하여 영유권 인정의 근거로 삼고자 하지만 과거의 일본 막부정부는 스스로 잘못을 인정했다. 그에 따라 돗토리 현지에 막부정부의 다케시마 도해 금지의 봉서가[25] 1696년 8월 1

죽도에의 도해면허를 외무성은 울릉도에의 도해면허라고 하여 의심하지 않는다.」 (나이토 세이추, 앞의 책, p.27)
21) 태종 16년(1416년) 9월부터 1882년까지 실시된 정책으로 쇄환정책·쇄출정책이라고도 한다.
22) 나이토 세이추, 앞의 책 p.27 참조.
23) 앞의 주석 17) 참조.
24) 울릉도 도동 깍끼등에서 장비 없이도 육안으로 바람 부는 맑은 날에는 독도를 쉽게 볼 수 있다. 일본 오끼섬에서는 보이지 않는다.
25) 「하쿠슈 요나고의 백성 무라카와 이치베에와 오야 진키치에게 앞으로 다

일 전달되었다.[26)]

일본인들의 울릉도에서의 불법행위는 근세에도 많이 존재[27)]하였고, 그때도 한국정부의 항의를 받은 일본은 1882년 12월 울릉도 渡航禁令을 내렸다고 한국에 회답을 보내고,[28)] 실제로 이듬해 1883년 1월 22일 (양력 3월 1일) 太政大臣의 이름으로 울릉도 도항금령을 시달하였다.[29)]

또한 현재의 일본이 이를 공연히 국제사회에 주장하고 있음은 신뢰를 얻을 수 없음에도 불구하고 주장하는 그 의도를 알 수 없다.[30)]

케시마 도해의 일을 금지한다고 (막부가) 명했음을 예전에 (번주가) 에도에 있었을 적에 봉서로 내리셨고, (번주가) 귀국하시고 이 일을 이치베에와 진 기치에게 명하라는 오쿠보가가노카미의 지시에 따라 오늘 금지의 뜻을 명했습니다.」, 「伯州米子之町人村川市兵衛 大屋甚吉江 向後竹嶋 渡海之儀 制禁被仰出之旨最前御在府之內被成御奉書 御歸國之上を以右之段 市兵衛 甚吉江被仰渡候樣 大久保加賀守御 指圖 二付て 今日弥可爲制禁之旨被御付之.」(御用人日記, 元祿9 (1696)년 8월 1일)

26) 1696년 1월 28일 결정된 명령이 8월에 전달된 것은 소우요시자네가 막부에 다케시마 도해 금지령이 공개를 조선에 대한 쓰시마번의 입장상 늦춰줄 것을 요청했기 때문이다(竹島紀事 元祿9(1696)년 1월 28일 ; 박병섭, 앞의 논문 p.315 참조.)

27) 內部來去案 ; 第13冊, 光武 4年 참조.; 承政院日記 高宗 18년 5月조 참조.

28) 日本 外交文書, 第15卷, 事項10, 文書番号 159, 「邦人ノ 蔚陵島渡航禁止二 關スル件」, 附屬書「井上外務卿ヨリ禮判書へ答書案」 pp.291-294 참조

29) 日本外交文書 第16卷 事項10, 文書番号125, 「鬱陵島 二邦人渡航禁止番査 決議ノ 件垃二決濟」 및 「內達案」, pp.325-326 참조.

30) 이에 대해 막부는 새로운 섬에 「죽도」라는 명칭을 붙여서 요나고 초닌에게 배타적 조업권을 인정한 것이다. 울릉도에 대해서는 일본이 「기죽도(磯竹島)라고 부르고 쓰시마번이 영유화를 획책해서 조선왕조와 교섭한 것은 1614년이다. 그런만큼 새로운 섬에는 기죽도와 다른 「죽도」라는 명칭이 필요했다(나이트 세이추, 앞의 책, p.27참조). 즉 막부는 기죽도 일원은 한국 영토이므로 죽도에 대해서는 정확하게 파악못하고, 다만 새로운 섬으로 인식한 것으로 볼 수 있다는 견해이다. 한국의 학자는 이 부분에 대해 견해가 없다.

3. 다케시마의 영유권 제2항

가. 기술

제2항은 다음과 같이 기술하고 있다.

> 양 집안은 쇼군 집안의 접시꽃 문양의 가문을 새긴 깃발을
> 달고 울릉도에서 어업에 종사하였으며, 채집한 전복을 쇼군
> 집안 등에 헌상하는 등 막부의 공인 하에 울릉도를
> 독점적으로 경영하였습니다.

나. 비판

(1) 일본은 공연히 불법점유를 정당한 증거로 제시

일본은 "양 집안은 쇼군 집안의 접시꽃 문양의 가문을 새긴 깃발을
달고 울릉도에서 어업에 종사하였으며, … 독점적으로 경영하였습니다"
라고 주장하지만, 일본이 장군가의 선인을 내세워 어업에 종사했다고
주장하는 울릉도는 그 당시나 현재에도 한국의 땅이다.

울릉도에 대한 지배권도 없었던 막부가 번(藩)이나 국(國)을 넘어서
직접 초닌에게 섬의 어업권을 허가할 수는 없는 것이며, 이는 막부는
스스로 철회하고 도해금지령을 조선 측에 전달하면서 끝이 났다. 1618
년[31] 죽도도해면허를 받은 이후 양가는 면허를 갱신하는 일도 없었고,

---

31) 1625년설의 견해도 있다.

또 번주가 바뀔 때마다 갱신하는 일도 없었다. 그런 관행이 1696년(元祿 9年)까지 계속된 것으로 추정되는 사실에서 막부가 공인하여 울릉도(당시 죽도) 개발을 본격적으로 했다는 주장은 여러 정황상 근거없는 주장이다.32)

1725년 발행된 조선통교대기(朝魚通交大紀)33)를 보면, 도해면허의 철회 이유를 묻는 신하들의 질문에 막부의 관백은 "도해면허는 요나고 마을의 어부가 조선의 그 섬에 고기잡이 하러 건너가겠다는 청원을 허가한 것이며, 그 섬을 일본이 빼앗은 일이 없으므로 다시 이를 돌려준다고 말해서는 안 되고, 오직 일본 어부들이 건너가서 고기잡이 하는 것을 금지하면 족하다"는 답변에도 명확하게 알 수 있다.34)

따라서 막부의 착오로 발생된 도해면허는 실제상 국외에는 효력이 발생하지 않으며, 독점적 경영 또한 불법 사업에 불과하여 정당성을 찾기 힘들고, 공인하에 본격적인 개발을 했다는 주장 또한 묵시적으로 행한 것에 불과하다.

---

32) 권오엽, 앞의 논문, pp.12-13 참조.
33) 1695년 12월 24일 막부의 질문에 대한 돗토리번의 대답에서 알 수 있다.
34) 1696년 1월 도쿠카와 막부 장군의 논담을 기록한 '朝鮮通交大紀八.' 참조 ; 신용하, 앞의 16 포인트7. [4] . 참조.

4. 다케시마의 영유권 제3항

가. 기술

제3항은 다음과 같이 기술하고 있다.

> 이 기간 중에 오키에서 울릉도에 이르는 길에 위치한 다케시마는 항행의 목표지점으로서, 배의 정박장소로서 또한 강치나 전복 잡이의 장소로 자연스럽게 이용되게 되었습니다.

나. 비판

(1) 한국땅인 울릉도에 일본 어민들의 잦은 불법침범

일본은 "이 기간 중에 오키에서 울릉도에 이르는 길에 위치한 다케시마는 항행의 목표지점으로서, …"라고 주장하지만, 일본이 다케시마를 '항행의 목표'로 삼았다는 주장은 허구에 불과하다.[35] 1695년 12월 돗토리번의 대답 "… 송도는 목적지가 아니라 죽도 가는 도중에 일시 들르는 경유지이고, …"는[36] 재회답과 "… 생각한 대로의 작은 섬에는 나무도 거의 없고 어찌하여도 어획이 될 것 같지도 않은 장소 …"[37]에서 알 수 있듯 일본이 주장하는 송도(현 독도)는 그 당시 항행의 목표로 사용되고 있지 않다.

---

35) 「竹島之書附」 ; 池內敏, 앞의 논문, p.216 ; 박병섭, 앞의 논문, p.314 ; 나이토 세이추, 앞의 책, p.32
36) 竹島之書附
37) 池內敏, 앞의 논문, p.216

특히 이 시기보다 약간 앞서 1667년 일본이 편찬한 『은주시청합기(隱州視聽合記)』(齊藤豊仙편)에서 독도와 울릉도에서 고려(한국)을 보는 것이 마치 일본의 운주(雲州)에서 은기(隱岐)를 보는 것과 같아서 이 두섬은 고려(한국)에 속한다고 기록하고 있으며,38) 여기에 부속지도까지 두어 이를 명확하게 표시하고 있다.39)

또한 이 시기보다 약간 뒤인 1725년의 조선통교대기를 봐도 명확하다.40)

---

38) 앞의 Ⅰ. [1] 주석 16) 참조.
39) 앞의 Ⅰ. [1] 주석 13) 참조.
40) 앞의 주석 33) 참조.

5. 다케시마의 영유권 제4항

가. 기술

제4항은 다음과 같이 기술하고 있다.

> 이로 볼 때 일본은 늦어도 에도시대 초기에 해당하는 17세기 중엽에는 다케시마에 대한 영유권을 확립하였다고 할 수 있습니다.

나. 비판

(1) 근거도 없는 17세기 중엽 일본의 영유권 확립 주장

일본은 "이로 볼 때 일본은 늦어도 에도시대 초기에 해당하는 17세기 중엽에는 다케시마에 대한 영유권을 확립하였다고 할 수 있습니다"라고 주장하지만, 이는 일본 자체의 기록에서도 부정하고 있는 허구의 주장에 불과하다.[41]

첫째, 일본의 막부는 울릉도에 대한 지배권이 없으므로 국경을 넘어 행정허가를 해줄 법률행위의 처분기관인 국가의 지위에 있지 못하다. 이는 울릉도와 독도가 당시 자국 영토 밖의 영역이라고 인정하고 있는 많은 기록들이 이를 뒷받침해 주고 있다.

---

41) 隱州視聽合記(1667)卷一國代記, 齊藤豊仙편 ; 竹島紀事(1696) ; 磯竹島覺書 및 磯竹島事略 ; 朝鮮通交大紀(1725) ; 朝鮮國交際始末內探書(1870) ; 日本太政官編, 「公文錄」, 內務省之部(1877) 등

둘째, 막부가 송도(현재의 독도)가 존재한다는 것을 명확히 안 것은 1696년의 돗토리번에 대한 질문과 회답의 속에서이다. 그러한 이상 안 것은 17세기 후반인데 알기도 전에 "영유권을 확립했다"는 일본의 주장은 근거가 희박하다.[42]

셋째, 1696년 안용복사건으로 울릉도와 독도의 영유권 문제가 쟁점이 되었을 때 그 영유권을 한국에 인정한 사실이나 이 때 막부의 견해를 기록한 조선통교대기의 기록을 보더라도 일본의 영유권 확립 주장은 근거없는 허구의 주장이다.

---

42) 나이토 세이추, 앞의 책, p.28 참조.

6. 다케시마의 영유권 제5항

가. 기술

제5항은 다음과 같이 기술하고 있다.

> 또한 당시 막부가 울릉도나 다케시마를 외국영토로 인식하고 있었다고 한다면 쇄국령을 발하여 일본인의 해외로의 도항을 금지한 1635년에는 이 섬들에 대한 도해 역시 금지하였을 것이지만 그러한 조치는 취해지지 않았습니다.

나. 비판

(1) 한국 땅 울릉도를 일본 영토로 인식했다는 주장

일본은 1635년 쇄국령43)을 발표할 때 막부가 울릉도나 독도의 도항을 금지하지 않은 것은 이 두섬을 외국령으로 생각하지 않았기 때문이라고 주장하지만, 도해면허발급 과정이나 그 성질이 주인장이나 봉서와는 차이가 있는 점,44) 후에 발급의 착오를 알고 이를 철회하고 도항금지를 결정하였다는 점에서는 동일하다. 또한 쇄국령과 연계시키고

---

43) 일본막부의 금교정책과 무역통제 강화정책의 하나로, 1635년 일본인의 해외도항과 재외 일본인의 귀국을 전면적으로 금지한 것을 내용으로 한다.(박석순·손승철·신동규·서민교, 세계 각국사 시리즈 일본사, 서울 2005, 대한교과서(주), pp.217~218 참조).
44) 권오엽, 앞의 논문, pp.11-12

있으나 당시 막부는 요나고 어민들의 생활을 고려한 것이며, 명백히 한국 영토로 인식하고 있었다. 이는 그 당시 막부정부가 울릉도를 한국 영토로 인정했고, 현재도 다툼 없는 한국영토라는 점에서도 알 수 있다. 이러한 사실은 『조선통교대기』(1725)를 보면, 막부의 초닌에 대한 배려45)을 알 수 있으며, 막부가 한국 영토인 두섬을 빼앗은 일이 없고46) 오직 일본 어부들이 건너가서 고기잡이 함을 금지시키면 족하다47)는 기록에서 명확히 알 수 있다. 독도 또한 동일하다.48)

(2) 울릉도가 마치 일본 땅인 것 같은 착각

일본은 다케시마의 영유권에서 "돗토리번의 번주를 통하여 울릉도(당시의 다케시마)에 대한 도해면허를 취득하였습니다.…", 제2항 "양 집안은 쇼군 집안의 …깃발을 달고 울릉도에서 어업에 종사…", 제3항 "오키에서 울릉도에 이르는 길에…", 제5항 "또한 당시 막부가 울릉도나 다케시마를 외국영토로 인식하고 있었다고 한다면…"라고 주장하고 있어서, 일본의 주장만 놓고 볼 때는 한국영토인 울릉도가 일본 영토인 듯한 착각을 주고 있다. 일본이 독도(竹島)의 영유권을 주장하면서 울릉도를 언급하는 이유는 먼저 고유영토론에서 독도에 관한 기록이

---

45) 朝鮮通交大紀(1725)ハ. 「…米子寸の 漁人其島に 漁せん事を願ひしに依て 是を許されしなり…」 참조.

46) 앞의 通交大紀 「朝鮮を … しかも其の初是を彼に取に非ざる時は 今また 是を返すを 以て詞と すべからず, …」 참조.

47) 앞의 通交大紀 「…唯我人の住て漁ずるを禁ぜらるべきのみ…」 참조.

48) 이 경우 독도에 대하여 도항금지를 하지 않는 이유는 독도가 울릉도의 부속섬으로 도해면허도 부여하지 않은 독도에 대해 특별히 언급할 필요가 없었기 때문이라는 반론의 견해가 있다(한국해양수산개발원, 앞의 일본외무성 「독도」 홍보자료에 대한 비판, 일본의 주장에 대한 비판 2. 참조).

부족하고 울릉도에 관한 기록이 많기 때문인 것으로 보인다. 다음으로 일본은 울릉도에 대한 권원을 논함으로써 자연스럽게 독도는 한·일 양측의 영유인식 밖의 섬으로 두어 고유 영토론을 희석시키고, 그에 따라 현대 국제법의 문제로 전환시켜 무주지 선점의 이론적 기반을 마련하여 기초를 제공하고, 이를 통한 법리적 근거를 공고히 하려는 의도이나 이는 주권국인 한국에 대한 명백한 침해행위로서 받아들일 수 없으며, 저의를 알 수 없는 주장은 우호관계상 그만두어야 마땅하다.

Ⅲ. 울릉도로 도해를 금지함

[1] 소위 '다케시마 잇켄(竹島一件)'

1. 소위 '다케시마 잇켄(竹島一件)' 중 '竹島' 제외 비판

(1) 울릉도의 부속도서가 명백한 독도

일본은 "17세기말 독도도항은 금지 하지 않았다"[1]고 울릉도와 분리하여 별개로 주장하고 있으나 독도는 울릉도의 부속도서[2]로 분리될 수 없으며, 일본의 기록에서도 독도가 울릉도의 부속도서 임을 기록[3]하고 있고, 독도가 한국 영토라고 명백히 일본의 고지도에도[4] 표시하

---

1) 개정 전 일본 외무성 홈페이지 10포인트 중 제4포인트 제목 : 「일본은 17세기말 울릉도 도항을 금지했습니다만, 다케시마 도항은 금지하지 않았습니다.」

2) 일본어의 언어학상으로도 독도가 울릉도의 부속도서라는 견해가 있다. 「竹島·松島가 처음부터 일본인의 자유의사에서 나온 명명이라 하더라도 松과 竹은 흔히 서로 連稱되는 문자이므로 그 지명은 양도의 밀접한 지리적 관계를 증언하는 바이며, 더구나 竹島의 稱이 후에 松島(독도)에 가서 붙고 송도의 稱이 전자에 가서 붙는 만큼 양도가 명칭상으로도 혼용되는 종속 불가분의 공동 운명체적 관계를 가진 섬임을 더욱 알 수 있다.」(이병도, 앞의 논문, p.43)

3) 「竹嶋內松島」, 「竹島近邊松嶋」大谷家文書 ; 「…他ニ竹島ト稱スル者アルモ蕞爾タル小島ニ過キサル…」竹島版図所屬考(7) 참조.

4) 앞의 Ⅰ. [1] 주석 63) 참조.

고 있다. 이는 덴포(天保) 울릉도(竹島) 일건으로 구속된 아이즈야 하치에몬의 울릉도 도해시의 모습이나 1640년대 후반의 오오타니 미치요시(道喜) 앞으로 보낸 이시이 무네요시(石井宗悅)의 書狀(오오타니 집안의 문서)의 기록5)을 유추해 보면, 독도는 단독으로 활용할 만한 가치가 없고 울릉도 도해와 함께 이용함으로써 비로소 가치가 있다는 것6)을 쉽게 알 수 있다.

특히 독도는 울릉도에서 장비없이도 바람부는 날에 쉽게 볼 수 있는 섬이라는 점에서 울릉도의 부속섬이 분명하다.7)

또한 『세종실록지리지』(1432) 이래 많은 서적들이 이 두 섬을 언제나 같이 언급하고 있으며,8) 안용복이 1696년 5월 16일 도일 때 지참한 팔도지도의 독도표기가 '子山島', 즉「母↔子」관계를 나타낸 것에서도 쉽게 알 수 있다9) 또 일본의 막부의 질문에 대한 돗토리현의 대답(1695.12.24)에서도 알 수 있다. 특히 오야가의 자료에서 「竹嶋內松嶋」나 「竹島近邊松嶋」, 「竹島近所之小嶋」에서도 알 수 있다. 이런 사실은 1933년까지도 두 섬을 같이 묶어 인식하고 있었다. 즉, 일본해군성 수로부는 해군성의 書誌 제6호로서 1933년에 『朝鮮沿岩水路誌』

---

5) 무네요시는 무라카와 이치헤(村川市兵衛)가 「70-80석(石) 정도의 작은 배로 독도(당시 松島)에 가서 거기에 있는 강치를 총으로 쫓아내면 강치는 울릉도(당시 竹島)로 도망갈 것이니 그러면 울릉도에서의 수확도 증가할 것이 틀림없다」고 말한 기록이 있다(池內敏, 앞의 논문, p.215).
6) 池內敏, 앞의 논문, p.216
7) 동북아역사재단, 울릉도 도동 깍끼등 사진 2008.11.22 ; 김태환, 독도에서 울릉도 등 참조 ; 세종실록지리지(1432) ; 장한상, 울릉도사적 ; 등 참조
8) 국제법상 여러 역사적 사건에서 한국은 독도를 이 해역의 큰 섬인 울릉도와 관련시켜 봐 왔는데 이 관계는 중요하다(Jon M. Van Dyke, 앞의 논문, P.847 참조).
9) 숙종실록, 肅宗 22년 8月 壬子, 9月 戊寅條 참조.

를 간행하면서 그 제1권에서 「鬱陵島及竹島」라는 항목을 설정하여 울릉도와 獨島를 묶어서 서술하고 있는 사실에서도 쉽게 알 수 있다.10) 유명한 일본의 실학자 하야시 시헤이(林子平)가 1785년에 편찬한 『삼국통람도설(三國通覽圖說)』의 부속지도 「삼국접양도(三國接壤圖)」에서 황색으로 색상을 칠하여 한국영토로 표시하고 울릉도·독도를 "조선의 소유(朝鮮へ 持へ)"라고 기록하고 있다. 따라서 독도는 울릉도의 부속 섬이 분명하고 울릉도와 분리될 수 없다.

끝으로, 주목할 것은 리앙쿠르호 선장 로페즈(Lopez)의 항해일지에도 독도가 울릉도의 부속 섬임을 쉽게 알 수 있다. 즉, 리앙쿠르호가 독도를 목격한 다음에도 어로 활동을 계속하다가, 1849년 4월 12일 울릉도에서 나무를 했다. 리앙쿠르호는 독도에서 울릉도로, 울릉도에서 독도로 옮겨 다니며, 어로활동을 했다. 이는 울릉도와 독도가 떨어질 수 없는 관계임을 뜻하는 것이다.11)

(2) 17세기말 독도도 함께 도항금지 인정

일본은 1696년 10월 16일 조선 측에 전달한 구상서12)에 울릉도 도항금지는 명했으나 독도는 여기에 포함되지 않았다고 주장하지만 독도는 함께 도항금지되었고 일본 측 주장은 근거없는 허구에 불과하다.

1695년 12월 24일 로우주우인 아베 분고노카미는 돗토리번의 에도번저에게 7개 조의 질의를 하는데 제1조에서 "인슈, 하쿠슈에 부속된 다케시마는 언제부터 양국에 속했습니까", 제7조에서 "다케시마 이외에

---

10) 신용하, 앞의 논문, 독도연구총서 ⑩, P.174 주석 68) 참조.
11) 이진명, 앞의 책, p.67 참조.
12) 竹島紀事 元祿9(1696)년 10월 참조 ; 박병섭 앞의 논문, p.316 참조.

양국에 속하는 섬이 있습니까"라고 묻자 돗토리번이 제1조에 대해 "다케시마는 이나바와 호키의 소속이 아닙니다", 제7조에 대해 "다케시마나 마쓰시마, 그 외에 양국에 속하는 섬은 없습니다"라고 회답을 했다.13)

그러자 막부는 독도(松島)에 대한 관심을 가지고 그 위치나 소속, 도해의 실상 등을 질문했다. 이에 돗토리번은 "호우키국에서 송도까지의 거리, 돗토리번령이 아닌 점, 죽도로 가는 경유지가 송도라는 것, 인백 양국 이외의 어민들은 출어하는 일이 없는 점"을 재회답한다.14)

이는 1696년 1월 9일 독도에 대해 돗토리번의 신청으로 도항을 허가한 것일 뿐 조선의 섬을 일본 것으로 하려 했던 것은 아니며, 섬에는 일본인이 살지 않고, 거리도 호우키보다 조선에서 훨씬 가깝고 조선령이다라는 내부결정에 영향을 미친다.15) 이런 기록은 조선 통교대기(1725)의 기록에도 보인다.16)

이 같은 일련의 기록을 볼 때, 두 섬은 돗토리번령이 아니라는 회답과 이를 기초로 도해금지령의 내부결정(1696.1.9)과 외부결정(1696.1.28)에 이른 점으로 볼 때 독도는 울릉도와 함께 도해금지된 것이면 한국의 영토가 분명하다.

---

13) 박병섭, 앞의 논문 pp.313-314 참조
14) 나이토 세이추, 앞의 책 p.32 참조.
15) 나이토 세이추, 앞의 책 p.32 참조.
16) 조선통교대기 8. 참조 ; 신용하 앞의 16포인트7, ④ 참조.

2. 소위 다케시마 잇켄(竹島—件) 중 제1항

가. 기술

제1항은 다음과 같이 기술하고 있다.

> 막부로부터 울릉도로의 도해를 공인받은 요나고의 오야와
> 무라카와 양가는 약 70년에 설쳐 외부로부터 방해받는 일
> 없이 독점적으로 사업을 하였습니다.

나. 비판

일본은 "… 울릉도로의 도해를 공인받은 …"라고 주장하지만, 울릉
도는 이미 1614년 조·일간에 조선 영토로 인정한 사실이 있다. 17) 다
만, 이를 쓰시마번이 막부에 보고하지 않아18) 막부는 이 사정을 모른
채 도해면허를 발급했으나 그 후에 막부가 착오로 발급한 도해면허를
스스로 철회하였다. 『조선통교대기』(1725)나 『죽도기사』(1696.1.9.)
를 보면, 막부가 상세한 사항을 파악한 후에는 두 섬이 한국 영토라는
사실을 알고 사실상 1696년 2월 9일 도해면허를 막부에 반납함으로써

---

17) 울릉도 영유권 문제는 이미 조일간에 정리된 일이었다. 1614년에는 동래
부사와 쓰시마번이 조선령 죽도에 일본인의 도항거주를 금한다는 사실을
확인했으나 (對馬藩政史料 「國元表書札方 每日記 長崎縣立大馬歷民俗資
料館」 「宗家文庫 史料目錄 日記類 表書札方Aa-1/75) 元祿 6年 6月 3日
참조), 이는 江戶에 보고되지 않았다(앞의 I. 주석 32)). ; 박병섭, 앞의 논
문, p.313.
18) 앞의 I. [1] 주석 32) 참조.

철회하고 도해금지령을 발표한 사실19) 에서 「공인」보다 「착오」라
해야 옳다. 이는 노중 아베가 1696년 1월 9일 쓰시마번사 히라타나오
우에몬(平田直右衛門)을 불러 꾸짖은 일에서도 잘 알 수 있다.20) 또한
일본은 "… 약 70년에 걸쳐 아무런 방해 없이 독점적으로 …"라고 하
여 공연히 평온하게 약 70년간 계속하여 점유했음을 주장하지만 국제
법상 미성숙 권원에 불과하며,21) 이미 1614년 조선과22) 교섭 때 조선
의 영토라고 인정했을 뿐만 아니라, 1620년경 잠상사건 때는 죽도에
건너간 와시자카야지에몬(鷲坂彌左衛門) 부자가 처벌된 일이 있다. 이
는 일본의 막부정부가 울릉도에 대해 도해면허를 발급한 해(1618)의 2
년 뒤의 일이다.23)   특히 이 두 가지 사항에 관한 조·일간의 논쟁에
서 일본의 대외창구인 쓰시마번이 "…임진난 이후 현재에 이르기까지
조선측은 울릉도의 지배를 방기하고…원래 타국의 토지도 장기간 속하
면 일본의 토지다"24)라는 주장에서 조선의 영토임은 알고 점유한 사실
과 조선의 방기로 일본이 장기간 점유했으니 일본 영토라고 주장했다.
이에 조선의 박동지가 쓰시마번의 아비루소우베에(阿比留惣兵衛)에게
"죽도가 조선령이라는 것은 이전(7, 80년전)에 조선정부와 쓰시마번이

---

19) 御用人日記 元祿 9(1696)년 1월 28일 참조.
20) 朝鮮之島日本江取候と申ニ而も無之, …日本人居住仕候か, 此方江取候島ニ
    候ハ々今更遣しかたき事ニ候得共, 左樣之證據等も 無之候間, 此方より 構不
    申候樣ニ彼成, 如何可有之候哉, 御威光惑武威を 以申勝ニいたし候以も, 筋も
    なき事申募候儀者不入事ニ候(「竹島紀事」元祿 九年 正月二十八日綱).
21) Palmas Island Arbitration, U.S./Netherlands, 1928. 판결요지 참조 ; 정
    영진, "국제법"(제2판), 신조사, p.336 참조.
22) 앞의 Ⅰ. [1] 주석 32) 참조.
23) 池田家 文書 元祿8(1695) 12월 참조 ; 권오엽, "안용복의 에도행",
    p.39 참조.
24) 「竹島紀事」元祿 6年 11月 1日 綱

확인한 사항이다"라고 주장하자, "7, 80년 이전의 일은 …아는 자가 없고, …소용없는 일이고, 말해도 아무 의미가 없다"고 아비루소우베에가 답했다.[25] 결국 이 논쟁은 울릉도 쟁계(竹島一件)에서 울릉도 도해금지령을 막부가 조선측에 전달하면서 끝이 났다. 1614년과 1696년의 사실에서 현대 국제법 이전에 영토주권의 승인이 이뤄졌고, 이는 비교우위적 상대적 권원 또는 절대적 권원 확립의 효과를 가져 온다고 본다. 결국 이 승인의 효과는 금반언의 원칙의 효과를 발생시킨다.[26] 따라서 일본이 고유 영토론에서 두 섬의 영유권 주장은 금반언의 원칙 위반이다.

또한 1692년에 요나고의 초닌인 무라카와선이 울릉도에서 다수의 조선인들을 만난 사실이나 "일찍이 연해의 수령을 지낸 사람의 말을 들어보니, 바닷가 어민들이 자주 무릉도와 다른 섬에 왕래하면서 …"라는 기록[27] 등에서도 알 수 있듯이 다수의 조선인들도 함께 일정한 거리를 두고 울릉도에 왕래한 사실에서 독점적으로 평온하게 다툼이 없이 어로활동을 했다는 주장은 일방적인 주장에 불과하다.

따라서 일련의 사실로 미루어 「도항공인」은 철회되고, 「70년간」은 미성숙 권원으로써, 「공연·평온한 독점사업」은 한국에 대한 영토 승인으로 금반언의 원칙의 효과를 발생시키면서 합법성과 정당성을 상실한 것이다.

---

25) 「竹島紀事」元祿 7年 1月 15日 綱
26) 김명기, "안용복의 도일활동과 국제법", p.52 ?
27) 「備邊司謄錄」 肅宗19(1693)年 11月 14日

3. 소위 '다케시마 잇켄(竹島一件)' 제2항

가. 기술

제2항은 다음과 같이 기술하고 있다.

> 1692년 무라카와가(家)가 울릉도를 방문하였을 때 다수의
> 조선인이 울릉도에서 고기잡이를 하고 있었음을
> 발견하였습니다. 또한, 다음 해 오야가(家) 역시 많은 수의
> 조선인을 발견하였으며, 이 때 안용복과 박어둔 두 사람을
> 일본으로 데려가게 되었습니다. 또한, 이 당시에 조선왕조는
> 자국의 국민들의 울릉도로의 도항을 금지하고 있었습니다.

나. 비판

(1) 1692년 울릉도에서 일본인들의 불법어로 행위

일본은 "1692년 무라카와가(家)가 울릉도를 … 많은 수의 조선인을
발견하였으며 … 두 사람을 일본으로 데려가게…"라는 일본의 주장에
서 태종 7년(1407)에 대마도수호 宗貞茂가 平道全을 보내 조선 영토
울릉도에 거주케 해 달라고 조선 정부에 요청한 사실28), 1614년 조·
일간의 논쟁에서 조선 영토로 인정한 사실,29) 1696년 조·일간의 '울
릉도 쟁계'의 결론으로 조선 영토로 인정한 사실,30) 등을 검토할 때,

---

28) 「太宗實錄」 권13, 太宗 7年 3月 庚午.
29) 앞의 Ⅰ. [1] 주석 32) 참조.

일본 어부들이 조선정부의 허가도 없이 출입하여 울릉도에서 다수의 조선인을 만난 행위는 타국의 영토를 침범한 불법행위이며, 또한 오야가를 비롯한 일본인들이 한국 영토인 울릉도에서 한국인 안용복과 박어둔 두 사람을 데리고 간 행위는 한국민 두 사람의 자발적 동의를 얻어 간 것이 아니라 도검과 총으로 위협하여 강제로 데려간 것이[31]므로, 이는 분명 납치에 해당한다.[32] 이는 당시의 조선 정부가 일본 정부에 항의한 사실에서도 알 수 있다.[33] 따라서 국제법을 위반한 불법행위를 구성한다.

(3) 일본의 일방적인 해석

일본은 "이 당시에 조선왕조는 자국의 국민들의 울릉도로의 도항을 금지하고 있었습니다"라고 주장하지만, 조선정부가 자국민들에 대해 행정목적상 도항을 금했으나[34] 정부관리의 주기적인 국토관리는 금한 일이 없다. 이는 자국의 내부에서 관리목적상 행하는 행정명령에 불과

---

30) 「竹島紀事」元祿9(1696)年 1月28日
31) 「邊例集要」 권17, 「울릉도」條, 1694년 8월 ; 「控帳」元祿 6(1693) 年 1月 19日; 박병섭, 앞의 논문, pp.288-289 참조.
32) 「…죽도는 조선 땅인데, 그들을 납치하는 것은 불법이며, 데리고 돌아온 자를 참죄에 처했다.…」(田川孝三, "竹島領有に關する 歷史的 考察", 東洋文庫書報 第200号, 東洋文庫, 1989, p.26) ; 권오엽, 안용복의 에도행, 안용복의 도일활동에 따른 그 행적, 동북아역사재단, 2007.12.15. p.51
33) 「…귀국 사람들이 우리 나라 지경을 침범해와 우리 나라 백성을 붙잡아 간 잘못은 논하지 않았으니 …귀국의 변방 해안 사람들을 거듭 단속하여 울릉도에 오가며, 다시 사단을 일으키는 일이 없도록 한다면…다행함이 없겠습니다」(肅宗實錄 권29, 肅宗 20年 8月 己酉)
34) 군역과 조세의 회피를 목적으로 울릉도에 거주하는 자를 방지하기 위한 목적이다(太宗實錄 卷32, 太宗 16年 9月 庚寅 등).

하다. 즉, 도항금지결정은 조선의 국가내부의 행정관리명령에 불과하고 국외의 외국에 대한 처분이 아니므로, 이로 인하여 영토포기가 아니며, 금지도 행정하명에 해당하는 행정처분이므로, 관리활동으로 국가의 상시 통치권이 미치는 범위 내에 있는 것이다. 따라서 일본에 대한 대외적 국가의 처분행위가 아니므로, 일본이 타국문제에 대해 논급할 일이 아니다. 특히 행정목적상 섬을 공도로 비워두고 관리의 주기적인 파견을 통하여 정책적으로 관리했으며,35) 이 기간 일시 일본인들이 체재하며 어로행위를 하였다고 이미 양국의 협의로 1614년 조선영토로 확인36)된 울릉도와 그 부속도서가 무주지가 되어 일본 영유권 주장의 정당한 권원을 형성하지는 않는다. 즉, 빈번한 왜구침공으로 일시 조선정부가 쇄환정책을 실시하였다고 하여도 두 섬에 대한 영유권 주장을 포기한 바가 없으므로37) 일본은 이를 기초로 한 어떤 정당한 권원도 갖지 못한다.38)

일본은 조선왕조의 울릉도 도항금지가 울릉도에 대한 조선왕조의 영토포기를 명한 것처럼 주장하고 있으나 이는 제3국에 대한 기망전술에 불과하다. 특히 조선왕조가 도항금지를 명한 첫 번째 이유가 일본의 해적행위로 인하여 자국민의 피해를 우려했기 때문이다.39) 조선 태조

---

35) 世宗實錄 권3, 世宗 원년 4월 乙亥, 권29 世宗 7년 8월 甲辰 ; 成宗實錄 권8, 成宗 원년 12월 甲寅, 권17 成宗 3년 4월 丁卯朔 , 권 19 成宗 3년 6월 丁丑 ; 「節度公兩世碑銘」, 鬱陵島事蹟, 「備邊司謄錄」 48책, 肅宗 20년 10월 15일 등
36) 앞의 I. [1] 주석 32) 참조.
37) 국제법상 포기(derelict) 의사라는 주관적 요소와 포기사실이라는 객관적 요소가 필요하다.
38) Santa Lucia 사건 참조 ; 이한기, "국제법 강의"(신정판), 박영사, p.309

2년에서 세종 25년까지의 49년간 일본 倭寇의 조선 침입 횟수가 129회
에 이른 사실만 봐도 알 수 있다.[40]

39) 「太祖實錄」 권10, 太祖 5년 12월 癸巳 ; 「太宗實錄」 권 13, 太宗 7년
3월 庚午, 권 32 太宗 16년 9월 庚寅·庚辰등 ; 世宗實錄 권 34, 世宗 8
년 12월 壬申 ; 中宗實錄 권 11, 中宗 5년 5월 乙亥 ; 松湖實蹟(삼척영장
金鍊成의 문집) 義城金氏 松湖公派 宗親會, 1998, 참조.
40) 임영정, 앞의 논문, 독도연구총서①, p.21

4. 소위 '다케시마 잇켄(竹島一件)' 제3항

가. 기술

제3항은 다음과 같이 기술하고 있다.

> 이러한 상황을 알게 된 막부는 쓰시마번(對馬藩:에도시대에 조선과의 외교 및 무역의 창구 역할을 하였음)을 통하여 안용복과 박어둔을 조선으로 돌려보낼 것과 조선 어민의 울릉도로의 도해금지를 요구하는 교섭을 개시하도록 명령하였습니다. 그러나 이 교섭은 울릉도의 귀속 문제를 둘러싼 의견의 대립으로 인하여 합의에 도달하지 못하였습니다.

나. 비판

일본 막부정부는 1614년 조·일간의 영유분쟁에서 울릉도를 조선영토로 인정한 사실[41]이나 1620년 잠행무역 사건에서 울릉도 도항금지 위반을 이유로 자국민을 처벌한 사실 등이 있음에도 안용복의 도일을 계기로 쓰시마에 조사를 명했다. 따라서 상황을 막부가 알지 못했거나 울릉도가 조선영토라고 판단한 역사적 사실을 체계적으로 계승하지 못

---

41) 竹島と 申所は 伯耆守樣御領內に而も無之, 因幡より 百六十里 程も有之所
   に 而御座候 (對馬藩政史料 「國元表書札方」 毎日記」 (長崎縣立大馬歷史民
   俗資料館) 「宗家文書史料 目錄 日記類」 表書札方 Aa-1/75)元祿 6年 6月
   3日. 池內敏, 前揭書 p.392 ; 권오엽, 앞의 논문 p.94 참조.

한 것이다.42) 안용복·박어둔 두 사람을 1693년 12월 10일 조선 측으로 인도함과 동시에 교섭을 시작한 것은 일본의 주장과 같다. 울릉도의 귀속을 둘러싸고 의견대립이 심한 것은 이미 7, 80년 전의 사실을 쓰시마번이 인정하지 않고 임진왜란 후 조선은 사실상 방기하고 일본이 점유를 했으므로 일본 영토라고 주장한 데서 비롯되었다. 2차에 거친 교섭은 결렬되었다.

그러나 일본의 계속된 교섭요구로 3년에 걸쳐 행해진 교섭의 결말은 1696년 1월 28일 일본 막부정부가 울릉도와 그 부속도서인 독도를 조선 영토로 인정43)하면서 끝났다.44)

---

42) 박병섭, 앞의 논문, p.313
43) 「竹島紀事」 元祿 9(1696)年 1月 28日 참조
44) 박병섭, 앞의 논문, pp.308-317 참조.

5. 소위 다케시마 잇켄(竹島—件) 제4항

가. 기술

제4항은 다음과 같이 기술하고 있다.

> 쓰시마번으로부터 교섭결렬의 보고를 받은 막부는 1696년 1월 '울릉도에 일본 사람이 거주하고 있는 것은 아니며, 또한 울릉도까지의 거리로 보아 이 섬은 조선령임으로 판단된다. 쓸모없는 작은 섬을 둘러싸고 이웃 나라 간의 우호를 잃게 되는 것은 득이 되는 정책은 아닐 것이다. 조선이 울릉도를 빼앗아 간 것은 아니므로 단지 도해를 금지하는 것으로 한다'라는 조선과의 우호관계를 존중하여 일본인의 울릉도로의 도해를 금지시키는 결정을 내렸으며, 이를 조선측에 전달하도록 쓰시마번에게 명령하였습니다.
>
> 이상의 울릉도의 귀속을 둘러싼 교섭의 경위는 일반적으로 '다케시마 잇켄'이라고 합니다.

나. 비판

(1) 일본의 근거없는 허구의 주장

일본은 "… 교섭결렬의 보고를 받은 막부는 …"라고 주장하고 있으나, 쓰시마번은 이때 교섭경과[45]는 보고 했으나 '교섭결렬' 사항은 보

---

45) 두 번에 걸친 조선과 일본 막부 사이의 울릉도 영유권에 관한 약 2년 간의 교섭을 말하며, 제1차 교섭은 1693년 11월 1일 조선에 입국한 쓰시마

고하지 않았다.46) 즉, 1695년 11월 25일에 쓰시마 현지 가로우인 히

라타 나오우에몬(平田直右衛門)은 막부 로우주우인 아베분고노카미(阿部豊後守)의 가신인 미사와 기치자에몬(三澤吉左衛門)과 면담하면서 지금까지의 경위를 설명하며,47) 보충자료로서 소우 요시자네의 구상서와 조선과의 왕복서한, 『여지승람』과 『지봉유설』 등의 문헌은 제출했으나48) 일본의 주장처럼 「교섭결렬의 보고」에 대한 언급은 없다. 따라서 일본은 「교섭경과」와 「교섭결렬」을 혼동하고 있거나 허구의 주장을 하고 있다.

(2) 일본의 사실기록 왜곡

일본은 "… 조선과의 우호관계를 존중하여 일본인의 울릉도로의 도해를 금지시키는 결정을 내렸으며, …"라고 주장하고 있으나 우호관계 때문이 아니라 명백한 한일간 외교교섭49)의 결과와 일본의 지방 정부인 돗토리번의 자기영토가 아니라는 회답50) 및 막부의 원로 회의51)을

번의 가로인 다다 요자에몬(多田與左衛門, 橘眞重)이 대차사(大差使, 差倭) 정관(正官)의 자격으로, 동격인 접위관(接慰官) 홍문관 교리 홍중하(洪重夏) 및 동래부사와 12월 10일 제1차교섭을 시작하여 1694년 2월 22일 끝나고, 제2차 교섭은 1694년 윤 5월 13일 조선에 다시 입국한 대차사(차왜) 다다와 접위관 유집일을 사이에 시작하여 1695년 6월 10일 끝났다.
46) 나이토 세이추, 앞의 책, p.31 참조.
47) 「竹島紀事」 元祿8(1695)년 10월 참조.
48) 박병섭, 앞의 논문, p.313 참조.
49) 앞의 주석 45) 참조.
50) 「竹島之書附」 ; 박병섭, 앞의 논문, pp.313-314 ; 나이토 세이추, 앞의 책, p.34 참조.
51) 「竹島紀事」 元祿9(1696)년 1월 28일 ; 박병섭, 앞의 논문, p.314 ; 나이토 세이추, 앞의 책, p.32 참조.

통한 충분한 형식적인 절차를 거친 법적인 결정이었다. 따라서 일본의 이 같은 결정은 영토인정에 관한 적법절차를 거친 법률행위이며, 단순히 조선을 생각한 인도적 차원의 결정이 아니었다. 이 교섭은 일본의 계속된 영토야욕에서 발생된 것이며, 특히 쓰시마번의 획책에 의한 것이었다. 일본은 "…교섭의 경위는 일반적으로 '竹島一件'52)이라고 합니다"라고 하여, 죽도일건의 일반성을 주장하여, 이를 기록한 죽도기사의 기록내용의 신용성과 진정성을 호소하고 있으나 한국역시 일반적으로 '울릉도 쟁계'라 부르며 이를 기록 숙종실록의 신용성과 진정성을 신뢰하고 있다. 일본이 말하는 울릉도 쟁계(竹島一件)에 의해 울릉도 도항금지 및 한국영토 승인은 일본에 대한 한국의 상대적인 우월적 권원이 인정된 것으로 금반언의 원칙의 효과가 발생한다. 따라서 일본은 이에 대한 주장을 할 수 없다.

---

52) 한국에서는 '울릉도 쟁계(鬱陵島 爭界)'라고 부른다.

6. 소위 다케시마 잇켄(竹島一件) 제5항

가. 기술

제5항은 다음과 같이 기술하고 있다.

> 한편 다케시마로의 도항은 금지하지 않았습니다. 이 점으로 볼 때도 당시 일본이 다케시마를 자국의 영토로 생각하고 있었음은 분명한 사실입니다.

나. 비판

(1) 울릉도 도항금지 통보에 독도 포함

일본은 "한편, 다케시마로의 도항은 금지되지 않았습니다. …"라고 주장하지만, 죽도일건(竹島一件)에 의해 결말에 이르는 과정을 보면 울릉도뿐만 아니라 독도도 한국 영토임을 알 수 있다.[53]

독도가 도항금지에 포함된 것은 분명하고, 또한 한국 영토로 인정받은 것도 분명하다.

첫째, 독도는 울릉도의 부속도서이기 때문이다. 당시 막부정부는 돗

---

[53] 현재의 독도인 송도에 대해 막부는 먼저 1695년 12월 24일 부의 돗토리번에 대한 질문에서 「죽도 외에 인백양국에 부속된 섬이 있는가」에 대해, 돗토리번이 「죽도, 송도 그 외에 양국에 부속의 섬이 없다」라고 회답하였다. 다시 막부는 죽도 말고 송도(현재의 독도)가 있다는 사실에 다시 한 번 돗토리번에 조회를 신청했고 돗토리번은 송도(獨島)가 죽도의 부속도서이고 조선영토라고 회답했다.

토리에 대한 질문으로 "죽도 외에 인백(因伯)양국에 부속된 섬이 있는 가"라고 질문하여, "죽도, 송도 그 외에 양국에 부속된 섬은 없다(竹島松島其外兩國に付屬の島はない)"라고 회답54)한 내용에서 죽도와 송도, 두 섬이 멀리 떨어진 별개의 섬이 아니라 쉽게 확인 가능한 부속 도서로 같이 인식되고 있었음을 알 수 있다. 이는 울릉도를 모(母)섬으로 삼아 독도를 자산도(子山島)라 부른 사실에서 알 수 있다.55)

또한 오야가(大谷家)의 자료56)에서 「竹嶋內松嶋」, 「竹島近邊松嶋」, 「竹島近所之小嶋」라고 하여 '내'라는 표현이나 '근변', '근처'라는 표현에서도 명백히 독도가 울릉도와 함께 하는 부속도서임을 알 수 있다. 울릉도 일건으로 구속된 아이즈야 하치에몬(會津屋八右衛門) 진술에서 유추해 볼 수 있듯이 독도(松島)는 단독으로는 활용할 만한 가치가 없고 울릉도 도해와 함께 이용함으로써 비로소 활용가치가 있었다.57) 그만큼 독도는 울릉도 의존성이 강했다.

특히 한국의 옛기록인 『세종실록지리지』 "風日淸明則可望見…"58)

---

54) 나이토 세이추(內藤正中), 앞의 책, p.34 ; 박병섭, 앞의 논문, p.314
55) 안용복이 1696년 5월 16일 松島(현 독도)에서 만난 일본 어부들에게 호통친 사실, 「'본디 우리 지경'일 뿐 아니라 송도는 바로 자산도로 이 또한 우리 땅 …」에서도 알 수 있다(숙종실록, 肅宗, 22年 8月 壬子, 9月 戊寅條 참조). 한편 이 부분 肅宗實錄의 '松島卽子山島'를 申景濬의 「疆界考」 「安龍福事」와 官撰書 「東國文獻備考」 「輿地考」13 關防3, 海防1, 東海蔚珍條에서는 '松島卽芋山島'라 하고 있다. 즉, 실록의 모자도(母子島)의 '子山島'를 본래의 이름인 '芋山島'라 칭하고 있다 이는 于山이 일본의 松島라는 사실을 확실하고자 하는 신경준의 강계고 이후 「于山則倭所謂松島也」와 일치한다.
56) 앞의 Ⅱ. 주석 10) 참조.
57) 池內敏, 앞의 논문, p.216 참조.
58) 앞의 Ⅰ. [1] 주석 28) 참조.

이나 울릉도사적 "…동쪽으로 울릉도로부터 300여리 떨어져 있는 섬은 우산도…"[59] 등에서도 알 수 있듯이 울릉도에서 독도가 특별한 장비없이도 쉽게 보인다[60]는 점이 첨언이 필요 없는 부속도서임을 증명해 주고 있다.

둘째, 안용복이 1696년 2차 방문 때 오키(隱岐)에서 『조선팔도지도』를 보여주고 강원도 동래부에 울릉도와 자산도(獨島)가 있음을 주장한 사실에서도 알 수 있다.[61] 특히 안용복은 울릉도(竹島)와 조선 사이에는 30리, 울릉도(竹島)와 자산도(松島) 사이는 50리라는 말에서 지리적 인식이 분명했으며, 이런 사실을 일본의 관리에게 기록하게 한 사실에서도 명확히 알 수 있듯, 상황을 잘 알고 있는 일본 막부정부가 울릉도는 도항금지를 하고 자산도(獨島)는 제외했다는 일본 주장은 믿을 수 없다. 만약 상대방이 주장하는 모두에서 어느 것을 제외할 의도가 있었으면 특별히 이를 명시했을 것이다. 그러나 자산도를 명시적으로 제외한 기록은 어디에도 보이지 않는다.

셋째, 돗토리번의 상세하고 합리적인 대답에서 찾을 수 있다. 막부가 죽도 외에도 송도(현재의 독도)가 있다는 사실에 거듭 돗토리번에 송도에 대한 질문을 하자, 돗토리번은 "① 호우키국에서 송도까지의 거리, ② 돗토리번령이 아니라는 점, ③ 죽도로 가는 도중 들러서 고기잡이를 하는 점, ④ 인백양국 이외의 사람은 가지않는 점" 등을 회답

---

59) 장한상, 울릉도 사적(원본은 소장처를 알 수 없으나 복사본이 국사편찬위원회에 소장되어 있음) ; 이상태, 앞의 논문(2009), pp.24-25 참조.
60) 울릉도에서 보이는 독도(동북아 역사재단, 울릉도 도동 깍끼등에서 2008.11.22) 참조.
61) 元祿 九 丙子年 朝鮮舟着岸一卷之覺書(村上가문의 文書) ; 박병섭, 앞의 논문, pp.322-323 ; 나이토 세이추, 앞의 논문, pp.38-39

했고[62] 막부는 이를 기초로 울릉도(竹島) 도해금지령을 명하게 되는데, 전후 사정을 상세히 알고 있는 막부정부가 독도(松島)를 제외했다는 주장은 합리성이 결여되어 있다. 이 같은 일련의 사실은 도해금지에는 독도가 포함되었으며, 한국 영토로 인정한 것도 분명하므로,[63] 당시부터 독도를 일본 영토에서 포기하여 자국 영토로 생각지 않았음이 틀림없다.

넷째, 『송도도해면허』(1656년)는 일본 영해가 아닌 외국영토에 대한 외국도항허가장이다. 따라서 일본은 독도를 당시 일본 영토로 인식한 것이 아니라 오히려 한국 영토로 인식했다는 반증이 된다.

끝으로, 현재의 한국정부가 이 시기 독도가 조선령이었다고 공식적으로 주장하고 있고, 당시 일본의 도항금지가 이를 뒷받침하고 있다는 사실은 국제법상 의의[64]가 있을 뿐만 아니라 독도가 한국 영토임을 보여 준 것이다. 또한 조선 정부는 이 기간 "쇄환정책", 즉 행정관리를 계속 실행하고 있었고, 일본 정부는 금지가 해제되는 1868년 메이지유신 때까지 거의 200년간 확실하게 국민들에게 외국무역을 금지할 의무를 부가하고 있었다는 점에서도 의의가 있다.[65]

---

62) 「竹島之書附」; 나이토 세이추, 앞의 책, p.34 ; 박병섭, 앞의 논문, p.314 참조.
63) 일본은 도해금지에 송도(현재 독도)는 포함되지 않은 근거로 아이즈야하하치에몬 사건을 근거로 들고 있으나 실제상 그 이후 1837년 '이국도해금지령'의 취지로 볼 때 울릉도(죽도)는 겐로쿠 시대에 조선국으로 넘겨 준 이래 도해정지를 명한 곳이며, 먼 바다 나가 다른 나라 배를 만나지 않도록 하라는 명령에 독도가 포함되었다고 봐야 한다.
64) Jon M. Van Dyke, 앞의 논문, p.856 참조.
65) Chuong Il Chee, "Korean Perspectives on Ocean Law Issues For the 21st Century6(The Hague : Kluwer, 1999)."

(2) 일본 기록에서 오히려 일본령 부인

일본은 "… 당시 일본이 다케시마를 자국의 영토로 생각…"라고 주장하고 있지만, 일본이 조일간 문제의 현안이 된 모도(母島)인 울릉도는 제외한 채 독도(子山島)만 자국 영토로 인식하고 있었다는 것인지 알 수 없다. 오히려 일본의 논리라면 울릉도를 영유권 주장을 해야 타당한데, 문제의 본질을 외면한 채 독도의 영유권을 주장하는 이유를 알 수 없다. 당시의 일본기록인 『隱州視聽合記』(1667)나 1696년 1월 도쿠가와 막부의 논담을 기록한 『朝鮮通交大紀』 八.에 의하면, 한국 영토로 인식하고 있었음이 분명하다. 도해금지 구상의 각서[66]에 독도가 포함되지 않는 이유는 단지 울릉도로 가는 도중에 일시 어로행위를 하는 곳 일뿐 독도를 목표로 가는 인백양국의 어민이 없다는 돗토리번의 답변과 울릉도 도해금지를 하면 따로 독도에 대한 금지를 할 필요가 없다는 취지의 톳토리번의 답변 때문이다.

특히 도해면허의 대상지역은 외국이다. 따라서 일본 내의 섬의 어로활동에 필요없는 「竹島渡海免許(1618)」와 「松島渡海免許(1656)」를 발급한 자체가 일본 영토로 인식하지 않았기 때문이며, "…조선의 섬에 고기잡이를 허가한 것이지 …그 섬을 일본이 빼앗은 일이 없으므로…"라는 1696년 1월 일본 도쿠가와 막부 관백의 논담을 기록한 조선통교대기(1725) 기록만 봐도 일본 영토로 인식하지 않았음을 쉽게 알 수 있다.

(3) 지리적 인접과 국제법상 영토관계

---

66) 1696년 1월 28일 구상의 각서 참조.

분쟁지의 지리적 위치 및 청구국의 영토로의 근접이 결정적이 되는 일은 결코 없다. 즉, 재판관 맥스 후버는 필마스섬의 사례에서 인접을 영역권원 청구의 근거로 허가를 거부했다.[67]

그러나 1982년 해양법조약에서 해역이 3해리에서 12해리로 확대된 사실이나 최근 대륙붕과 배타적 경제수역을 둘러싼 제도의 발전된 사실은 모두 어느 정도까지 '인접'의 중요성에 대한 인식을 바탕으로 한 것이다.[68] 특히 후버재판관도 "군도에 관하여 어떤 상황하에서는 군을 법적으로 일체로써 간주하는 것이 가능하며, 중심이 되는 섬의 운명은 다른 섬에도 그 영향이 미칠 것이다"라고 인정했다.[69] 따라서 "맑은 날 울릉도에서 독도가 보인다"는 사실은 두 개의 섬의 연결을 보충하며, 양 섬이 역사적으로도 계속해서 한국의 주권에 따르고 있었다고 이해되는 견해를 보충한다.

특히 일본의 오키(隱岐)섬으로부터는 독도/다케시마가 보이지 않고 울릉도와 비교해 오키섬에서의 거리가 40마일 정도 멀다는 사실은 수송이 전동화되기 이전의 시대에는 의의가 있다고 할 수 있다.[70]

---

67) *Island of Palmas* Case, at 807 ; Jon M. Van Dyke, 앞의 논문, p.897 참조.
68) *See*, e.g., H. Lau terpacht, *"Sovereignty over Submarine Areas,"* 27 British Yearbook of International Law 428(1950).
69) Jon M. Van Dyke. 앞의 논문, p.897 주석 246) 참조.
70) Chuong Il Chee, *supra* note 49, at 29.

[2] 안용복의 진술과 그에 대한 의문점

1. 안용복의 진술과 그에 대한 의문점 주장 비판

일본은 안용복의 진술 내용에 의문을 제시하고 있으나[71] 안용복의 진술 내용은 세계기록 문화재산으로 등록된 조선의 관찬서로 공문서인 왕조실록(숙종실록) 등에 기록되어 있으며,[72] 이 기록의 내용은 국가가 안용복의 진술의 신빙성을 판단하여 가능한 한 객관적으로 서술하여[73] 한·일의 어떤 기록물 보다도 신뢰성이 높다.[74] 일본은 『숙종실록』[75]에 안용복의 다소 과장[76]된 진술이 서술되어 있음을 예로 들어 안용복 진술 자체를 모두 허위진술로 간주하면서 이를 근거로 안용복 관련 기록 모두가 증거력에 문제있는 것처럼 주장하고 있다. 그러나

---

71) 개정 전 일본 외무성 홈페이지 10포인트 중 제5포인트 제목 : 「한국이 자국 주장의 근거로 인용하는 안용복의 진술 내용에는 많은 의문점이 있습니다.」
72) 「肅宗實錄」肅宗 19(1693)年 11月 18日 , 20(1694)年 2月 23日, 8月 14日 , 肅宗 22(1696)年 8月 29日, 9月 25日, 10月 23日, 10月 13日, 肅宗23(1697)年 2月 14日, 3月 27日 ; 「備邊司謄錄」肅宗19(1693)年 11月 14日 ; 「邊例集要」卷17 「鬱陵島」條, 1694年 1月 참조.
73) 박병섭, 앞의 논문, p.282
74) 「…그 말을 반드시 믿을 만하다고 여기지는 않습니다만…」(숙종실록, 숙종 22년(1696년) 10월 13일) ; 「…문서를 쓰시마 사람이 겁탈했다 했는데, …왜인이 문답한 문서와 안용복을 내보낸다는 문서에는 일체 거론하지 않았습니다. 이러한 사정들은 매우 의심스러우니,…」(숙종 22년, 1696년 10월 23일)
75) 朝鮮王朝實錄, 肅宗 22년 9월 戊寅條 참조.
76) 나이토 세이추, 앞의 논문, p.38 ; 한국해양수산개발원, 앞의 비판, 비판4. 참조.

일본에서 발견된 『원록 9년 병자년 조선주 착안 일권지각서[77)]』의 기록에 의하면, 안용복의 진술 내용의 많은 부분이 사실로 나타나고 있다.

그리고 숙종실록에 진술된 안용복의 서계에 관한 기록[78)]이 일본에는 없고 한국의 숙종실록에만 있으므로, 이를 근거로 일정상 도주의 서계가 논리상 존재할 수 없다고 서계 자체를 단정적으로 부정해서는 안 된다.[79)] 궁극적으로 안용복의 진술 내용의 진정성, 즉, 실질적 증거력(=증거가치)의 판단은 국제사법재판소(ICJ)의 재판관의 자유심증에 의하여 결정될 문제이다.

---

77) 2005년 5월 일본 오키에서 발견된 무라가미(村上助九郎) 씨 소장의 안용복 취조기록인 「원록 9병자년 조선주착안 일권지각서(元祿9丙子年朝鮮舟着岸一卷之覺書)」이다.
78) 앞의 주석 72) 참조.
79) 권오엽, 앞의 논문, p.8 참조.

2. 안용복의 진술과 그에 대한 의문점 제1항

가. 기술

제1항은 다음과 같이 기술하고 있다.

> 막부가 울릉도로의 도항을 금지하는 결정을 내렸을 때 안용복은 다시 일본을 방문하였습니다. 그 후 다시 조선으로 송환된 안용복은 조선정부로부터 울릉도로의 도항 금지를 어긴 사람으로서 조사를 받았으며, 이 때의 안용복의 진술이 현재 한국의 다케시마 영유권 주장에 대한 근거의 하나로 인용되고 있습니다.

나. 비판

(1) 도항금지 결정의 지연통보와 안용복 재 도일

일본은 "…도항을 금지하는 결정을 내렸을 때 안용복은 다시 일본을 방문…"라고 기술하여 안용복이 온 사실을 말하고 있다. 그 이유의 하나는 일본의 도해금지 결정이 조선에 너무 늦게 알려졌기 때문이고 ,80)81) 두 번째 이유는 조선령인 울릉도에서 납치된 것에 대한 항의 및

---

80) 1696년 1월 28일의 도해금지 결정이 조선측에 알려진 것은 역관인 변동 지와 송판사가 일본 쓰시마에 간 10월 16일이며, 이들은 1697년 1월 귀국 했다. 한편 안용복이 2차 도일한 것은 1696년 5월 20일 경이다. 따라서 막 부정부의 도해금지 결정을 안용복은 알 수 없었을 뿐만 아니라 알지 못한 채 이를 항의키 위해 다시 일본으로 간 것이다.
81) 안용복이 다시 일본에 갔을 때 쓰시마번이 로우주우에게 진언한 내용에서 도 알 수 있다. 「…안히챠쿠(안용복)가 일행 중에 있는 것으로 미루어 보 아 이번의 도항목적은 '다케시마의 소송'인지도 모르겠다. 이미 조선 측

일본인의 국경 침범에 대한 소송을 하기 위해서였다.[82]

(2) 안용복의 재 도일 이유

일본은 "…그 후 다시 조선으로 송환된 안용복은 조선 정부로부터 울릉도로의 도항금지를 어긴 사람으로서 조사를 받았으며, …"라고 주장하여 월경죄로 비변사에서 처벌받은 사실을 빙자하여[83] 안용복의 활동행위와 이를 기록한 문서들에 대해 신용성에 훼손을 가하려 하지만 조선이 자국민을 자국법에 따라 월경죄로 처벌하는 것은 국제법상 국내문제에 속한다. 따라서 일본이 타국의 처벌문제를 다툴 게재는 아니며, 이는 울릉도와 독도 영유문제와도 관련이 없다. 또한 취조기록 자체의 신용성과도 무관하다. 안용복의 행위를 기록한 관찬서인 『숙종실록』이나 『비변사등록』, 『승정원일기』, 『변례집요』는 나름대로 분석하고 진위를 가려 공술의 신빙성을 판단하여 객관적으로 기술하고 있으므로, 신용성이 높다.[84]

(3) 안용복 진술의 신빙성

일본은 "…이 때의 안용복의 진술이 현재 한국의 다케시마 영유권 주장에 대한 한 근거의 하나로 인용되고 있습니다"라고 주장하여, 안

이 납득할만한 일본인 다케시마 도해금지령이 막부명령으로 내려졌음에도 불구하고 아직 조선에게는 전달하지 않고 있다.…」(竹島紀事, 元祿 9(1696)年 6月 23日 ; 박병섭, 앞의 논문,p.329)

82) 「竹島紀事」, 元祿 9(1696)年 6月 23日, 7月 7日 ; 박병섭, 앞의 논문, p.307 및 p.329 ; 나이토 세이추, 앞의 책, p.36 참조.

83) 肅宗實錄 권30, 肅宗 22年 8月 壬子, 9월 乙卯, 乙亥, 戊寅條 참조.

84) 박병섭, 앞의 논문, p.282

용복의 진술 내용에 대해 신빙성을 의심하고, 이를 근거로 한 한국의 영유권 주장 또한 그 근거나 신빙성이 낮다고 인위적인 훼손을 가하려 주장한다. 그러나 안용복의 진술은 함부로 장담하는 경향은 있지만 대체로 사실이며,[85] 2005년 5월 일본 오키에서 발견된 현 시마네현의 무라가미(村上助九郎)씨 소장의 안용복 취조기록 『원록 9 병자년 조선 주착안 일권지각서(元祿九丙子年朝鮮舟着岸一卷之覺書)』에 의해 안용복 진술 내용의 신빙성이 한층 더 입증되고 있다. 또한 안용복의 도일을 계기로 촉발된 영유문제를 통하여 한일양국은 3년간 교섭을 하였고,[86] 결국 「竹島一件」으로 조선 영토로 인정하면서 끝이 났다. 따라서 안용복의 도일문제가 조·일간 울릉도 및 독도 문제를 촉발시켜 쟁점이 된 것은 사실이나 이를 계기로 다시 한 번 조선이 영유권을 인정받았다는 점에서 결과에 있어서는 같다.

궁극적으로 이 문제는 실질적 증거력의 문제로 자유심증에 의해 결정될 것이다.

---

85) 田保橋潔, "鬱陵島 その 發見と 領有", 靑丘學叢 第3号, 1931, p.20 ; 박병섭, 앞의 논문, p.337
86) 「竹島紀事」元祿6(1693)年 9月 4日 ; 「肅宗實錄」肅宗20(1694)年 2月 23日 등

3. 안용복의 진술과 그에 대한 의문점 제2항

가. 기술

제2항은 다음과 같이 기술하고 있다.

> 한국 측의 문헌에 의하면 안용복이 도일했을 때 울릉도 및 다케시마를 조선령으로 하는 취지의 내용을 담은 서약을 에도 막부로부터 받았으나 쓰시마 번주가 그 서약을 빼앗아갔다고 진술하였다고 알려주고 있습니다. 그러나, 일본측의 문헌에 의하면 안용복이 1693년과 1696년에 도일했다는 기록은 있지만, 한국 측이 주장하는 서약을 안용복에게 전달했다는 기록은 없습니다.

나. 비판

일본은 안용복이 받은 서계를 쓰시마 번주에게 빼앗겼다는 기록[87] 이 한국에만 있고 일본에는 보이지 않는다는 이유로 이의를 제기하고 있으나 일본 기록에 없다하여 무조건 배척할 수는 없다. 비교적 안용복의 동정을 상세히 기록하고 있는 마사요시(岡島正義)의 『竹島考』 (1828)나 『因府年表』(1842)에서도 1696년 6월 22일부터 靑山島를 떠나 귀국하는 8월 6일까지의 약 50일 동안의 행적기록이 보이지 않는 것은 일본의 불리한 기록의 삭제로 추정되기 때문에 기록의 삭제로, 공백을 이유로 한 일본의 일방적 주장은 지양되어야 한다. 그 근거로

---

87) 「肅宗實錄」 肅宗 22(1696)年 10月 13日

안용복 등이 언제 조취번 중신들을 만나 정문(呈文 또는 呈單), 즉 소장을 건네주었는지 그 내용은 무엇인지 분명한 기록이 일본에 없다. 그러나 숙종실록, 숙종 23년(1697) 2월 14일 乙未條에 동래부사 이세재의 장계, "관왜가 또 묻기를 귀국인이 지난 가을에 정단한 일이 있는데 조령(朝令)에서 나왔습니까"라 기록에서 소장을 제출한 것으로 짐작된다. 이 같은 기록이 일본에 없다하여 무조건 배척할 수는 없다.[88] 안용복의 진술이 다소 과장된 면이 있으나 여러 정황상의 기록에 의하면 진술의 대부분은 한·일간의 기록[89]에 의하여 신빙성이 있고,[90] 울릉도와 독도가 한국 영토라는 결과에 있어서는 일부 기록의 하자가 영향을 미친다고 볼 수 없다.

일본은 "…서약을 안용복에게 전달했다는 기록은 없습니다"라고 주장하나 한일양국의 많은 기록이 울릉도와 독도가 한국 영토라는 것을 인정하는 도해금지 결정을 이르게 한 과정에 안용복의 일본 도해가 영향을 미쳤음을 기록하고 있다. 또 안용복이 『조선팔도지도』를 보여

---

88) 비변사등록(備邊司謄錄) 중 안용복의 공초나 울릉도쟁계(竹島-件)가 기록된 숙종 22年(1696) 1月에서 24年(1698) 12月 까지의 기록이 일본강점시기(1904~1945)에 없어진 것으로 보인 사실에서도 추정된다.

89) 안용복의 도일활동은 숙종실록, 승정원일기, 동국문헌비고 등 한국의 관찬서와 죽도기사(竹島紀事), 죽도도해유래기발서공(竹島渡海由來記拔書空), 이본백기지(異本伯耆志), 인부연표(因府年表), 죽도고(竹島考)등 일본 문헌에 기록되어 있다(동북아역사재단, 앞의 반박문 5. 일본 주장의 허구성 참조).

90) 돗토리번의 유자(儒者)인 쓰지 반안(辻晩庵)이 센넨지(千念寺)에서 안용복과 필답을 주고 받는 동안, 배에 있던 안용복의 소지품을 조사하여 소지품속에 있던 오키도에서 적은 '소송1권'이 발견되어 에도막부정부에 보낸 기록이 있다(御用人日記, 元祿9(1696)年 6月 22日 ; 「肅宗實錄」肅宗 23(1697)年 2月 14日 ; 「竹島紀事」元祿 9(1696)年 7月 7日, 11(1698)年 4月).

주며 거리까지 설명하면서 두 섬이 조선 영토임을 주장한 사실의 기록
은 있는데 반해 이를 즉시 반박하는 기록은 보이지 않는다는 점에서
「서계의 존재」 여부와 관계없이 두 섬은 조선 영토임이 분명하다.
특히 중요한 사실은 서계를 받은 사실이 아니라 안용복의 항의를 받고
이미 명령한 도해 금지 결정[91)]에 따라 울릉도와 독도가 한국 영토라는
사실을 인정한 점이다.[92)]

---

91) 「竹島紀事」 元祿 9(1696)年 1月 28日
92) 「肅宗實錄」 肅宗 22(1696)年 9月 戊寅條

4. 안용복의 진술과 그에 대한 의문점 제3항

가. 기술

제3항은 다음과 같이 기술하고 있다.

> 또한 한국 측의 문헌에 의하면 안용복은 1696년 일본을 방문했을 때 울릉도에는 다수의 일본인이 있다고 말하였다고 알려줍니다. 그러나 이 일본 방문은 막부가 울릉도로의 도항을 금지하는 결정을 내린 후의 일이며, 당시 오야, 무라카와 양가 모두는 울릉도로 도항을 하지 않고 있었습니다.

나. 비판

(1) 도항금지 결정 후 안용복이 울릉도에서 일본인을 만난 사실

일본은 "… 안용복은 1696년 일본을 방문했을 때 울릉도에는 다수의 일본인이 있다고 말하였다.…"라고 주장하여, 그의 진술이 허구인[93] 것 같이 주장하지만, 막부의 도해금지령은 1696년 1월 28일 결정되었으나 그 것이 현지의 초닌에게 전달된 것은 같은 해 8월 1일이므로[94] 그 사이인 5월에 안용복이 울릉도에서 다수의 일본인을 만났다는 것은 가능성[95] 충분하고 사실에 가깝다.[96] 그 이유는 요나고의 초닌은 막부

---

93) 「竹島紀事」 元祿9(1696)年 1月 28日
94) 「御用人日記」 元祿9(1696)年 8月 1日
95) 이에 대하여 「가능성도 전혀 없지는 않다. 그렇지만 오키의 무라카미 스케구로 집안 문서(후술)를 차분하게 해독해 본다면 아마 안용복과 일본인이 조우한 사실은 없었다고 하는 것이 당연하다」고 하는 견해가 있다(池內敏,

금지명령이 없는 한 즉, 도해금지 명령이 자신들에게 전달될 때까지는 계속어업에 종사하고 있었다고 봐야 하며, 특히 도해를 하고도 다른 이유로 기록하지 않거나 울릉도에서 조선인을 만났어도 돗토리번에 보고 하지 않았을 가능성도 있다. 좋은 예로 막부의 금지명령을 어기면서까지 울릉도에 도해하여 어로행위를 한 경우[97]만 봐도 알 수 있다.

(2) 일본의 근거 없는 무도항 주장

일본은 "일본 방문은 … 후의 일이며, 당시 오야, 무라카와 양가 모두는 울릉도로 도항을 하지 않고 있었습니다"라고 주장하지만, 안용복이 일본의 오키도에 온 것은 1696년 5월 20일이고 막부의 도해금지결정이 내려진 것은 1696년 1월 28일, 오야·무라카와에게 전달된 것은 1696년 8월 1일이었으므로 「결정 후의 일」이라 하지만 막부정부의 도해금지 결정과 사실상 현지 전달 사이에는 기간의 공백이 존재하므로 그 공백기간 동안 울릉도 및 독도에서 안용복이 일본 어부를 만났을 가능성은 충분히 있다. 따라서 막부정부의 도해금지 결정일을 기준

앞의 논문, p.206 주석 6) 참조).
96) 안용복이 울릉도에서 오야·무라카와 양 가문을 만난 것은 1696년 5월이 아니라 1695년 5월일 가능성이 크다는 견해가 있다. 그 이유는 만일 1695년에 도해가 있었다고 하더라도 일부러 새로운 죄를 인정하는 듯한 자백은 하지 않고 1696년의 일로 비변사에 말했을 가능성이 크기 때문이며, 다케시마노 가키쓰케(竹島之書附)에 의하면, 1696년 도해기록이 보이지 않고 최종적으로 1695년 도해기록이 보이기 때문이라고 한다(박병섭, 앞의 논문, pp.335-337).
97) 竹島渡海一事件 「1836년 이와미(石見)국 하마다번령(浜田藩領) 마쯔하라우라(松原浦)의 아이즈야하하치에몬(1789년~1836년)」 ; 나이토 세이추 pp.34-35 참조.

으로 할 경우는 일본의 주장이 일견 타당할 수 있으나 현지인에게 전달을 기준으로 했을 때는 일본의 주장이 현실을 감안하지 않은 이론을 위한 이론으로 타당하지 않다. 따라서 현지의 초년이 기준이 되어야 하므로 실상 8월 1일이 기준이 되어야 한다.[98] 또한 돗토리번(島取藩)의 『御用人日記』[99]에 의하면, 1696년 8월 4일 번주(藩主) 송평강청(松平綱淸)의 명을 받은 평정금좌위문(平井金左衛門)이 유생 십권지극(辻權之極)을 대동하여 상륙을 금지당한 안용복을 청도에서 만난 것은 확실하고, 『숙종실록』[100]에 의하면, 이때 울릉도 및 독도에서 만난 "일본 어부 15명을 적발하여 처벌하였다"는 사실을 평정금좌위문이 안용복에게 말한 기록[101]이 있음을 볼 때 안용복이 두 섬에서 일본인을 만난 것은 사실일 수 있다. 그리고 일본은 막부의 도해금지 결정과 그에 따른 현지 어민의 충실한 명령실행을 주장하지만 단지 하달되지도 않은 막부정부의 도해금지 결정을 생업을 하는 현지 어민이 생업을 않고 번(藩)도 아닌 막부의 지시를 잘 따랐다는 사실은 믿을 수 없다.

근거로 일본은 울릉도 쟁계로 인하여 도해금지 명령이 내려진 이후에도 울릉도에 도항하여 어채(漁採)하고 있었을 뿐만 아니라[102] 강원도 연변에까지 표도하는 경우도 있은 사실[103]에서도 알 수 있다.

---

98) 안용복은 평정금좌위문을 '백기주 태수'라 하고 있다(肅宗實錄, 肅宗 22(1696)年 9月 25日)
99) 御用人日記, 元祿 9年 8月 6日條 참조.
100) 肅宗實錄 卷30, 肅宗22(1696) 9월 戊寅條 참조.
101) 안용복은 평정금좌위문을 '백기주태수'라 하고 있다(肅宗實錄 肅宗 22(1696)年 9月 25日).
102) 肅宗實錄, 肅宗 36年 10月 甲子, 사직(司直) 이광적(李光迪) 상소, 「왜선(倭船)이 자주 울릉도에서 어채(漁採)하고 있어 진실로 한심스럽다(倭船 比比漁採於 鬱陵島 誠可寒心). ; 송병기, 앞의 책, pp.130~131.

5. 안용복의 진술과 그에 대한 의문점 제4항

가. 기술

제4항은 다음과 같이 기술하고 있습니다.

> 안용복에 관한 한국 측 문헌의 기술은 안용복이 국가의 금지명령을 범하여 국외로 도항한 일로 인하여 귀국 후 조사를 받았을 때 진술한 내용입니다. 진술내용을 보면 상기에 언급한 내용을 비롯하여 사실과 일치하지 않는 점들을 많이 볼 수 있으며, 그러한 내용을 한국은 다케시마의 영유권 주장의 근거의 하나로 인용해 오고 있습니다.

나. 비판

(1) 안용복의 진술을 기록한 문서의 진정성

일본은 "… 귀국 후 조사를 받았을 때 진술한 내용 …"라고 주장하여, 월경죄로 처벌받은 안용복의 진술의 신빙성을 의심하며, 이를 기록한 숙종실록에 대하여도 증거력의 훼손을 가하고 있다. 하지만 안용복의 처벌은 당시 적법절차에 따른 월경죄를 처벌하는 기관인 비변사에서 월경죄의 취조과정에 따라 이뤄진 것이고, 이런 취조 과정에서 처벌에 이르기까지 해당기관의 공문서인 『비변사 등록』및 대외 일본관계사를 함께 기록하는 『변례집요』, 이를 국왕에게 보고 하는 과정에

---

103) 肅宗實錄 補闕正誤, 肅宗 40年 7月 辛酉條 참조.

서 『숙종실록』, 『승정원일기』에 이르기까지 기록된다. 따라서 하나의 행위가 여러 문서에 기록되고 있다. 이를 기록하는 과정은 객관적이고 법중심이라는 점에서 매우 신빙성이 높다. 특히 한국측 문헌인 숙종실록은 세계사에 유례없는 단일왕조 500년의 기록으로 '세계기록문화재산'의 하나로, 관찬서이다. 이런 기록들은 공문서로서 보고문서에 해당되며, 이는 재판관의 자유심증으로 결정될 문제이다.

특히 한국민을 한국법에 따라 월경죄 및 관명사칭으로 처벌하는 것은 국내법의 문제로 타국인 일본이 다툴 문제는 아니며, 이는 국제법상 국내문제 불간섭 의무위반이다.

(2) 구체적 사실의 근거 없는 일본의 주장

일본은 "진술 내용을 보면 상기에 언급한 내용을 비롯하여 사실과 일치하지 않는 점들을 많이 볼 수 있으며, …"라고 주장하지만, 일부의 사실이 특정부분에서 과장된 면은 있으나 전체적인 내용의 흐름이나 결과에 있어서는 한일 양측의 기록이 대부분 일치하고 있으므로,104) 일부 특정부분의 기록의 하자가 결과에 영향을 미쳤다고 볼 수 없으며,105) 앞으로도 결과에 영향을 미칠 근거가 되지 못한다.106)

---

104) 조선의 「肅宗實錄」과 일본의 「竹島渡海由來記拔書控」본문 17 및 「元祿九丙子年朝鮮舟着岸一卷之覺書」등
105) 안용복의 2번에 거친 일본도해사실과 그 진술은 당시의 조선 정부의 대일교섭에 대한 자극은 주었으나 원칙에 영향을 준 것은 아니며, 일본 역시 도해금지 결정은 일본의 적법절차에 따라 결정하였을 뿐 안용복과는 무관한 결정이었다.
106) 한국측은 안용복의 많은 진술이 한국측 기록 뿐만 아니라 일본측의 기록에 의해서도 확인되고 있으므로, 대부분의 안용복의 진술을 신뢰하고 있다. 특히 문제가 되고 있는 독도가 도해금지에 포함되는가에 대하여 안용복의

결국 안용복 진용 내용의 신빙성 문제는 자유심증에 의해 결정될 문제이다.

또한 무권한인 사인의 불법행위로 인하여 법적 효과가 발생할 수 있는 경우에 그 법적 효과를 추인할 권한 있는 국가가 있는 경우에는 그 불법행위로 인하여 귀속할 국가에 대해 어떤 불법행위도 영향을 미치지 못한다.

(3) 안용복의 진술과 서증평가

먼저 『숙종실록』의 기록에 의하면, 일본의 백기주 태수가 "두 섬이 이미 당신네 나라에 속한 이상, 만일 다시 국경을 넘어 침범…마땅히 무겁게 처벌할 것이다"107)라는 기록이 있다. 그러나 여러 정황으로 보면 이는 돗토리번(鳥取藩伯耆國)의 번주 송평강청(松平綱淸)이 아니라 고위관원 평정금좌 위문(平井金左衛門) 번유(藩儒) 십권지극(辻權之極)을 대동하여 1696년 8월 4일 청도에서 안용복을 만나108) 말한 내용 "두섬이 당신에 나라에 소속된 뒤(兩島旣屬爾國之後)"이다.109) 이를 안용복이 백기주 태수라 말한 것은 높다는 것을 의례적으로 표현한 말일 뿐이다. 기록만 놓고 볼 때, 이 기록은 한국 측에만 있고 일본에는 없다. 따라서 일본은 이 기록의 내용을 인정하지 않거나 수정하여 인정할 가능성이 높다.

진술이 문제되는데 이는 일본 「원록 9병자년 조선주착안 일권지각서」와 「죽도지서부」에 의하여 명확하게 확인되고 있으므로 달리 논할 게재가 없다.

107) 「肅宗實錄」 卷 30, 肅宗 22年 9月 25日 戊寅條.
108) 鳥取藩, 御用人日記(元祿 9年 8月 6日條) 참조.
109) 肅宗實錄, 肅宗22(1696)年 9月 25日 참조.

부정하는 근거로 내용은 인정하되 안용복이 불법으로 월경한 사인이라는 사실을 들어 인정하지 않을 경우는 추인에 의하여 국가의 행위로 인정되어 해결될 수 있다. 그러나 내용자체의 신빙성을 문제 삼는다면 이는 자유심증에 의해 해결될 것이다.

둘째, 『御用人日記』元祿 9(1696)년 6월 22일 기록에 의하면, 안용복이 소송장을 가지고 있었는데 이를 막부정부에 보냈다고 기록하고 있다.110) 이는 우리 기록에 있는 것이 아니라 일본의 여러 기록111)에 나타나고 있으므로 서증의 진정 성립은 부정하기는 어렵다. 하지만 서증의 내용에 대하여는 인정하지 않을 가능성이 높다. 그 내용에는 안용복이 팔도지도를 지참하고 울릉도와 독도가 강원도 소속의 섬이고, 두 섬의 거리도 비교적 정확하게 묘사하여 주장하고 있다. 일본은 내용에 대하여는 인정할 가능성이 거의 없으며, 이는 자유심증에 의하여 해결될 것이다.

소송사실만 판단컨대, 추인에 의하여 그 법적효과가 국가에 귀속된 것이다.

셋째, 안용복의 월경죄와 관명사칭죄 등의 형사적 문제가 영유권 주장에 미치는 효과에 대하여는 영향이 없다고 본다. 형사문제는 내국법에 따른 것이며, 사인의 행위가 불법이나 위법을 구성한다고 하여 추인할 수 없거나 행위의 결과에 따른 법적 효과발생에 영향을 미치는 것은 아니다. 다만 당사자가 행위자체를 다툰다면 국내법상은 행위당

---

110) 이 '소송1권'은 숙종실록에 적힌 정단(呈單)으로 보여진다(肅宗實錄, 肅宗 22(1696)年 10月 13日 ; 박병섭, 앞의 논문, p.325).
111) 무라카미 가문 문서 ; 박병섭, 앞의 논문, pp.322-323

시 그 사인을 기준으로 다툴 것이나 이는 역사적인 문제이고 국제법상
의 문제라는 점에서 사인을 기준으로 한 행위자체 보다는 행위의 결과
를 기재한 유형물 자체에 대하여 국제사법재판소 재판관의 자유심증
정도에 의해 증거가치를 인정받게 될 것이다.

제3편

일본의 국제법상 영유권 주장 비판

Ⅳ. 다케시마의 시마네현 편입

1. 다케시마의 시마네현 편입 제1항

가. 기술

제1항은 다음과 같이 기술하고 있다.

> 오늘날 다케시마에서 본격적으로 강치 포획을 하게 된 것은 1900년대 초입니다. 그러나 그로부터 얼마 후 강치 포획은 과도경쟁상태가 되었으며 시마네현 오키 섬 주민인 나카이 요자부로(中井 養三郞)는 사업의 안정을 꾀하기 위하여 1904(메이지37)년 9월 내무, 외무, 농상무 3대 대신에게 '리얀코 섬'(주:다케시마의 서양 명칭 '리앙코르 섬'의 속칭)의 영토편입과 10년간 대여를 청원하였습니다.
>
> (주) '리얀코 섬'은 다케시마의 영어명인 '리앙코르 섬'의 속칭. 당시 유럽 탐험가의 위치측정의 오류로 인하여 울릉도가 종래의 '다케시마'뿐만 아니라 '마쓰시마'로도 불리게 되었으며 현재의 다케시마는 종래의 '마쓰시마'와 함께 '리얀코 섬'으로도 불리게 되었습니다.

나. 비판

(1) 강치포획행위의 독도에 대한 영토주권의 현시 불성립

상기 제1항에는 "오늘날의 다케시마에서 본격적으로 강치포획을 하게 된 것은 1900년대 초입니다…"라고 기술되어 있다. 이는 일본이 강치포획행위에 의해 독도를 실효적으로 지배했다는 주장으로 보여 진다.

국제법상 영토에 대한 실효적 지배(effective control on the territory), 즉 영토주권의 현시(display of territorial sovereignty)는 (i) "권원의 대체"(replacement of title), 즉 역사적 권원(historical title)을 현대국제법상 다른 권원으로 대체하기 위해,1) (ii) "권원의 취득"(acquisition of title), 즉 선점(occupation) 또는 역사적 응고 (historical consolidation) 취득을 위해2) 또는 (iii) "권원의 유지"(maintenance of title), 즉 취득된 권원의 보전을 위해3) 요구된다.

영토에 대한 실효적 지배, 즉 영토주권의 현시가 국제법상 효력을

---

1) David H. Ott, *Public International Law in the Modern World*(London : pitman, 1987,) p.109 ; Santiago Terres Bernardez, "Territory Acquisition," *EPIL*, Vol.10, 1987, p.499 ; Peter Malanczuk(ed.), *Akehurst's Modern Introduction to International Law*, 7th ed. (London : Routledge, 1987), p.155 ; *The Manguiers and Echrehos* Case(ICJ, *Reports*, 1953, p.56)

2) Malcolm N. Shaw, *International Law* 4th ed. (Cambridge : Cambridge University Press, 1997), p.346 ; Georg Schwarzenberger, "Title to Teiritory ; Respose to Challenge," *AJIL*, Vol.51, 1957, p.292; *Anglo-Norwegian Fisheries* Case(ICJ, *Reports* 1951, pp.138-39.)

3) D. H. N. Johnson, "Consolidation as a Root of Title in International Law," *Cambridge L. J*, 1955, p.223; Schwarzenberger, *supra* n.2, pp.315-16; Ott, *supra* n.1, p.108; Malanczuk, *supra* n.1, p.156; A.L.W. Munkman, "Adjudication and Adjustment International Judicial Decisions and Settlement of Territorial and Boundary Dispues," *BYIL*, Vol.46, 1972-73, pp.50, 103; *Jsland of Palmas* Case(*RIAA*, Vol.2, 1949, p.845.)

갖기 위해서는 (ⅰ) "국가기관(state organ)의 행위일 것,"4) (ⅱ) "공연한 (open manifested) 행위 일 것",5) (ⅲ) 평화적(peaceful) 행위일 것,6) 그리고 (ⅳ) "관계국의 묵언(acquiescence)이 있을 것" 즉, "관계국의 항의(protest)가 없을 것"7) 이라는 요건을 구비함을 요한다.

(ⅰ) 강치포획행위를 한 자가 일본의 국가기관이 아니라 사인임은 동 항의 "… 강치 포획은 과도 경쟁 상태가 되었으며 시마네현 오키섬 주민인 나카이 요자부로는…"이라는 기술에서 "오키도민 나카이 요자부로"라고 표시하고 있는 것으로 보아 명백하므로 강치 포획행위는 "국가기관의 행위일 것"이라는 영토의 실효적 지배, 즉 영토주권의 현시 요건을 구비하지 못했고, 또한 (ⅱ) 한국의 영토인 독도에서의 강치 포획행위는 한국이 알 수 없도록 은밀히 행한 것이므로 이는 "공연한 행위일 것"이라는 영토주권의 현시요건을 구비하지 못한 것이다. 그러므로 강치포획 행위는 독도에 대한 일본의 영토주권의 현시로 볼 수 없음이 명백하고, 따라서 국제법상 영토주권의 현시 효과는 발생하지

---

4) D.H.N. Johnson, "Acquisitive Prescription ; International Law." *BYIL,* Vol. 27, 1950, p.344; Santiago Torres Bernardez, "Territory, Acquisition," *EPIL,* Vol 10, 1987), p.499.
5) J.G. Starke, *An Introduction to International Law,* 9th ed.(London ; Butterworth, 1984). p.162 ; Bernardez, *supra* n.4, p.499.
6) Starke, *supra* n.5, p.132; Georg Schwarzenberger and E.D. Brown, *A Manual of International Law,* 6th ed.(Milton ; Professional Books, 1976), p.98 ; Bernardez, *supra* n.4, p.499 ; *Palmas Island Arbitration ; RLAA,* Vol.2, 1949, p.839. "평화적" 요건의 의미에 관해서는 후술(XⅢ 제3항의 비판)하기로 한다.
7) Johnson, *supra* n.4, p.349 ; J.C. MacGibbon, "The Scope of Acquiescence in International Law," *BYIL,* Vol.31, 1954, pp.15-68 ; *Eastern Greenland* Case : PCIJ. *Series A/B,* No.53, 1933, p.12; *Minquers and Ecrehos* Case ; ICJ, *Reports,* 1953, pp.66-67.

아니한다. 그러므로 상기 제1항이 "오늘날 다케시마에서 본격적으로 강치포획을 하게 된 것은 1900년대 초입니다"라고 기술하여, 그 실효적 지배가 "권원의 대체", "권원의 취득" 또는 "권원의 유지" 중 어느 것을 목적으로 한 것을 명시하지 아니하고 행한 것으로, 국제법상 성립의 여지가 없는 부당한 주장이다.

(2) 강치포획행위의 형사범죄 행위 구성

상기 제1항에는 "오늘날 다케시마에서 본격적으로 강치포획을 하게 된 것은 1900년대 초입니다. 그러나 그로 부터 얼마 후 강치포획은 과도경쟁상태가 되었으며…"라고 기술되어 있다.

상기 기술이 사실이라면 그것은 일본 어부들이 한국의 영토인 독도와 그 영해를 불법침범한 사실을 일본 정부가 스스로 입증한 것이며, 따라서 일본 어부들의 독도에서의 강치포획행위는 당시의 대한제국의 형법(오늘의 출입국 관리법)을 위반한 형사범죄행위를 구성한다. 다만, 이들 어부들의 형사범죄행위는 공소시효가 완성되어 오늘 기소처벌 할수 없을 뿐인 것이다.

(3) 강치 포획행위의 민사불법행위 구성

상기 제1항의 기술이 사실이라면 이들 어부들의 독도에서의 강치포획행위는 조선에 대한 민사 불법행위를 구성한다. 섭외적 불법행위의 준거법은 불법행위지법인 것이 일반적이므로8) 불법행위지인 당시의

---

8) G.C.Cheshire, *Private International Law,* 7th ed. (London : Butterworth, 1965), pp.240-41 ; E, Rabel, *The Conflict of Law : A Comparative Stady,* Vol.2 (Michigan ; Michigan Uniwersity Press,

대한제국의 민법의 규정에 따라 이들 어부들은 조선에 대해 손해배상의 의무가 있다. 다만, 이들 어부들의 손해배상 의무는 민사상 시효(또는 제척기간)의 완성으로 이들에 대해 오늘 손해배상청구를 할 수 없을 뿐이다.

라. 강치포획행위에 의한 일본의 국제법상 국가책임

상기 제1항의 기술이 사실이라면 이는 일본의 국제법상 국가책임을 성립하게 한다. 국제법상 국가책임이 성립하기 위해서는 국가기관이 국제법위반 행위를 함을 요한다.9) 따라서 사인(私人)의 행위에 의해서는 국제법상 국가책임이 성립하지 아니한다. 그러나 사인의 행위에 대해 국가기관이 이를 알고 "사전적 예방조치"를 취하지 아니하거나 또는 "사후적 구제조치"를 취하지 아니한 경우에 국가기관의 "부작위"에 의한 국가책임이 성립되게 된다.10)

강치포획행위를 한 일본 어부들은 일본의 국가기관이 아니라 사인이

1947), p.252 ; "섭외사법" 제13조 제1항 ; "국제사법" 제32조 제1항.

9) Robert Jennings and Arthur Watts (eds.), *Oppenheim's International Law*, 9th ed., Vol.1(London : Longman, 1992), pp.540-41 ; Algot Bagge, "Intervention on the Ground of Damage Caused to Nationals with Particular Reference to Exhaustion of Local Remedies and the Rights of Shareholders," *BYIL*, Vol.34, 1958, pp.162-63 ; Karl Zemanek, "Responsibility of State, General Principles," *EPIL*, Vol.10, 1987, pp.367-68.

10) Jenings and Watts, *supra* n.9, pp.505-508 ; Ian Brownlie, *Principles of Public International Law*, 5th ed. (Oxford : Oxford University Press, 1998), pp.449-50. Giuseppe Sperbuti, "Responsibility of Sates for Activities of Private Law Persons," *EPIL*, Vol.10, 1987, pp.373-75.

므로 이들 일본어부들의 행위에 의해 일본의 국제법상 국가책임은 성립되지 아니한다. 그러나 일본의 국가기관이 어부들의 독도에서의 강치포획행위를 알고도 이를 방지하기 위한 사전적 예방조치를 취하지 아니한 경우에는 일본의 국제법상 국가책임이 성립되게 된다. 문제는 당시 일본의 국가기관이 어부들의 독도에서의 강치포획행위를 알고 있었느냐 인데 일본 정부는 최소한 나카이 요자 부로가 독도에 대한 임대청원을 제출한 1904년 9월 이후에는 이 사실을 알고 있었다는 것을 부인할 수 없으므로, 1904년 9월 이후 일본의 국제법상 국가책임이 성립됨을 일본은 부인할 수 없는 것이다.

따라서 상기 제1항이 "오늘날 다케시마에서 본격적으로 강치포획을 하게 된 것은 1900년대 초입니다"라고 기술하여 일본 어부들의 독도에서의 강치포획행위는 일본의 독도에 대한 실효적 지배라고 주장하는 것은 국제법상 성립의 여지가 없는 부당한 주장이며, 이는 오히려 어부들의 형사범죄행위와 민사 불법행위를 구성하고, 국제법상 일본의 국가책임을 성립하게 할 뿐이다.

2. 다케시마의 시마네현 편입 제2항

가. 기술

제2항은 다음과 같이 기술하고 있다.

> 나카이의 청원을 받은 막부는 시마네현의 의견을 청취한 후, 다케시마를 오키 도청(島廳)의 소관으로 해도 좋다는 것과 '다케시마'의 명칭이 적당하다는 것을 확인하였습니다. 이를 근거로 1905(메이지38)년 1월 각료회의의 결정을 거쳐 다케시마를 '오키 도사(島司)의 소관'으로 결정함과 동시에 이 섬을 '다케시마'로 명명하였으며, 이러한 취지의 내용을 내무대신이 시마네현 지사에게 전달하였습니다. 이 각료회의의 결정에 따라 일본은 다케시마의 영유권에 대한 의사를 재확인하였습니다.

나. 비판

(1) 청원 접수행위의 독도에 대한 영토주권의 현시 불성립

상기 제2항에는 "나카이의 청원을 받은 막부는 …" 이라고 기술되어 있다. 이는 (ⅰ) 청원을 접수한 사실관계를 서술한 것인지, 또는 (ⅱ) 청원을 접수한 행위에 의해 일본이 독도를 실효적으로 지배한 법적 효과, 즉 영토주권의 현시 효과를 주장하는 것인지 명백하지 아니하다. 전자의 서술은 비판의 대상이 아니므로 여기서 논외로 하고 후자의 주장은 비판의 대상이 되므로, 이에 관해서만 논급하기로 한다.

전술한 바와 같이 국제법상 영토에 대한 실효적 지배, 즉 영토주권의 현시는 "국가기관의 행위일 것",11) "공연한 행위일 것",12) "관계국의 항의가 없을 것"13)이라는 요건을 구비함을 요한다. 나카이의 청원을 접수한 정부는 일본의 국가기관이므로 이는 "국가기관의 행위일 것"이라는 요건을 구비한 것이나, 나카이의 청원을 접수한 행위는 공개된 바 없고, 따라서 한국이 항의할 기회가 없었으므로 "공개된 행위일 것" 그리고 "관계국의 항의가 없을 것"이라는 요건을 구비하지 아니한 것이다.

따라서 상기 제2항이 "나카이의 청원을 받은 막부"라고 기술하여 일본의 독도에 대한 영토주권의 현시를 주장한 것이라면 이는 국제법상 성립될 수 없는 부당한 주장이다. 그러나 단순한 사실관계의 서술이라면 이는 비판의 대상이 아니다.

(2) 각의의 결정 행위의 영토주권의 현시 불성립

상기 제2항에는 "… 각료회의의 결정을 거쳐 …"라고 기술되어 있다. 이는 (i) 각의가 결정한 사실을 서술한 것인지 또는 (ii) 각의의 결정 행위에 의해 일본이 독도를 실효적으로 지배한 법적 효과를 주장하는 것인지, 즉 영토주권의 현시 효과의 주장인지 명백하지 아니하다. 전자의 경우는 비판의 대상이 아니므로 여기서 논외로 하고, 후자의 경우는 비판의 대상이 되므로, 이에 관해서만 논급하기로 한다.

---

11) See *supra* n.4.
12) See *supra* n.5.
13) See *supra* n.7.

각의의 결정행위를 한 각의는 일본의 국가기관이므로, 이는 영토주
권의 현시의 "국가기관의 행위일 것"이라는 요건을 충족한 것이나, 각
의의 결정이 공개된 바 없으므로, "공개적 행위일 것"이라는 요건을 구
비하지 못했고, 또한 이는 공개된 바 없어 한국의 항의의 대상도 묵인
의 대상도 아니였으므로, "관계국의 항의가 없을 것"이라는 요건을 구
비하지 못한 것이다.

따라서 상기 제2항의 "…각료회의의 결정을 거쳐…"라는 기술이 일
본의 독도에 대한 실효적 지배의 주장이라면, 이는 국제법상 성립될
수 없는 부당한 주장이다. 그러나 단순한 사실관계의 서술이라면 이는
비판의 대상이 아니다.

(3) 영유의사의 재확인의 침략행위 구성

상기 제2항에는 "…각료회의의 결정에 따라 일본은 다께시마의 영유
권에 대한 의사를 재확인 했습니다"라고 기술되어 있다.

(ⅰ) "영유의사의 재확인"이란 "시마네현 고시 제40호"로 무주지인
독도를 선점한 것이라고 주장하던 일본 정부가[14), ① 한국의 고유영토
인 독도를 무주지라고 더 이상 주장할 수 없고, ② 일본의 고유영토인
독도를 선점한 것이라는 모순된 주장을 극복하기 위하여 창안한 것으
로 보여지나, 이는 고유영토에 대한 영유의사의 확인이라는 자기모순
을 그대로 안고 있다. 그리고 (ⅱ) "영유의사의 확인"이란 국제법상 없

---

14) View of the Japanese Government in Reputation of the Position
    taken by the Korean Government in the Note Verbale of the Korean
    Government in Japan, September 9, 1953, Concerning Territory over
    Takeshima, February 10, 1954, para.4.

는 제도이며, 그러한 국제적 선례도 물론 없는 가상의 용어에 불과하다. 국제법상 있다면 "영유의사의 확인"이 아니라 "영토주권의 현시"(display of territorial sovereignty)가 있는 것이다. 또한 (ⅲ) "영유의사의 재확인"은 당연히 그에 선행하는 "영유의사의 확인"을 전제로하는 바, 언제 "영유의사의 확인"을 했는지 의문이다.

선행행위인 "영유의사의 확인"을 제시하지 아니한 "영유의사의 재확인"은 허구에 불과한 것이다. (ⅳ) "영유의사의 재확인"이 영토를 취득하려는 국제적 의사의 재확인을 뜻하는 것이라면, 타국의 영토를 취득하려는 의사의 재확인은 침략행위를 구성하는 것이며,15) 침략행위를 금지하는 규범은 국제법상 강행규범(*jus cogens*)이므로16), 결국 한국의 영토인 독도에 대한 "영유의사의 재확인"은 강행규범위반으로 국제법상 무효인 것이며,17) 위법 · 무효인 행위로부터 국제법상 효과는 발생하지 아니한다.

따라서 상기 제2항이 "… 각료회의의 결정에 따라 일본은 다케시마

---

15) U.N, GA Resolution 3314(xxix) of Dec.14, 1974(Definition of Aggression)Art.4, Art.7 ; Benjamin B. Ferencz, "Aggression," *EPIL*, Vol.3, 1982, p.4.
16) *Barcelona Traction* Case에서 ICJ 판결(ICJ, *Reports*, 1970, p.32) 국가책임에 관한 협약(초안) 제19조 ; 국제형사재판소로마규정 제5조 ; Malanczuk, *supra* n.1, p.58; Ott, *supra* n. 1, p.18, Brownlie, *supra* n.10, p.515 ; Shabtai Rosenne, "Vienna Convention on the Law of Treaties," *EPIL*, Vol.7, 1984, p.529 ; Ian Sinclair, *The Vienna Convention on the Law of Treaties*, 2nd ed.(Manchester : Manchester University Press, 1984), p.222.
17) "일반국제법의 새 강행규범이 출현하는 경우 그 규범과 충돌되는 현행조약을 무효로 되어 종료한다"(조약법에 관한 비엔나 협약 제64조) 및 "조약은 그 체결 당시에 일반국제법의 강행규범과 충돌하는 경우에는 무효이다"(동 제53조)

영유권에 대한 의사를 재확인 했습니다"라고 기술하여, 영유의사의 재확인을 주장하는 것은 국제법상 독도에 대한 영토주권의 현시로 볼 수 없고, 침략행위를 구성할 뿐 국제법상 성립될 수 없는 부당한 주장이다.

3. 다케시마의 시마네현 편입 제3항

가. 기술

제3항은 다음과 같이 기술하고 있다.

> 시마네현 지사는 이 각료회의의 결정 및 내무대신의 훈령에 근거하여 1905(메이지38)년 2월 다케시마가 '다케시마'로 명명되었고, 오키 도사의 소관이 되었다는 취지의 내용을 고지하였으며, 오키 도청에도 이 내용을 전달하였습니다. 또한 당시 신문에도 이 내용을 기재하여 널리 일반시민에게도 알려지게 되었습니다.

나. 비판

(1) 고시행위와 전달행위의 독도에 대한 영토주권의 현시 불성립

상기 제3항에는 "시마네현 지사는 … 고지하였으며, 오키 도청에도 이 내용을 전달했습니다"라고 기술되어 있다.

이는 (i) 시마네현 지사가 고시하고, 오키도청에 전달한 사실관계를 서술한 것인지, 또는 (ii) 고시행위와 전달행위에 의해 일본이 독도를 실효적으로 지배한 법적 효과를 주장하는 것인지, 즉 영토주권의 현시 효과를 주장하는 것인지 명백하지 아니한다. 전자의 서술은 비판의 대상이 아니므로 여기서 논외로 하고, 후자의 주장에 관해서만 논급하기로 한다.

전술한 바와 같이 영토주권의 현시는 "국가기관의 행위일 것",[18] "공연적 행위일 것"[19] 그리고 "관계국의 항의가 없을 것"[20]이라는 요건을 구비함을 요한다. 상기 "고시"와 "전달"을 한 시마네현지사는 일본의 국가기관이므로, 이는 "국가기관의 행위 일 것"이라는 요건을 구비한 것임은 논의의 여지가 없다. 그러나 동 "고시"와 "전달"은 국제적으로 공개된 바 없다.[21] 동 "고시"와 "전달"이 국제적으로 특히 한국에 공개된 바 없다는 사실은 오키도사 일행이 울릉군수에게 이 사실을 통고해 온 것은 동 "고시"와 "전달"이 있은 때로부터 1년이 경과한 후인 1906년 3월 28일 이였으며, 동 통고에 의해 대한제국이 동 "고시"가 있었다는 사실로 실증된다. 따라서 동 "고시"와 "전달"은 그 당시 "공개적 행위일 것"이라는 요건을 구비하지 못하고, 그 결과 이는 한국의 항의의 대상도 묵인의 대상도 아니였으므로, 이는 "관계국의 항의가 없을 것"이라는 요건을 구비하지 아니한 것이다.

따라서 상기 제3항의 "시마네현 지사는 … 고시하였으며 오키 도청에도 이 내용을 전달했습니다"라는 기술이 일본의 독도에 대한 실효적 지배의 주장이라면, 즉 영토주권의 현시의 주장이라면, 이는 국제법상 성립될 수 없는 부당한 주장이다. 그러나 사실관계의 서술이라면, 이는 비판의 대상이 아니다.

---

18) See *supra* n.4.
19) See *supra* n.5.
20) See *supra* n.7.
21) "관보"에 게재된 바 없고, 일본 정부는 훈령을 내려 관내에서 공시를 지시했다(나이트 세이후(内 正中)), 곽진오·김현수역, 「한일간 독도·죽도 논쟁의 실체(서울 ; 책사랑, 2009), p.48).

(2) 신문게재 행위의 독도에 대한 영토주권의 현시 불성립

상기 제3항에는 "…또한 당시 신문에도 이 내용을 기재하여 널리 일반시민에게도 알려지게 되었습니다"라고 기술되어 있다.

이는 (ⅰ) 당시 신문에 게재되어 널리 일반에게 전했다는 사실관계의 서술인지, 또는 (ⅱ) 신문게재 행위에 의해 일본이 독도를 실효적으로 지배한 법적 효과를 주장하는 것인지 명백하지 아니하다. 전자의 서술이라면 게재신문의 명과 게재 신문의 일자를 명시하여야 할 것이나,22) 제3항에는 이에 관한 기술이 없으므로, 이 서술의 진실성은 전혀 담보되어 있지 아니한다.

후자의 주장에 관해 보건대, 전술한 바와 같이 영토주권의 현시는 "국가기관의 행위일 것",23) "공연적 행위일 것"24) 그리고 "관계국의 항의가 없을 것"25)이라는 요건을 구비함을 요하는 바, 동 항의 "신문"이 일본의 국영신문이 아니라면 신문에의 게재는 "국가기관의 행위일 것"이라는 요건을 구비하지 아니한 것이므로, 비록 그것이 "공연적 행위일 것"이라는 요건을 구비했다할지라도 이는 한국의 항의의 대상이 아니고, 또한 묵인의 대상이 아니므로, 이는 "관계국의 항의가 없을 것"이라는 요건을 구비하지 아니한 것이므로, 신문에의 게재행위는 일본의 독도에 대한 영토주권의 현시로 볼 수 없고, 따라서 국제법상 영토주권의 현시의 효과는 발생하지 아니한다.

---

22) 산음신보(山陰新報), (1905.2.24)에 게재되었으며, 동 신보는 시마네현의 지역신문이다(나이토, 전주21, p.48).
23) See *supra* n.4.
24) See *supra* n.5.
25) See *supra* n.7.

따라서 상기 제3항의 "…당시 신문에도 이 내용은 기재하여 널리 일반시민에게도 알려지게 되었습니다"라는 기술이 일본의 독도에 대한 영토주권의 현시의 주장이라면, 그 신문이 국가기관의 신문이 아닌 한 국제법상 성립될 수 없는 부당한 주장이다. 그리고 이 기술이 사실관계의 서술이라면, 게재신문명과 게재일자가 명시되지 아니하여 그 진실성이 의심된다.

4. 다케시마의 시마네현 편입 제4항

가. 기술

제4항은 다음과 같이 기술하고 있다.

> 또한 시마네현 지사는 다케시마가 '시마네현 소속 오키
> 도사의 소관'임이 결정되었음을 근거로 다케시마를
> 관유지대장(官有地臺帳)에 등록하였으며, 강치 포획을
> 허가제로 하였습니다. 강치 포획은 그 후 1941(쇼와16)년까지
> 계속되었습니다.

나. 비판

(1) 관유지대장 등록과 강치포획 허가제 채택의 독도에 대한 영토주권현시 불성립

상기 제4항에는 "시마네현 지사는 …다케시마를 관유지대장에 등록하였으며, 강치포획을 허가제로 하였습니다"라고 기술되어 있다.

상술한 바와 같이 영토주권의 현시는 "국가기관의 행위일 것",[26] "공개적 행위일 것"[27]이라는 요건을 구비함을 요하는 바, 상기 "관유지대장 등록"과 "강치포획허가"는 다케시마 지사가 일본의 지방행정기관이므로, 이는 "국가기관의 행위일 것"이라는 요건을 구비한 것이나,

---

26) See *supra* n.4.
27) See *supra* n.5.

당시 "등록"과 "허가"가 국제적으로 공개된 바 없고, 설혹 그것이 공개되었다 할지라도 1904년 2월 22일의 "한일협약"(제1차 한일의 정서)과 1905년 11월 18일의 "을사보호조약"에 의해 외교권을 박탈당한 대한제국, 더욱이 1906년 2월 1일 통감부가 설치된 이후에는 이에 대해 항의할 수 없었으므로, 이는 항의의 대상도 묵인의 대상도 아니었다. 그러므로 이는 "관계국의 묵인이 있을 것" 이라는 요건을 구비하지 아니한 것이다.

따라서 상기 제4항의 "시마네현 지사는 … 다케시마를 관유지 대장에 등록하였으며, 강치포획을 허가제로 하였습니다"라는 기술이 영토주권의 현시의 주장이라면 이는 국제법상 성립될 수 없는 부당한 주장이다. 그러나 이 기술이 단순한 사실의 서술이라면 이는 비판의 대상이 아니다.

(2) 한국 영토에 대한 관유지대장 등록과 강치포획 허가제의 위법성

상기 제4항에는 "시마네현 지사는 … 다케시마를 관유지 대장에 등록하였으며, 강치포획을 허가제로 하였습니다"라고 기술되어 있다.

타국의 영토를 자국의 영토로 관유지대장에 등록하고 타국의 영토에서의 강치포획 허가제의 채택은 침략행위를 구성하는 것이며,[28] 침략행위를 금지하는 규범은 강행규범이고,[29] 강행규범 위반행위는 국제법상 무효이므로,[30] 관유지대장 등록과 강치포획 허가는 국제법상 위

---

28) See *supra* n.15.
29) See *supra* n.16.
30) See *supra* n.17.

법·무효인 것이다.

따라서 상기 제4항의 "시마네현 지사는 … 다케시마를 관유지대장에 등록하였으며, 강치포획을 허가제로 하였습니다"라는 기술로, 일본의 독도에 대한 영토주권의 현시라는 주장은 국제법상 성립될 수 없는 부당한 주장이다. 그것이 "선점"을 위한 것이든 "영유의사의 재확인"을 위한 것이든 "시마네현고시 제40호"는 일본의 독도에 대한 영토주권의 현시로 볼 수 없고, 한국영토에 대한 침략행위를 구성할 뿐이다.

5. 다케시마의 시마네현 편입 제5항

가. 기술

제5항은 다음과 같이 기술하고 있다.

> 또한, 조선에서는 1900년 '대한제국 칙령 41호'에 따라 울릉도를 울도로 개칭하였으며, 군수가 섬을 감시하도록 공포하였다는 기록이 있습니다. 그리고, 이 칙령에 따르면 울릉군이 관할하는 지역을 '울릉 전도(全島)와 죽도(竹島), 석도(石島)'로 규정하고 있으며, 여기서 말하는 '죽도'는 울릉도의 근방에 있는 '죽서(竹嶼)'라는 작은 섬이고, '석도'는 지금의 '독도'를 가리킨다고 주장하는 연구자도 있습니다. 그 이유로는 한국의 방언 중 '돌'은 '독'으로도 발음되어 이 발음대로 한자를 고치면 '독도'가 되기 때문이라는 것입니다.

나. 비판

이는 사실관계의 서술이고 그 내용에 허위 또는 과장이 포함되어 있지 아니하며, 또한 이는 어떤 주장이 아니므로, 동 항의 기술은 비판의 대상이 아니다.

6. 다케시마의 시마네현 편입 제6항

가. 기술

제6항은 다음과 같이 기술하고 있다.

> 그러나 '석도'가 오늘날의 다케시마('독도')를 가리키는 것이라면, 칙령에는 왜 '독도'라는 명칭이 사용되지 않은 것인가, 또한, 한국측이 다케시마의 구 명칭이라고 주장하는 '우산도' 등의 명칭은 왜 사용되지 않은 것인가 등의 의문이 생깁니다.

나. 비판

(1) 독도라는 이름을 왜 사용하지 않았는가

상기 제6항은 "그러나 '석도'가 오늘날의 다케시마('독도')를 가리키는 것이라면, 칙령에는 왜 '독도'라는 명칭이 사용되지 않은 것인가"라고 질문하고 있다.

국가가 자국의 영토인 도서의 명칭을 어떻게 명명하느냐에 관해 국제법상 어떠한 제한이 없다. 지도상 명칭의 차이는 지리적 정확성이 없는 것이 아니며, 따라서 영유권 귀속에 영향이 없다.[31] 그러므로 자국의 영토인 도서를 어떠한 명칭으로 명명하느냐는 전현 영유국의 자

---

31) A. O. Cukwurah, *The Settlement of Boundary Disputes in International Law* (Manchester ; Manchester University Press, 1967), p.220.

유인 것이다.[32] 따라서 왜 "독도"라는 명칭을 사용하지 않았는가 라는 질문은 무의미한 것이며, 그지 답을 요한다면 그것은 대한제국의 임의 (자유)이다라고 답할 수 있다.

(2) 우산도라는 이름을 왜 사용하지 않았는가

상기 제6항은 "… 또 한국측이 다케시마의 구 명칭이라고 주장하는 '우산도' 등의 명칭은 왜 사용되지 않은 것인가"라고 질문하고 있다.

상술한 바와 같이 자국의 영토인 도서의 명칭을 어떻게 명명하느냐 는 그 도서의 영유국의 임의이다. 따라서 대한제국이 그의 칙령에서 "우산도"라는 명칭을 사용해야 할 국제법상 의무가 있는 것은 아니다. 필히 답을 요한다면 일본이 "시마네현 고시 제40호"에서 종래의 명칭 인 "마쓰시마"(松島)라는 명칭을 사용하지 아니하고 "다케시마"(竹島) 라는 명칭을 사용한 것과 같다라고 답할 수 있다.

일본은 1905년 2월 22일 "시마네현 고시 제40호"를 고시하고 이를 대한제국에 통고하지 아니했다. 그로부터 1년 후인 1906년 3월 28일 일본은 시마네현 오키도사 동문보(東文輔, 아주마 후미스케)와 사무관 신전유태랑(神田由太郎, 긴다요 시카로) 일행은 독도를 시찰하고 울릉 도에 들러 울릉군수 심흥택(沈興澤)을 방문하여 구두로 독도가 "시마 네현 고시 제40호"로 일본에 편입되었음을 그에게 전했다. 이에 심흥

---

32) *Pedra Branca* Case(2008)에서 분쟁의 도서의 명칭으로 포르트갈의 명칭 인 "Pedra Branca"와 동 도의 말레이시아의 명칭인 "Pulau Batu Puteh" 가 모두 사용되었으며, 명칭의 차이에 관해 재판소는 영유권 귀속에 관해 어떠한 판단도 표시한바 없다(ICJ, Judgement, 23 May 2008, paras. 16-17).

택은 동년 3월 29일 강원도관찰사 이명래(李明來)에게 이 사실을 긴급 보고했다. 이 보고서를 "심흥택 보고서"라 하는바, 동 보고서에 "독도"라는 명칭이 사용되게 되었다.[33]

---

33) The Korean Government's Refutation of the Japanese Government's Views concerning Dokdo ("Takeshima") dated July 13 1953, (September 9, 1953), para.I, e.
　　대일본제국해군, 「軍新(나이타카)行動日」에는 "리앙쿠르드암(巖), 한인(韓人)은 이를 독도(獨島)라고 쓰고, 우리나라 어부들은 리앙코섬이라고 호칭하였다"라는 기록이 있다(1904년 9월 25일).

7. 다케시마의 시마네현 편입 제7항

가. 기술

제7항은 다음과 같이 기술하고 있다.

> 어찌되었든 설령 이 의문이 해결된다고 하더라도, 동칙령의 공포 전후에 조선이 다케시마를 실효적으로 지배하였다는 사실은 없으며, 한국의 다케시마 영유권은 확립되지 않은 것으로 여겨집니다.

(1) 칙령 공포 이전의 실효적 지배

상기 제7항에는 "… 칙령의 공포 전후에 조선이 다케시마를 실효적으로 지배하였다는 사실이 없으며, 한국의 다케시마 영유권은 확립되지 않은 것으로 여겨집니다"라고 기술되어 있다.

(i) 동 칙령 공포 이전의 중요한 실효적 지배의 사실은 다음과 같다.
① 일본인의 울릉도 침탈에 관한 통리기부아문(通理機孚衙門)의 결정에 따라 조정은 1881년 5월 23일 이규원(李奎遠)을 울릉도 검찰사로 임명 판결했다. 고종은 이규원의 출발에 앞서 우산도(于山島, 독도)에 관해서도 조사할 것을 명했다.[34]
② 울릉도 검찰사 이규원은 울릉도를 조사하고 돌아와 1882년 6월 5

---

34) 「승정원일기」, 고종19년(1882년) 4월 초7일조

일 고종에게 조사결과를 보고했으며, 이 조사결과의 보고에서 독도에
관해서는 울릉도에서 49해리 떨어진 우산도는 관찰하지 못했다고 보
고했다.[35] 이는 이규원이 실제로 우산도를 관찰하지 못했으나 고종
의 명에 대한 우산도에 관한 공식적 조사 보고이므로 우산도에 관한
실효적 지배이다.

③ 1883년 3월 16일 고종은 김옥균(金玉均)을 동남제도개척사(東南
諸島開拓使)로 임명 파견했다.[36] 동남제도에 울릉도뿐만 아니라 독
도가 포함됨은 물론이다.

(ⅱ) 독도는 울릉도의 속도이므로 울릉도에 대한 실효적 지배
는 독도에 대한 실효적 지배를 포함한다. 독도를 포함하는 울릉
도에 대한 중요한 실효적 지배의 사실은 다음과 같다.

① 대한제국 정부는 1895년 5월 배계주(裵季周)를 울릉도감으로 재
임명하면서 일본인의 울릉도 침해사실을 조사보고 하도록 명했다. 배
계주는 조사보고서를 정부에 제출했다.[37]

② 대한제국 내부(內部)는 1899년 12월 15일 우용정(禹用鼎)을 울
릉도 조사관의 책임자로 임명했다. 우용정은 1900년 6월 1일부터 5
일간 울릉도를 조사고 조사보고서를 내부에 제출했다.[38]

③ 우용정의 조사보고서에 따라 대한제국 외부(外部)는 일본공사에
게 울릉도에서 일본인의 철환문제를 논의하라고 제의했으며, 그 후
대한제국 외부와 일본공사간의 외교적 합의가 오고 갔다.[39]

---

35) 이규원의 「울릉도검찰일기」 부 계본초(啓本草)
36) 「승정원일기」, 고종20년(1883년) 3월 16일조
37) 「내부거래안」, 제13책, 광무4년 3월 14일조
38) 우용정, 「울도기」 1900년

(2) 칙령공포 이후의 실효적 지배

(ⅰ) 동 칙령 공포 이후의 중요한 실효적 지배 사실은 다음과 같다.

① 1905년 2월 22일의 "시마네현고시 제40호" 이후 1906년 3월 28일 시마네현 오끼도사 일행이 독도를 거쳐 울릉도에 들러 울릉군수 심흥택(沈興澤)에게 독도가 일본에 편입되었다고 구두 통보했다. 이 통보를 받은 울릉군수는 3월 29일 이 사실을 강원도 관찰사에게 보고했다.40)

② 위 울릉군수의 보고를 받은 강원도 관찰사 이명래(李明來)는 동일 이 사실을 1906년 4월 29일 이지용(李祉鎔)에게 보고했다.41)

③ 위 강원도 관찰사 이명래의 보고를 받은 내부대신 이지용은 일본의 독도 편입을 부정·항의하는 지령을 하달했다.42)

④ 위 강원도 관찰사 이명래의 보고를 받은 참정대신 박제순(朴齊純)도 일본의 독도 편입을 부정 합의하는 지령을 하달했다.43)

(ⅱ) 동 칙령 공포 이후 상기 실효적 지배이외에 실효적 지배를 할 수 없었던 사정은 다음과 같다.

① 1904년 2월 22일 "한일협약"(제1차 한일의정서)의 체결로 대한제국은 외교권을 박탈당했다.

② 1905년 11월 18일 "을사보호조약"의 체결로 대한제국은 외교권을

---

39) 「내부거래안」, 제13책, 광무 4년 9월 12일조
40) 울릉군수 심흥택, 「보고서」, 1906년 3월 29일
41) 강원도 관찰사서리 이명래, 「보고서」, 1906년 4월 29일
42) 대한제국 내부대신의 지령문, 1906년
43) 대한제국 의정부 참정대신의 지령문, 1906년

완전히 박탈당했다.

③ 1906년 1월 17일 대한제국의 외부가 완전히 폐지되었다.

④ 1906년 2월 1일 통감부가 서울에 설치되어 대한 제국의 내정과 외정 모두가 일본에 박탈되게 되었다.

⑤ 1907년 7월 24일 "정미7조약"(한일신협약)의 체결로 대한제국의 내정권은 완전히 일본에게 박탈되었다.

이와 같이 동 칙령의 공포를 전후해서 한국은 독도를 실효적으로 지배했다. 물론 동 칙령의 공포 이전에 신라 지증왕 13년(512년)이래 신라에 의한 독도의 실효적 지배, 고려의 실효적 지배, 그리고 조선의 실효적 지배의 사실은 여기서 제시하지 아니했다.

따라서 상기 제7항의 "… 동 칙령의 공포 전후에 조선이 다케시마를 실효적으로 지배하였다는 사실은 없으며, 한국의 다케시마 영유권은 확립되지 않은 것으로 여겨집니다"라는 주장은 성립의 여지가 없는 부당한 주장이다.

V. 제2차 세계대전 직후의 다케시마

1. 제2차 세계대전 직후의 다케시마 제1항

가. 기술

제1항은 다음과 같이 기술하고 있다.

> 1. 일본이 연합국의 점령하에 있던 때 연합국은 일본에 대하여 정치 및 행정상의 권력 행사를 중지해야 하는 지역과 어업과 포경을 금지하는 지역을 지정하였으며 그 중에는 다케시마도 포함되어 있습니다. 그러나, 이러한 연합국의 규정에는 영토귀속의 최종적 결정에 관한 연합국 측의 정책을 의미하는 것으로 해석되어서는 안 된다는 취지가 모두 명기되어 있습니다.

나. 비판

제1항은 "SCAPIN 제677호"와 "SCAPIN 제1033호"의 내용을 기술한 것으로, 이에 허위 또는 과장이 포함되어 있지 아니하므로 이는 비판 대상이 아니다. 다만, "최종적 결정"의 의미에 관해서는 후술 제3항의 비판으로 미루기로 한다.

2. 제2차 세계대전 직후의 다케시마 제2항

가. 기술

제2항은 다음과 같이 기술하고 있다.

> 2. 이와 관련된 연합국 총사령부 각서(SCAPIN)의 내용은 다음과 같습니다.
>
> (1) SCAPIN 제677호
> (가) 1946(쇼와21)년 1월 연합국은 SCAPIN 제677호에 따라 일부 지역에 대하여 일본 정부가 정치 또는 행정상의 권력의 행사 및 행사를 꾀하는 일을 잠정적으로 정지하도록 지령하였습니다.
> (나) 제3항에는 '본 지령에서 가리키는 일본은 일본의 4대섬(홋카이도, 혼슈, 규슈, 시코쿠) 및 약 천 개에 근접하는 작은 섬을 포함하는 것으로 규정한다. 오른쪽으로 인접한 작은 섬으로는 쓰시마 및 북위30도 이북의 류큐(남서)제도를 포함하며, 또는 다음의 제도는 포함하지 않는다'로 되어 있는데, 일본이 정치 및 행정상의 권력을 행사할 수 있는 지역에 '포함되지 않는' 지역으로는 울릉도, 제주도, 이즈, 오가사와라 군도 등과 더불어 다케시마도 열거되었습니다.
> (다) 그러나, 제6항에는 '이 지령에 포함된 어떤 규정도 보츠담 선언 제8항에 언급된 최종적 결정에 관한 연합국의 정책을 나타내는 것으로 해석되어서는 안 된다'(포츠담 선언 제8항:'일본의 주권은 혼슈, 홋카이도, 규슈 및 시코쿠 및 우리가 결정하는 작은 섬들에 국한되는 것으로 정한다')라고 명확히 기술되어 있습니다.

(2) SCAPIN 제1033호

(가) 1946(쇼와21)년 6월 연합국은 소위 '맥아더 라인'을 규정하는 SCAPIN 제1033호에 따라 일본의 어업 및 포경허가구역을 결정하였습니다.

(나) 제3항에는 '일본선박 또는 그 승조원은 다케시마로부터 12마일 이내로는 접근해서는 안 되며, 또한 이 섬과의 어떠한 접촉도 허용되지 않는다'고 기록되어 있습니다.

(다) 그러나, 제5항에는 '이 허가는 해당 구역 또는 기타 어떤 구역에 관해서도 국가통치권, 국경선 및 어업권에 관한 최종적 결정에 관한 연합국의 정책 표명은 아니다'고도 명기되어 있습니다.

나. 비판

(1)은 "SCAPIN 제677호"의 내용을, (2)는 "SCAPIN 제1033호"의 내용을 각각 기술한 것으로 이는 비판의 대상이 아니다. (1)의 (다)와 (2)의 (다)에 관한 해석은 후술 제3항의 비판으로 미루기로 한다.

3. 제2차 세계대전 직후의 다케시마 제3항

가. 기술

제3항은 다음과 같이 기술하고 있다.

> 3. '맥아더 라인'은 1952(쇼와27)년 4월에 지령에 의해 폐지되었으며, 그로부터 3일 후인 4월 28일에는 평화조약이 발효됨에 따라 기존의 행정권 정지의 지령 등도 필연적으로 효력을 상실하게 되었습니다.
>
> 한국측은 SCAPIN에 의거하여 연합국은 다케시마를 일본의 영토로 인정하지 않았다고 주장하며, 이를 다케시마의 영유권이 한국에 있음을 주장하는 하나의 근거로 내세우고 있습니다. 그러나, 모든 SCAPIN에는 영토귀속의 최종적 결정에 관한 연합국 측의 정책을 나타내는 것으로 해석해서는 안 된다는 점이 명기되어 있으며, 따라서 그러한 지적은 전혀 타당하지 않다고 할 수 있습니다.
>
> 또한, 일본의 영토는 그 후 발효된 샌프란시스코 평화조약에 의해 확정되었습니다. 이를 볼 때도 동 조약이 발효되기 이전에 다케시마를 어떻게 다루었는가가 그 이후의 다케시마 귀속 문제에 영향을 주지 않는다는 점은 명확합니다.

나. 비판

(1) 지령의 효력 승인

상기 제3항에는 "평화조약이 발효됨에 따라 기존의 행정권 정지의 지령 등도 필연적으로 효력을 상실하게 되었습니다"라고 주장하고 있으나 이는 다음과 같은 이유로 부당하고 또한 성립될 수 없는 주장이다.

(ⅰ) "행정권 정지 지령"은 평화조약의 발효로 그 효력이 상실되었으나, "평화조약" 제19조 (d) 항의 규정에1) 의해 "평화조약" 효력발생 전의 행정권 정지 지령이 소급하여 효력을 상실하게 된 것이 아니다.

(ⅱ) 행정권 정지 지령의 효력상실은 "SCAPIN 제677호"와 무관한 것이며, 물론 "SCAPIN 제677호"의 효력은 "평화조약"의 발효로 효력을 상실하게 된 것이 아니다("평화조약" 제19조 (d) 항).

(ⅲ) "평화조약"의 발효로 "SCAPIN 제677호"가 효력을 상실하게 되었다는 주장을 "SCAPIN 제677호"로 명시하지 아니하고 애매하게 "지령 등"으로 표현·주장한 것은 외무성의 국제적·공식적 주장으로서 정당성과 명백성이 없다.

(2) 최종적 결정

상기 제3항에는 "…한국측은 SCAPIN에 의거하여 연합국은 다케시마를 일본의 영토로 지정하지 않았다고 주장하며, 이를 다케시마의 영유권이 한국에 있음을 주장하는 하나의 근거로 내세우고 있습니다. 그러나 모든 SCAPIN에는 영토귀속의 최종적 결정에 관한 연합국 측의 정책을 나타내는 것으로 해석해서는 안 된다는 점이 명기되어 있으며,

---

1) 제19조 (d)항 : "일본은 점령기간 중에 점령당국의 지령에 의거하거나 또는 그 결과로서 행하여 진 또는 당시의 일본의 법률에 의하여 허가된 모든 작위 부작위의 효력을 승인하며 …"

따라서 그러한 지적은 전혀 타당하지 않다고 할 수 있습니다"라고 주
장되어 있으나,

(ⅰ) "SCAPIN 제677호" 제6항의 "…최종적 결정에 관한 연합국 측
의 정책을 나타내는 것으로 해석해서는 아니된다"라는 의미는 연합국
측은 추후의 SCAPIN으로 "SCAPIN 제677호"의 내용을 수정할 가능성
을 표시한 것이며,2) (ⅱ) 또한 추후의 SCAPIN으로 "SCAPIN 제677
호"의 내용을 수정한 바 없다

그러므로 상기 주장은 성립의 여지가 없는 부당한 주장이다.

(3) 평화조약 이전의 다케시마 귀속

상기 제3항에는 "일본의 영토는 그 후 발효된 샌프란시스코 평화조
약에 의해 확정되었습니다. 이를 볼 때도 동 조약이 발효되기 이전에
다케시마를 어떻게 다루었는가가 그 후의 다케시마 귀속문제에 영향을
주지 않는다는 점은 명확합니다"라고 주장되어 있다.

"대일 평화조약" 제2조 (a) 항에는 독도가 일본의 영토로도 한국의
영토로도 명시적으로 규정되어 있지 아니했다. 평화조약에 규정되지
아니한 사항은 그 평화조약 체결 당시의 현상(status quo)대로 인정하
는 효력이 인정된다. 이를 현상유보의 원칙(principle of uti possidetis)
이라 한다.3) 동 원칙은 평화조약에만 적용되는 것이 아니라 식민통치

---

2) The Korean Ministry of Foreign Affairs, Note Verbale of the Korean
   Government dated January 7, 1959, "The Korean Government's
   Views", para. Ⅵ.
3) Frank Wooldridge, "Uti Possidetis Doctrine," *EPIL*, Vol.10, 1987,
   p.519

로 부터의 독립에도 발전적으로 적용되게 되었다.4) 동 원칙은 법의 일반원칙(general principle of law)으로 국제판례와5) 통설6)에 의해 일반적으로 승인되어 있다.

동 원칙을 "대일 평화조약"에 적용해 볼 때 독도의 영유권에 관해 평화조약 제2조 (a) 항에 규정이 없으므로 동 평화조약 체결 당시의 현상대로, 즉 "SCAPIN 제677호"의 규정에 따라 독도는 한국의 영토인 현상대로, 독도는 한국의 영토 그대로 효력이 인정되는 것이다.

동 원칙을 "한국의 독립"(대일평화조약 제2조)7)에 적용해도 그 결과는 동일하다.

요컨대, "SCAPIN 제677호"의 규정 자체에 의해 독도가 한국의 영토라는 것이 우리의 주장이 아니라, "평화조약"에 독도의 영유권에 관해

---

4) Malcolm N. Shaw, "The Heritage of States : the Principle of Uti Possidetis Juris Today," *BYIL,* Vol.67, 1996, pp.97-99.
5) ICJ, *Reports,* 1959, p.240 ; ICJ, *Reports,* 1986, p.554 ; ICJ, *Reports,* 1992, p.635.
6) A. D. Cukwurah, *The settlement of the Boundary Disputes in International Law*(Manchester : Mancherster University Press, 1967), p.112 ; J.G. Starke, *Introduction to International Law,* 9th ed.(London : Butterworth, 1984), p.545 ; Wooldege, *supra* n. 3, p.519 ; Shaw, *supra* n.4, p.97.G. Schwarzenberger and E. D. Brown, *A Manual of International Law,* 6th ed. (Milton : Professional Books, 1976), p.174 ; H. Ott, *Public International Law in the Modern World*(London : Pitman, 1987), p.109 ; Robert Jennings and Arthur Watts (eds.), *Oppenheim's International Law,* Vol.1, 9th ed. (London : Longman, 1992), p.670 ; B.J. Scott, "The Swiss Decision in the Boundary Dispute between Colombia and Venezuela," *AJIL,* Vol.16, 1922, p.428.
7) "대일 평화조약" 제2조 (a)항은 "일본은 한국의 독립을 승인하고 …"라고 규정하고 있다.

명시적 규정이 없으므로 "*uti Possidelis*의 원칙"에 따라 독도는 "SCAPIN 제677호"에 의해 한국의 영토로 규정되었으므로, 독도는 한국의 영토라는 것이다.

VI. 샌프란시스코 평화조약에서의 다케시마 문제

1. 샌프란시스코 평화조약에서의 다케시마 문제 제1항

가. 기술

제1항은 다음과 같이 기술하고 있다.

> 1951(쇼와26)년 9월 서명된 샌프란시스코 평화조약은 조선의 독립에 관한 일본의 승인을 규정함과 동시에 일본이 포기해야 하는 지역으로 '제주도, 거문도 및 울릉도를 포함한 조선'이라고 규정하였습니다.

나. 비판

이 기술은 사실관계의 서술에 불과하며, 기술된 사실관계의 내용에 허위 또는 과장이 포함되어 있지 아니하므로, 이는 비판의 대상이 아니다.

2. 샌프란시스코 평화조약에서의 다케시마 문제 제2항

가. 기술

제2항은 다음과 같이 규정하고 있다.

이 부분에 관한 영미 양국의 초안내용을 알게 된 한국은 같은
해 7월 양 주미한국대사가 애치슨 미 국무장관에게 서신을
제출하였습니다. 그 내용은 "우리 정부는 제2조 a항의
'포기하다'에 해당하는 말을 '일본이 조선 및 제주도, 거문도,
울릉도, 독도 및 파랑도를 포함하는 일본이 조선을 병합하기
전에 조선의 일부였던 섬들에 대한 모든 권리, 권한 및 청구권을
1945년 8월 9일 포기하는 것을 확인한다.'로 변경해 줄 것을
요망한다."는 것이었습니다.

나. 비판

이 기술도 상기 제1항의 기술과 같이 사실관계의 서술에 불과하며,
기술된 사실관계의 내용에 허위 또는 과장이 포함되어 있지 아니하므
로, 이는 비판의 대상이 아니다.

3. 샌프란시스코 평화조약에서의 다케시마 문제 제3항

가. 기술

제3항은 다음과 같이 기술하고 있다.

> 이러한 한국측의 의견서에 대하여 미국은 같은 해 8월 러스크 극동담당 국무차관보를 통해 양 대사의 서신에 대하여 다음과 같은 회신을 보내어 한국측의 주장을 명확히 부정하였습니다.
>
> '…미합중국 정부는 1945년 8월 9일 일본이 보츠담 선언을 수락한 사실이 그 선언에서 언급한 지역에 대한 일본의 정식 또는 최종적인 주권 포기를 구성하는 것이라는 이론을 (샌프란시스코 평화)조약이 반영해야 한다고는 생각하지 않는다. 독도, 또는 다케시마 혹은 리앙코르 바위로 알려진 섬에 관해서 말하자면, 통상 사람이 살지 않는 이 바위섬은 우리가 아는 바에 의하면 조선의 일부로 취급된 적이 결코 없었으며, 1905년경부터 일본의 시마네현 오키섬 지청의 관할 하에 있다. 이 섬은 예부터 조선이 영유권을 주장해 왔다고는 볼 수 없다…'
>
> 이상의 문서교환으로부터도 알 수 있듯이 다케시마가 일본의 영토임이 인정되어 왔음은 명백한 사실입니다.

나. 비판

(1) 일본의 기망행위에 의해 작성된 조약의 준비작업 원용 부당성

상기 제3항에는 "다음과 같은 회신을 보내어 한국측의 주장을 명확히 부정하였습니다"라고 기술되어 있다. 이는 "대일평화조약" 제2조 (a) 항에 독도가 일본의 영토로 명시적으로 규정되어 있지 아니하나 동 답변서(이하 "미국무부 답변서"라 한다)에 의해 독도가 일본의 영토로 해석된다는 주장이다.

제3항이 1951년 7월 9일의 양유찬 주미대사의 미국무부장관 앞 공한에 대한 동년 8월 9일의 "미국무부 답변서"를 인용하고 있는 것은 동 답변서를 "대일평화조약" 제2조 (a) 항의 "일본은 한국의 독립을 승인하고, 제주도, 거문도 및 울릉도를 포함하는 한국에 대한 모든 권리, 권원 및 청구권을 포기하다"라는 규정의 해석의 보충적 수단 (supplementary means of interpretation)에 의한 해석을 주장한 것이다.

(i) 해석의 보충적 수단이란 "조약의 문맥에 한정된 해석 (interpretating limited to the context of the treaty), 즉 통상적 해석 (normal interpretation)이 모순된 경우에 의존할 수 있는 조약의 외부적 자료(extrinsic materials)"를 뜻하며,[1] 이에는 "조약의 준비작업"(traraux prepatoires of the treaty)과 "조약의 체결사정"(circumstances of treaty conclusion)이 포함된다.[2]

---

1) J.G. Starke, *Introduction to International Law,* 9th ed.(London : Butterworth, 1984), p.458.
2) Gerald G. Fitzmaurice, "The Law and Procedure of the International Court of Justice : Treaty Interpretation and Certain other Treaty Points," *BYIL,* Vol.28. 1951, pp.10-12, 14-17, 22-25 ; Starke, *supra* n.1, p.458 ; Peter Malanczuk(ed.), *Akehurst's Modern Introduction to International Law,* 7th ed. (London ; Routledge, 1987), p.366 ; Robert Jennings and Arthur Watt(eds.), *Oppenheim's Infernafional Law,* Vol.1, 9th ed. (London : Longman, 1992), pp.1277-82 ; Ian Sinclair, *A Vienna Convention on the Law of Treaties,* 2nd ed. (Manchester : Manchester University Press, 1984), p.141.

해석의 보충적 수단에 의한 해석은 학설,3) 국제, 판례4) 그리고 국제 협약에 의해 인정되어 있다. 특히 "조약법에 관한 비엔나 협약"(the Vienna Convention on the Law of Treaties, 이하 "조약법 협약"이라 한다)은 "제31조의 적용으로 부터 나오는 의미를 확인하기 위하여, 또는 의미를 결정하기 위하여 … 조약의 준비작업 및 조약체결의 사정을 포함하는 해석의 보충적 수단에 의존할 수 있다"라고 규정하여(제32조) 해석의 보충적 수단에 의한 해석을 명문으로 인정하고 있다.

따라서 제3항이 상기 "미국무부 답변서"를 인용하고 있는 것은 "대일강화조약" 제2조 (a) 항의 해석에 관해 학설, 국제판례, 그리고 "조약법 협약"이 인정한 해석의 보충적 수단에 의한 해석을 주장한 것으로, 이는 타당한 주장으로 본다.

(ⅱ) 그러나 해석의 보충적 수단인 "조약의 준비작업"은 조약체결의 역사적 사실(historical fact)로,5) 이에는 준비초안, 회의록, 교섭기록,

---

3) Fitzmaurice, *supra* n.2, p.206 ; Sinclair, *supra* n.2, p.141 ; Jennings and Watts, *supra* n.2, p.1276 ; Malcolm N. Shaw, *International Law,* 4th ed.(Canibridge : Cambridge University Pres, 1997), p.657; Mark W. Janis, *An Introduction to International Law*(Boston : Little Brown, 1988), p.27 ; T.O. Elias, *The Modern Law of Treaties*(Leiden ; Sijthoff, 1974), p.180, Starke, *supra* n.1, p.458.

4) Case *concerning the Competence of the to Regulate Agricultural Labor*(PCIJ, *Series A,* No.10, 1927, pp.16~17 ; Case *concerning the Jurisdiction of European Commission of the Danube*(PCIJ, *Series B,* No.14, 1927, p.32) ; Case *Relative to the Treatment of Polish Nationals in Danzig*(PCIJ, *Series A/B,* No.44, 1932 ; p.33 ; *Light House* Case(PCIJ, *Series A/B,* No.62, 1934), p.13 ; Case *of Reservation to the Genocide Convention*(ICJ, *Reports,* 1951) p.22; *Iranian* Oil Case(ICJ, *Reports,* 1952), pp.117-18 ; *Western Sahara* Case(ICJ, *Reports,* 1975), p.31.

공식성명 등이 포함되므로,[6] "대일평화조약" 제2조 (a) 항에 관한 "조약의 준비작업"은 상기 "미국무부 답변서"에 한하는 것이 아니라 "제1차 미국초안"(1947.3.20) 제4조, "제2차 미국초안"(1947.8.5) 제4조, "제3차 미국초안"(1948.1.2) 제4조, "제4차 미국초안"(1949.10.13) 제4조, "제5차 미국초안"(1949.11.2) 제6조, "제1차 영국초안"(1951.2.28) 첨부지도, "제2차 영국초안"(1951.3.12) 첨부지도, "제3차 영국초안"(1951.4.7) 첨부지도 등이 있고, 이들 조약의 준비 작업은 독도를 한국의 영토로 명시적으로 규정하고 있으므로, 제3항의 "미국무부 답변서"만을 인용하여 독도가 일본의 영토라고 해석하는 것은 명백히 부당한 주장이다.

(iii) "미국무부 답변서"에는 진실에 반하는 허위의 사실이 다수 포함되어 있으며, 이들 허위의 사실은 일본의 기망행위(fraud)와 이에 의한 미국의 피기망행위(착오, 오판, error)에 의한 것이어서 동 "미국무부 답변서"는 "조약의 준비작업"의 하나로 해석의 보충적 수단으로 원용될 수 없는 것이다. 그 근거는 다음과 같다.

첫째로, "미국무부 답변서"는 다음과 같이 일본의 기망행위에 의해 작성된 것이다.

① "미국무부 답변서"에 "우리의 정보에 의하면"이라는 표현 앞에 "일본이 제공한"이라는 명시적 표현은 없으나 "우리의 정보에 의하면" 다음에 제시된 "조선의 일부로 취급된 적이 결코 없으며", "1905년경부터 일본의 시마네현 오키도지청의 관할하에 있다", "일찍이 조선에 의

---

5) Georg Schwarzenberg, *Iuternational Law*, Vol. 1, 3rd ed.(London ; Stevens, 1957), p.514.
6) Jennings and Watts, *supra* n.2, pp.127-78 ; Sinclair *supra* n.2, p.143 ; Starke, *supra* n.1, p.458.

해 영유권 주장이 이루어졌다고 볼 수 없다'라는 등의 제 사실이 모두 일본에 유리한 사실이므로, 이는 "일본이 제공한" "우리의 정보에 의하면"을 묵시적으로 표시한 것으로, 객관적으로 인정함에 아무런 무리가 없다.

② 상기 ①에서 제시된 일본에 유리한 제 사실들이 모두 허위의 사실이므로, 이는 일본의 기망행위에 의한 것이 명백하다.

둘째로, "미국무부 답변서"는 다음과 같이 미국의 피기망행위(착오, 오판)에 의해 각성된 것이다.

① "조선의 일부로 취급된 적이 결코 없으며"는 512년(지증왕 13년) 이래 한국의 영토로 한국이 관할하여 왔고, 특히 1946년 1월 29일의 "연합국최고사령관 훈령 제677호"에 의해 한국의 영토로 명백히 취급되어 온 사실에 반하는 허위의 사실로, 이는 일본의 기망행위에 의한 미국의 오판의 증거이다.

② "1905년경부터 일본의 시마네현 오키도지청의 관할하에 있다"는 "시마네현 고시 제40호"가 국제법상 위법·무효인 것임을 은폐하기 위한 허위의 사실로 이도 일본의 기망행위에 의한 미국의 오판의 증거이다.

③ "이 섬은 일찍이 조선에 의해 영유권 주장이 이루어졌다고 볼 수 없다'도 512년(지증왕 13년)이래 한국이 관할하여 온 엄연한 역사적 사실에 반하는 사실을 날조한 것으로 이도 일본의 기망행위에 의한 미국의 오판의 명백한 증거이다.

셋째로, "미국무부 답변서"는 일본과 미국과의 관계에서 볼 때 일본의 기망행위와 미국의 착오로 작성된 것이므로 동 "미국무부답변서"는

일본과 미국과의 관계에서 무효이다.7)

따라서 제3항의 주장은 무효인 문서를 근거로 한 것이므로, 이는 국제법상 성립될 수 없는 부당한 주장임이 명백하다.

(iv) 진술한 바와 같이 조약의 해석의 보충적 수단에는 "조약의 준비 작업" 뿐만 아니라 "조약의 체결사정"이 포함된다.8) "조약의 체결사정"이란 조약이 교섭된 때에 존재한 사태(situation existing at the time of treaty was negotiated)를 의미한다.9) "조약의 체결사정"에는 당사자의 경제적, 정치적 및 사회적 조건(economic, political and social conditions),10) 그 시간에 있었던 사태(situation as it was that time),11) 역사적 문맥(historical context),12) 사태와 우연성(situation and contingencies)13) 등이 포함된다.

"대일평화조약" 제2조 (a)항의 해석을 위한 보조적 수단인 "조약의 체결사정"으로 일반적 체결사정과 특수적 체결사정을 고려해 볼 수 있다.

첫째로, 일반적 체결사정은 다음과 같다.

---

7) "조약법에 관한 비엔나 협약" 제49조(기망) 및 제48조(착오)의 "미국무부 답변서"에의 유추적용.
동 협약은 국제관습법을 성문화한 것이므로(Shabtai Rosenne, "Vienna Convention on the Law of Treaties," *EPIL*, Vol.7, 1984, p.528) 미국과 일본이 "미국무부 답변서"를 작성할 당시인 1951년에 동 협약의 당사자가 아니었다는 문제, 동 협약 발효 이전의 사항에 소급적용할 수 없다는 문제 등은 고려불요.
8) See *supra* n,2.
9) Sinclair, *supra* n.2, p.141.
10) *Ibid.*
11) *The South West Africa* Case ; ICJ, *Reports,* 1966, para.16.
12) *Right of U.S. Nationals in Morocco* Case : ICJ, *Reprts,* 1952, p.189.
13) *Certain Expenses of the United Nations* ; ICJ, *Reports* 1962, p.186.

① 한국은 동 조약의 체약당사자가 아니었으므로, 동 조약의 체결·교섭과정에 능동적으로 참여할 수 없었다.[14]

② 한국은 전쟁 중이어서 동 조약의 체결·교섭과정에 적극적으로 참여할 외교적 역량이 없었다.

③ 한국은 미국을 통해 동 조약의 체결·교섭과정에 간접적으로 참여할 수 있었을 뿐이다.

④ 일본은 동 조약의 체약 당사자로서, 동 조약의 체결·교섭 과정에 능동적으로 참여할 수 있었다.

⑤ 일본은 한국 전쟁의 반발로 동아시아에서 그 역할이 증대되어 대연합국, 특히 대미 영향력이 증대되어 동 조약의 체결·교섭과정에 외교적 역량을 발휘할 수 있었다.

⑥ 미국은 동 조약의 체약당사자가 아닌 한국의 의사보다 동 조약의 체약당사자인 일본의 의사를 고려했다.

⑦ 한국은 독도의 영유국이지만 동 조약의 체약 당사자가 아니었고, 일본과 미국은 독도의 영유국이 아니지만 동 조약의 체약당사자였다.

둘째로, 특수적 체결사정은 다음과 같다.

① 일본은 일본에 주재하고 있는 미국의 대일정치고문 시볼트(William J. Sebald)를 Tokyo에서 쉽게 접촉하여 대일평화조약 안에 대한 교섭을 할 수 있었다.

② 미국은 독도가 한국의 고유영토라는 사실을 잘 모르고 있었다.

③ 상기 이유로 일본은 독도의 영유권이 "시마네현 고시 제40호"에 의

---

14) 특히 시볼트가 1949년 11월 19일 "독도귀속 수정건의서"를 연합군최고사령부에 제출할 수 있었던 사정

해 일본이 선점한 영토라고 미국을 쉽게 기망 설득할 수 있었다.

④ 미국이 독도에 기상레이다 관측소를 설치하려는 미국의 안보적 고려와 일본이 독도에 미공군은 유치하려는 일본의 안보적 고려는 쉽게 합치될 수 있었다.

⑤ 대일평화조약 초안은 미국이 주도적으로 작성했으나 이에 대한 영국과 오스트레일리아의 세력이 균형을 이루어 독도는 일본의 영토로도 한국의 영토로도 규정하지 아니하는 타협안이 "대일평화조약" 제2조에 규정되게 되었다.

이러한 "조약의 체결사정"을 고려하지 아니하고, "조약의 준비절차" 중 하나인 "미국무부 답변서"만을 원용한 제3항의 주장은 객관성·공정성을 결한 것으로, 국제법상 성립의 여지가 없는 부당한 주장이다.

따라서 제3항이 "다음과 같이 회신을 보내어 한국측의 주장을 명확히 부정 하였습니다"라고 기술하여 "대일평화조약" 제2조의 해석의 보충적 수단으로 "조약의 체결 사정"을 전혀 고려하지 아니하고, "미국무부 답변서"만을 원용하여 독도가 한국의 영토가 아니라는 주장은 객관성·공정성을 결한 국제법상 성립될 수 없는 부당한 주장이다.

(2) 변경 전의 미국의 의사 원용 부당성

상기 제3항에는 "… 이상의 문서교환으로부터도 알 수 있듯이 다케시마가 일본의 영토임이 인정되어 왔음은 명백한 사실입니다"라고 기술되어 있다. 이에는 다케시마를 일본의 영토로 긍정하고 있는 "주체"가 명시되어 있지 아니하나, 그것은 당연히 "미국"으로 보여지며, "시기"도 명시되어 있지 아니하나, 그것은 당연히 "미국무부 답변서"가 작성된 1951년 9월 8일로 보여진다.

"미국무부 답변서"가 유효한 "조약의 준비작업"으로 조약의 해석의 보조적 수단으로 원용될 수 있다할지라도 다음과 같은 이유에서 부당한 원용이다.

(ⅰ) "대일평화조약" 제2조 (a) 항에 독도를 일본의 영토로 규정하지 아니한 것은 한국정부의 주장(1951년 7월 9일 양유찬대사의 공한)을 수용하여 독도를 일본의 영토로 보지 아니한 것이다.

(ⅱ) "미국무부 답변서" 이후 미국의 공식적인 의사는 독도를 한국의 영토로 보는 것이었다. 그 공식적 의사는 다음과 같다.

① 1952년 9월 15일 미국극동공군이 독도를 폭격하는 사건에 대한 동년 11월 10일 한국정부의 항의에 관련하여, 동년 12월 4일 독도를 폭격연습기지를 사용을 해제한다는 내용의 미국정부의 답변공한15)

② 1953년 3월 23일 미태평양공군사령부(U.S. Pacific Air Force Command)가 한국의 방위를 위해 독도의 상공을 포함하는 한국방공식별구역(Kored Air Defence Identification Zone : KADIZ)의 설치16)

따라서 상기 제3항의 "… 다케시마가 일본의 영토임이 인정되어 왔음은 명백한 사실입니다"라는 기술의 주장은 1952년 이후에는 성립의 여지가 없는 부당한 주장이다.

---

15) American Embassy's Note Verbale No.187 dated December 4, 1952 ; 외무부, 「독도문제 개요」, 외교문제총서 제11호(서울 : 외무부 정무국, 1955), 부록 6.
16) Sung Hwan Shin, "Legal Aspects for the Peaceful Use of East Airspace," Conference on the World Air and Space Law, Seoul, Jane 1997, p.209.

4. 샌프란시스코 평화조약에서의 다케시마 문제 제4항

가. 기술

제4항은 다음과 같이 기술하고 있다.

> 또한 밴플리트 대사의 귀국보고에서도 다케시마는 일본 영토이며, 샌프란시스코 평화조약에 따라 포기한 섬들에는 포함되지 않는다는 것이 미국 측의 결론임이 기록되어 있습니다.

나. 비판

위에 인용된 밴 프리트 대사의 귀국보고서는 미국정부의 대내적 문서에 불과한 것으로, 이는 미국정부의 한국정부에 대한, 또는 일본정부에 대한 국제적 법률행위가 아니므로, 동 문서는 국제법상 법률행위로서 부존재인 것이다.[17]

따라서 제4항이 "… 다케시마는 일본의 영토이며, 샌프란시스코 평

---

17) "국제사법재판소 규칙"(Rules of the International Court of Justice)은 "모든 소송서류의 원본에는 그 서류에 기재된 주장을 뒷받침하기 위하여 인용된 모든 관련서류(any relevant documeuts)의 사본을 첨부하여야 한다"라고 규정하고 있다(제50조). 이에 따라 위의 제사실은 증명하기 위해 증거서류(documentery evidence)가 부속되게 된다(H. W. A. Thirlway, "Eevidence before International Courts and Tribunals," *EPIL*, Vol.1, 1981, p.184).
"… 다케시마는 일본의 영토이며 …"라는 주장(상기 제4항)을 뒷받침하기 위하여 동 귀국보고서를 부속시켰을 경우 동 보고서가 독도는 일본의 영토라는 사실을 입증할 수 있는 증거가치(증명력)는 거의 인정될 수 없다고 본다.

화조약에 따라 포기한 섬들에는 포함되지 않는다는 것이 미국측의 결론임이 기록되어 있습니다"라고 기술하여, 독도가 일본의 영토라고 주장하는 것은 부존재를 근거로 한 것으로, 국제법상 성립의 여지가 없는 부당한 주장이다.

Ⅶ. 미군 폭격훈련 구역으로서의 다케시마

1. 미군 폭격훈련 구역으로서의 다케시마 제1항

가. 기술

제1항은 다음과 같이 기술하고 있다.

> 일본이 아직 연합국의 점령하에 있을 때인 1951(쇼와26)년 7월 연합국 총사령부는 연합국 총사령부 각서(SCAPIN) 제2160호에 따라 다케시마를 미군의 해상폭격훈련구역으로 지정하였습니다.

나. 비판

이 기술은 사실관계의 서술에 불과하며, 기술된 사실관계에 허위 또는 과장된 내용이 포함되어 있지 아니하므로, 이는 비판의 대상이 아니다.

2. 미군 폭격훈련 구역으로서의 다케시마 제2항

가. 기술

제2항은 다음과 같이 기술하고 있다.

> 샌프란시스코 평화조약 발효 직후인 1952(쇼와27)년 7월 미군이 계속하여 다케시마를 훈련구역으로 사용하기를 희망하자 일미 행정협정(주:구 일미안보조약에 근거한 것으로, 현재의 '일미지위협정'으로 이어짐)에 근거하여 동 협정의 실시에 관한 일미간의 협의기관으로 설립된 합동위원회는 재일미군이 사용하는 폭격훈련구역의 하나로 다케시마를 지정함과 동시에 외무성에 그 취지를 알렸습니다.

나. 비판

이 제2항의 기술은, 다음 제3항의 기술에 의해 부연되고 재주장되어, 제2항과 제3항이 각각 독자적 의미를 갖는 별개의 기술로 보여지지 아니하므로, 제2항에 대한 비판은 다음의 제3항에 대한 비판으로 미루기로 한다.

3. 미군 폭격훈련 구역으로서의 다케시마 제3항

가. 기술

제3항은 다음과 같이 기술하고 있다.

> 그러나 다케시마 주변 해역의 강치 포획 및 전복과 미역 채취를 원하는 지역 주민들의 강한 요청이 있었으며, 미군 역시 같은 해 겨울 다케시마를 폭격훈련구역으로 사용하기를 중지하였기 때문에 1953(쇼와28)년 3월 합동위원회는 이 섬을 폭격훈련구역으로부터 해제할 것을 결정하였습니다.

나. 비판

(1) 주민의 강한 요청

(i) "주민들의 강한 요청"이 있었다는 사실에 대한 근거의 제시가 없으므로, 이 사실을 인정할 수 없다. (ii) "주민들의 강한 요청"이 있었다는 사실을 인정한다 할지라도, 이는 일본의 독도에 대한 주권의 현시로 인정될 수 없음은 명백하다. "주민들의 강한 요청"은 사인의 행위로, 그 자체 국제법상 국가의 행위로 인정될 수 없기 때문이다. (iii) "주민들의 요청"에 따라 일본정부당국이 어떠한 조치를 취했다면 이는 일본의 독도에 대한 실효적 지배로 인정될 수 있으나, 제3항에는 어디에도 이에 관한 언급이 없다. 그러므로 "주민들의 요청"이 있었다는 사실이 진실이라 할지라도 이는 무의미한 기술이다.

(2) 미군의 폭격훈련 구역 사용중지

(ⅰ) 미군의 폭격훈련 구역 사용중지는 한국외무부의 1952년 11월 10일의 미군당국에 대한 항의에 근거한 것이므로, 이는 미국이 독도를 한국의 영토로 본 것이며, 결코 일본의 영토로 본 근거로는 될 수 없음은 명백하다. 그러므로 미국이 독도를 일본의 영토로 보았다고 주장하면서 미군의 독도 폭격훈련구역 사용중지의 사실을 제시하는 것은 과오라 아니할 수 없다. (ⅱ) 만일 "주민들의 강한 요청"에 근거하여 미군이 폭격훈련구역사용 중지의 결정을 한 것이라고 주장하기 위해서는 "주민들의 강한 요청"에 따라 일본 정부 당국이 미군당국에 어떤 조치를 취하여야 하는 바, 제3항 어디에도 이에 관한 언급이 없다.

(3) 합동위원회의 결정

(ⅰ) 합동위원회의 결정이 중요한 것이 아니다. 미군의 결정이 중요한 것이다. 즉, 합동위원회에서 일본이 독도를 일본의 영토로 보았다는 것을 일본이 주장하려는 것이 아니라, 미국이 합동위원회에서 독도를 일본의 영토로 보았다는 것을 주장하려는 것이라면, 합동위원회의 결정을 거론할 필요가 없는 것이다. 따라서 "미군이 … 사용하기를 중지하였기 때문에 …"라고 주장하면서, 합동위원회 운운하는 것은 불필요한 사족이다.

(ⅱ) "주민들의 강한 요청"에 따라 합동위원회에서 결정되었다는 사실을 주장하기 위해 합동위원회 운운하는 것도 불합리한 것임은 "주민들의 강한 요청"은 일본의 국가의 의사로 인정될 수 없기 때문인 것은 전술한 바와 같다.

(ⅲ) 여하간 합동위원회에서 미국이 독도 폭격훈련구역사용중지 결정을 한 것은 1952년 11월 10일의 한국외무부의 항의에 근거한 것이므로, 동 위원회의 결정을 통해 미국은 독도를 한국의 영토로 본 것이다.

"다케시마 10포인트" 중 제8포인트에 없었던 제3항을 새로 추가한 일본외무성의 의도는 "주민들의 강한 요청"을 합동위원회에서 미군이 수용하였다는 사실을 제시하고, 이 사실에 근거하여 미군이 독도를 일본의 영토로 보았다는 주장을 해보려 시도된 것으로 보이나, 이는 "주민들의 강한 요청"에 따라 합동위원회에서 미군이 이를 수용했다는 사실의 입증이 없고, "주민들의 강한 요청", 즉 사인의 행위를 국가기관의 행위로 전환하는 법리 정립의 흠결로 미숙의 시도로 밖에 볼 수 없다.

4. 미군 폭격훈련 구역으로서의 다케시마 제4항

가. 기술

제4항은 다음과 같이 기술하고 있다.

일미행정협정에 따르면 합동위원회는 '일본 국내 시설 및 구역을 결정하는 협의기관으로서의 임무를 수행'하는 것으로 되어 있습니다. 따라서 다케시마가 합동위원회에서 협의된 후 재일미군이 사용하는 구역으로 결정되었다는 사실은 다시 말하자면 다케시마가 일본의 영토임을 보여주는 사실이라고도 할 수 있습니다.

나. 비판

상기 제4항에는 "일본의 영토임을 보여주는 사실이라고도 할 수 있습니다."라고 기술되어 있습니다. 여기 보여주는 "주체"가 미국인지 일본인지, 또는 미국과 일본인지 명백하지 아니하고, 또 "보여준다"는 의미가 "실효적 지배를 하고 있음"을 보여 준다는 뜻인지, 또는 "해석하고 있음"을 보여준다는 의미인지 명백하지 아니하다. 그러나 이를 (i)일본이 독도를 실효적으로 지배하고 있다(영토주권의 현시)는 주장, 그리고 (ii) 미국이 독도를 일본의 영토로 해석하고 있다는 주장으로 보고, 각각에 대해 비판하기로 한다.

(1) 일본의 독도에 대한 영토주권의 현시 불성립

상기 제4항에는 "합동위원회에서 협의된 후 … 결정되었다"라고 기술되어 있다. 이 기술 중 일본이 합동위원회에서 "협의"하고 "결정"한 행위는 영토주권의 현시 요건 중 (ⅰ) 일본의 국가기관이 합동위원회에 참여하였으므로, 이는 "국가기관의 행위일 것"[1]이라는 요건을 충족한 것이고, (ⅱ) 또한 일본의 외무성이 이를 고시했으므로("미군 폭격훈련 구역으로서의 다케시마" 제2항) "공연적 행위일 것"[2]이라는 요건을 충족한 것으로 볼 수 있다. 그러나 일본 외무성의 고시에 대해 한국외무부가 1952년 11월 10일 항의했으므로[3] 이는 "관계국의 항의가 없는 것"[4]이라는 요건을 구비하지 못한 것이다. 그러므로 일본이 합동위원회에서 "협의" "결정"한 행위는 일본의 독도에 대한 영토주권의 현시 효과는 발생하지 아니한다.

따라서 상기 제4항의 "… 다케시마가 일본의 영토임을 보여주는 사실이라고 할 수 있습니다"는 기술을 통해 일본이 독도에 대한 영토주권의 현시를 근거로 하는 독도가 일본의 영토라는 주장은 국제법상 성립의 여지가 없는 부당한 주장이다.

(2) 미국의 독도에 대한 일본 영유권의 인정 불성립

상기 제4항에는 "합동위원회에서 협의된 후 … 결정되었다"고 기술

---

1) See *supra* n.4(in Ⅳ)
2) See *supra* n.5(in Ⅳ)
3) Korean Ministry's Note Verbale to the American Embassy dated November 10, 1952 ; 외무부, 「독도문제 개론」, 외교문제 총서 제11호 (서울 : 외무부 정무국, 1955), 부록5.
4) See *supra* n.7(in Ⅳ)

되어 있다. 이 기술 중 미국이 합동위원회에서 "협의"하고 "결정"한 행위가 (ⅰ) 미국에 의한 일본의 독도영토주권의 승인이라는 주장도, (ⅱ) 미국에 의한 독도가 일본의 영토라는 "대일평화조약" 제2조 (a) 항의 해석이라는 주장도,5) 모두 성립의 여지가 없다. 그 이유는 다음과 같다.

(가) 한국의 항의에 의한 폭격연습기지 해제・중단

(ⅰ) 1952년 9월 15일의 미극동공군소속 폭격기의 독도에 대한 연습폭격에 관해 동년 11월 10일 한국외무부의 주한미대사에 대한 항의서한에6) 관해 동년 12월 4일 주한미대사는 신속히 독도를 폭격연습기지에서 해제할 것이라는 회신을7) 한국외무부에 보내왔고, (ⅱ) 동 11월 10일 한국외무부의 항의에 대해 1953년 1월 20일 한국통신지역본부 사령관은 국제연합군총사령관이 폭격연습기지로 독도의 사용을 즉각 중단하는 필요한 조치를 취할 것을 모든 관계 지휘관에게 하달했다는 내용의 공한을8) 보내왔다.

요컨대, 미 공군에 의한 폭격 연습기지로 독도의 사용에 대한 한국정부의 공식적 항의에 대해 미국정부당국과 미국 군당국은 한국의 독

---

5) 합동위원회에서의 "협의" "결정" 행위는 "대일평화조약"이 1951년 9월 8일 서명된 이후의 행위이므로, 이를 "대일평화조약" 제2조 (a) 항의 해석의 보충적 수단(supplementary means of interpretation)인 조약의 준비작업 (*travaux prepatoires* of the treaty)이 될 수 없다.
6) See *supra* n.3.
7) American Embasy's Note Verbale No.187 dated December 4, 1952 ; 외무부, 전주3, 부록6.
8) Thomas W. Herren's Letter dated January 20, 1953 ; 외무부, 전주3, 부록7.

도영유권에 근거한 항의를 수용하여 독도의 사용을 해제·중단하였으므로,9) 미일합동위원회에서의 독도의 폭격연습기지로의 사용에 관한 미국의 "협의", "결정" 행위는 미국에 의한 일본의 독도 영토주권의 승인으로도, "대일평화조약" 제2조 (a) 항의 규정상 독도는 일본의 영토라는 해석으로도 인정될 수 없다.

(나) 한국의 항의에 의한 해석의 배제

조약의 일방당사국의 행위·주장·실행에 대한 묵인은 조약을 그러한 행위·주장·실행의 내용에 따른 해석을 인정하는 증거가 된다.10) 따라서 항의는 이러한 묵인의 효과를 배제하는 효력이 있다.11)

따라서 1952년 9월 15일의 미 극동공군 소속 폭격기의 독도에 대한 연습폭격에 대한 동년 11월 10일 한국외무부의 주한 미대사에 대한 항의는12) 미국이 독도를 일본의 영토로 보는 해석을 배제하는 효과가 있다. 그러므로 미국에 의한 독도에 대한 연습폭격(행위 또는 시행)에 대한 한국의 항의는 미국이 독도를 일본의 영토로 보는 "대일평화조약" 제2조 (a) 항의 해석을 인정하는 것을 배제하는 효과가 있는 것이다.

(다) 미국에 의한 한국의 영토주권 승인

상기 한국정부의 1952년 11월 10일의 항의가 있은 후 1953년 3월 23

---

9) 이 "면제" "중단" 조치는 하자를 이유로 한 "취소"이든 사정변경을 이유로 한 "철회"이든 선행행위의 "변경"임에는 틀림이 없다.

10) J.C. Macgibbon, "The Scope of Acquiescence in International Law," *BYIL,* Vol.31, 1954, pp.146, 182.

11) Wilfram Karl, "Protest," *EPIL,* Vol.9, 1986, p.322.

12) See *supra* n.3.

일 국제연합군사령부(United Nations Command)의 통제하에 있는 미 태평양 공군 사령부(U. S. Pacific Air Force Command)는 한국 공역 의 방어를 위하여 "한국방공식별구역"(Korean Air Defense Identifi cation Zone : KADIZ)을 설정했다.13) 동 "한국방공식별구역"은 독도의 상공을 포함하고 있으므로, 이는 국제연합(미국)이 한국의 독도 영토주 권을 승인한 것이다.

따라서 제4항의 "다케시마가 합동위원회에서 협의된 후 재일미군이 사용하는 구역으로 결정되었다는 사실은 다시 말하자면 다케시마가 일 본의 영토임을 보여주는 사실이라고도 할 수 있습니다"라는 주장은 국 제법상 성립의 여지가 없는 부당한 주장임이 명백하다.

---

13) Sung Hwan Shin, "Legal Aspects for the Peaceful Use of the Far East Airspace," Conference on the World Air and Space Law, Seoul(June 1997), p.209.

VIII. 이승만 라인의 설정과 한국의 다케시마 불법점거

1. 이승만 라인의 설정과 한국의 다케시마 불법점거 제1항

가. 기술

제1항은 다음과 같이 기술하고 있다.

> 1952(쇼와27)년 1월 이승만 한국대통령은 '해양주권선언'을 발표하였는데, 이는 국제법에 반하는 소위 '이승만 라인'을 일방적으로 설정하고 이 라인의 안쪽에 있는 광대한 구역에 대한 어업관할권을 일방적으로 주장함과 동시에 그 라인 내에 다케시마를 포함시켰습니다.

나. 비판

(1) 국제법상 합법적인 선언

상기 제1항은 "… 이는 국제법에 반하는 소위 이승만 라인을 일방적으로 설정하고…"라고 기술하여 이승만라인이 국제법위반이라고 주장하고 있다. 그러나 이는 다음과 같이 국제법상 합법적인 선언이다.

(가) 국제법상 선례에 따른 선언

"국무원고시 제14호"로 1952년 1월 18일에 선언된 "대한민국인접해양의 주권에 대한 대통령선언"은 동 선언이 명시적으로 표시한 바와 같이 "확정한 국제적 선례에 의거"한 것이다(전문).

1945년 9월 28일 미국대통령 트르만은 "공해의 특정수역에 있어서의 연안 어업에 관한 미국의 정책 선언"(Proclamation : Policy of the United States with Respect to Costal Fisheries in Certain Areas of the High Seas)을 했다. 이를 "트르만 선언" (Truman Proclamation)이라 한다.[1] 그 후 1947년 6월 23일 칠레가 200해리 해양주권선언을 했고, 동년 8월 1일 페루도 200해리 해양주권선언을 했으며, 1949년에 코스타리카도 200해리 해양주권선언을 했다.[2]

이와 같이 대한민국이 "인접해양에 관한 주권선언"을 할 1952년 당시에는 연안국이 공해에 해양주권선언을 할 권리가 국제관습법으로 인정되어 있었다.

따라서 상기 제1항의 "국제법에 반하는 소위 '이승만 라인'을 일방적으로 설정하고"라는 주장은 국제법상 법적 근거가 없는 부당한 주장이다.

(나) 대일평화조약에 의거한 선언

"대일평화조약" 제9조는 "일본은 공해에서 어획의 규제 또는 어업의 보존과 발전을 규정하는 2국간 또는 다수국간 협정을 체결하기 위하여 희망하는 연합국과 신속하게 교섭을 개시하도록 한다"라고 규정하고

---

1) Ann L. Hollick, "The Origins of 200-mile Offshor Zones," *AJIL*, Vol.71, 1977, pp.449-50 ; D.P, O'Connell, *The International Law of the Sea,* Vol.1(Oxford : Clarendon, 1982), p.31.
2) Carl August Fleischer, "Fisheries and Biological Resources," in Rene-Jean Dupuy and Daniel Vignes(eds.), *A Handbook on the New Law of the Sea* Vol.2(Dordrecht : Martinus, 1991), pp.1050-51; Hollick, *supra* n.1, pp.449-50.

있다. 한국은 동 조약상 동 조약의 체약당사국인 연합국이 아니나, 동 조약 제21조의 규정에 따라 제9조의 이익을 받을 수 있는 수익국이다. 일본이 "맥아더라인"에 대한 반발로 미루어 보아 제9조의 협정체결의 의무를 이행하지 아니할 것이 명백하므로, 한국은 "맥아더라인"을 승계한[3] "이승만 라인"을 제9조의 규정에 따라 선언한 것이다.

따라서 상기 제1항의 "… 국제법에 반하는 소위 이승만 라인을 일방적으로 설정하고"라는 주장은 "대일평화조약" 제9조의 규정상 성립될 수 없는 부당한 주장인 것이다.

(2) 독도를 포함한 선언의 합법성

상기 제1항은 "… 그 라인 내에 다케시마를 포함시켰습니다"라고 기술하여 평화선 내에 독도를 포함시킨 것, 역시 국제법에 반한 것이라고 주장하고 있다.

그러나 상술한 바와 같이 국제관습법으로 인정되어 있는 "인접해양에 관한 주권선언"은 "연안국"의 권리이다.[4] 독도가 한국의 영토이므로, "대한민국 인접해양의 주권에 대한 대통령 선언"이 한국의 영토인 독도의 연안에도 설치되는 것이 당연하므로, 동 선언이 독도를 내포하고 있는 것은 "인접해양에 관한 주권선언"의 개념상 당연한 것이다. 즉, "대한민국 인접 해양의 주권에 대한 대통령 선언"은 "대한민국 영

---

3) 1952년 2월 12일자 한국정부의 구술서(Note of the Korean Government to the Japanese Government dated February 12, 1951)에는 "동 도서는 맥아더 라인외에 방치되어 있었다(have been left outside of the MacArthur Line)"라고 기술되어 있다(제4항). 이는 "이승만 라인"이 "맥아더 라인"을 대체한 것이라는 의미의 기술이다.

4) Fleischer, supra n.2, pp.1050-51.

토"에 인접한 해양의 주권에 대한 선언이므로, 동 선언이 대한민국의 영토인 독도에 인접한 해양에 선언됨은 당연한 것이다.

따라서 상기 제1항이 "… 그 라인 내에 다케시마를 포함시켰습니다" 라고 기술하여, 이의 국제법상 위법성을 주장하기 위해서는 독도가 일본의 영토라는 근거를 먼저 제시하여야 할 것이다. "다케시마 문제의 개요" 어디에도 독도가 국제법상 일본의 영토라는 법적 근거의 제시가 없다. 이 국제법상 법적 근거를 제시하지 아니한 제1항의 주장은 국제법상 성립될 수 없는 부당한 주장이다.

2. 이승만 라인의 설정과 한국의 다케시마 불법점거 제 2항

가. 기술

제2항은 다음과 같이 기술하고 있다.

> 1953(쇼와28)년 3월 일미합동위원회에서 다케시마를 재일미군의 폭격훈련구역으로부터 해제할 것을 결정하였습니다. 이로 인해 다케시마에서의 어업이 다시 시행되게 되었습니다만, 한국인도 다케시마와 그 주변에서 어업에 종사하고 있다는 사실이 확인되었습니다. 같은 해 7월에는 일본의 해상보안청 순시선이 불법어업에 종사하는 한국 어민에 대하여 다케시마에서 철거할 것을 요구하자 한국어민을 보호하고 있던 한국관헌에 의하여 총격을 받는 사건이 발생하였습니다.

나. 비판

(1) 일본의 불법어업의 사실 승인

상기 제2항에는 "… 이로 인해 다케시마에서의 어업이 다시 시행되게 되었습니다만, …"이라고 기술되어 있다.

이 기술이 (ⅰ) 일본어부들이 독도에서 어업을 했다는 사실관계의 서술이라면, 이는 한국영토와 그 근해에서 불법어업을 했다는 사실을 일본 스스로가 자인한 것에 불과하며, (ⅱ) 일본이 독도에 대한 실효적 지배, 즉 영토주권의 현시의 주장이라면, 일본어부들이 일본의 국가기관이 아니라 사인이므로, 이는 영토주권의 현시의 "국가기관의 행위일 것"5)이라는 요건을 구비하지 아니한 것이므로, 일본어부들이 독도에서의 어업에 의해 국제법상 일본의 독도에 대한 영토주권의 현시 효과는 발생하지 아니한다. 그러므로 이 주장은 국제법상 성립될 수 없는 부당한 주장이다.

상기 제2항에는 "… 한국인도 다케시마와 그 주변에서 어업에 종사하고 있다는 사실이 확인되었습니다"라고 기술되어 있다. 이는 한국인이 한국의 영토인 독도와 그 주변에서 어업에 종사하고 있었다는 사실관계를 일본이 확인한 것에 불과하므로, 이는 비판의 대상이 아니다.

(2) 해상보안청 순시선의 독도영해 침범의 사실 승인

상기 제2항에는 "해상보안청 순시선이 불법어업에 종사하는 한국어민에 대하여 다케시마에서 철거할 것을 요구하자 … 한국 관헌에 의하여 총격을 받은 사건이 발생하였습니다"라고 기술되어 있다. 이는 독도가 일본의 영토라는 것을 전제로 한 주장이지만, 독도는 한국의 영토이므로, 이 주장은 국제법상 성립의 여지가 없으며, 오히려 해상보안청 순시선이 한국의 영해를 불법으로 침범했다는 사실을 일본 스스로가 자인한 것에 불과하다.

(3) 영해 침범 순시선에 대한 합법적인 자위권의 행사

상기 제2항은 "해상보안청 순시선이 … 한국어민을 보호하고 있던 한국 관헌에 의하여 총격을 받은 사건이 발생하였습니다"라고 기술하

---

5) See *supra* n.4(in Ⅵ)

고 있다. 이는 한국관헌의 총격이 국제법상 위법한 것이라는 주장인
것 같다. 한국의 영토인 독도의 영해를 침범한 해상보안청 "무장" 순시
선에 대한 한국 관헌의 총격행위는 (i) "일반국제법상" 자위권행사의
요건인, ① 국제법 주체에 의한 침해가 있을 것, ② 급박한 침해가 있
을 것, ③ 위법한 침해가 있을 것, ④ 권리에 대한 침해가 있을 것, ⑤
부득이한 방위가 있을 것, ⑥ 상당한 방위가 있는 것 이라는 요건을6)
모두 충족했고, (ii) "국제연합 헌장"상 자위권 행사의 특수요건인 "무
력적 공격"(armed attack)이 있을 것이라는 요건을7) 충족하여 이는 일
반국제법상 및 "국제연합 헌장"상 자위전의 행사임은 논의의 여지가
없다.

---

6) Georg Schwarzenberger and E.D. Brown, *A Manual of International Law,* 6th ed.(Milton : Professonal Books, 1976), p.150 ; Ian Brownlie, *International Law and the Use of Force by State*(Oxford : Clarendon, 1963), pp.252-64, 269-75.

7) 무력적 공격(armed attack)이란 무력의 불법적 행사(illegal use of force)를 뜻하므로(Hans Kelsen, "Collective Security and Collective Self-defence under the Charter of the United Nations," *AJIL,* Vol.42, 1949, p.784), 무장순시선의 영해 침범은 "무력적 공격"이다. 영토주권을 침범한 선박과 항공기에 대해서 경고조치 후 이에 불응하는 경우 공격하는 것이 관행이다(Brownlie, *supra* n.6, pp.373-74). 1961년 소련 정부는 국양장관에게 영해를 침범한 외국 잠수함에 대해 파괴조치를 명령한 바 있다 (*Sov Nows,* 29 Aug.1961 ; Brownlie, *supra* n.6, p.374, n.1). "국제연합 헌장"은 자위권을 고유한 권리(inherent right)로 규정하고 있으며(제51조), 고유한 권리란 일반국제법(국제관습법)에 의해 "국제연합 헌장" 이전에 확립된 권리를 뜻하는 것이므로(Robbert Jennings and Arthur Watts (eds.), *Oppenheim's International Law,* Vol.1, 9th ed.(London : Longman, 1992, p.418; Brun Otto Bryde, "Self-Defence," *EPIL,* Vol.4, 198 p.214). 한국관헌의 총격 당시 한국이 국제연합의 회원국이 아니였다는 것은 헌장상 자위권의 행사에 영향이 없다.

3. 이승만 라인의 설정과 한국의 다케시마 불법점거 제 3항

가. 기술

제3항은 다음과 같이 기술하고 있다.

> 다음 해인 1954(쇼와29)년 6월 한국 내무부는 한국 연안경비대의 주둔부대를 다케시마로 파견하였음을 발표하였습니다. 같은 해 8월에는 다케시마 주변을 항해중인 해상보안청 순시선이 다케시마로부터 총격을 받았으며, 이 사건으로 인해 한국의 경비대가 다케시마에 주둔하고 있음이 확인되었습니다.

나. 비판

(1) 해안경비대 독도 파견 사실 확인

상기 제3항에는 "1954(쇼와 29)년 6월 한국 내무부는 한국 연안경비대의 주둔부대를 다케시마에 파견하였음을 발표하였습니다. … 이 사건으로 인해 한국의 경비대가 다케시마에 주둔하고 있음이 확인되었습니다"라고 기술되어 있다. 이는 독도에 한국경비대가 파견되었다는 한국내무부의 발표와 해상보안청 순시선이 총격을 당한 사건에 의해 일본이 독도에 해안 경비대가 파견되었다는 것을 알게 되었다는 사실관계의 서술로, 이에는 허위나 과장된 내용이 포함되어 있지 아니하므로, 이는 비판의 대상이 아니며, 해안경비대 독도파견이 은밀히 행하여 진 것이 아니라 공개적으로 행하여졌음을 일본이 인지하였다는 서술이다. 특히 독도의용수비대가 독도에 상륙한 것은 1953년 4월 20일이고, 독도의용수비대가 독도해양경비대에게 임무를 인계한 것은 1956년 12월 25일 이므로, 일본은 독도의용수비대의 존재와 그의 국가 기관성을 명시적으로 승인하는 것이다.

(2) 해안경비대 독도주둔의 평화성

독도는 (ⅰ) 한국의 고유영토이다. 따라서 해안 경비대의 독도주둔은 영토 "권원의 취득"을 위한 것이 아니라, 영토 "권원의 유지"를 위한 것이므로, 그것은 "평화적"인 것임을 요치 아니한다. (ⅱ) 그러나 만일 고유영토라는 주장이 일본에 의해 또는 국제재판소에 의해 용인되지 아니할 경우에 예비적 주장으로8) 시효취득한 영토 또는 역사적 응고 취득한 영토라는 "권원의 취득"을 위한 해안 경비대의 주둔을 주장을 할 수 있다. 이 경우에도 경비대의 상주는 평화적인 실효적 지배, 즉 평화적인 영토주권의 현시로, 이는 다음과 같이 시효취득 또는 역사적 응고취득의 "점유가 평화적인 것"이라는 요건을 구비한 것이다.

(가) 이유 1 : 실효적 지배국의 측면 "평화적" 의미를 실효적 지배국의 측면에 보면

평화적(peaceful)이란 평화적 수단(peaceful means)을 의미하며, 평화

---

8) 국제소송에서도 예비적 청구취지(subsidiary submmissions)와 선택적 청구 취지(alternative submmissions)가 인정된다(Shabtai Rosennne, *The Law and Pratice of the International Court,* 3rd-ed., Vol.3(Hague : Martinus, 1997), pp.1265-66).

적 수단은 국제평화를 위협하지 아니하는 수단(means not threaten international peace)을 뜻한다.[9] 그리고 국제평화는 국가와의 관계에서 힘의 부재의 조건(a condition of absence of force among states)으로[10], 이는 국가가 간섭과 힘의 위협이나 행사를 삼가는 조건(a condition in which state … refrain from intervention and the threat or use of force)이다.[11]

"힘의 행사"(use of force)는 무력의 행사(use of armed force)에 한정되며, 경제력 또는 정치력의 행사는 이에 포함되지 아니한다.[12] 이는 강제적 행위(forceble action)를 뜻하며[13] "힘의 위협"(threat of force)은 실제적인 힘에의 호소(actual resort to force), 즉 실제적인 무력에의 호소(actual resort to armed force)를 뜻한다.[14] 따라서 평화적 (peaceful)이란 점유가 힘에 의해 유지되지는 경우(in case where possession was maintained by force)가 아니어야 한다는[15] 뜻은 무력의 행사, 즉 강제적 행위 또는 무력에의 호소에 의하지 아니하는 경우

---

9) A. V. Thomas and A.J. Thomas, *Non-Intervention*(Dallas : Southern Methodis University Press, 1956), p.132.
10) Hans Kelsen, *The Law of the United Nations*(New York : Praeger, 1950), p.19.
11) Krzysztof Skubiszewski, "Peace and War," *EPIL*, Vol.4, 1982, p.75.
12) Albrecht Randelzhofer, "Use of Force," *EPIL*, Vol.4, 1982, p.268; Anthony Clark and Robert J. Beck, *International Law and the Use of Force*(London : Routledge, 1993), p.36.
13) United Nations, GA Resolution 2131(××), December21, 1965, para 1(6).
14) Ian Brownlie, *International Law and the Use of Force by States*(Oxford : Clarendon, 1963), pp.364-65.
15) Malcolm N. Shaw, *Intemational Law,* 3rd ed. (Cambridge : Cambridge University Press, 1991), p.294.

를 의미한다.

독도 경비대의 주둔 자체는 무력에 의한 강제적 행위도 아니고, 또 무력에의 호소에도 해당되지 아니하므로 이는 평화적인 것이다.16)

(나) 이유 2 : 이해관계국의 측면

"평화적"의 의미를 이해관계국의 측면에서 파악하는 것이 일반적인 견해이다.17) 이 일반적인 견해에 의하면, 시효는 실효적 지배자의 "주권의 현시" 보다 이 "주권의 현시"에 대한 이해관계국의 묵인의 측면이 시효이론의 기본적 원칙이라고 한다.18) 1919년 "국제연맹규약", 1928년 "부전조약", 그리고 1945년 "국제연합헌장" 이전에 있어서는 무력에의 호소가 허용되어 있었으므로, 정복자는 영토에 대한 권원을 취

---

16) *Pedra Branca* Case(2008)에서 싱가포르는 Pedra Branca에 안전과 방어 양자를 위해(for the both security and defence) 군사통신장비를 설치했고, 이의 운영과 유지를 위해 군 헬리콥터에 의한 장비의 수송을 포함한 시설을 공개적으로 설치했다. 동 사건에서 말레지아는 싱가포르의 상기 행위의 성격에 관해 특히 평화적 행위의 성격에 관해 다투지 아니했고, 재판소는 중요한 것은 싱가포르의 행위가 주권자로서의 행위(act a titre de souver)에 있다고 강조했고, 싱가포르의 행위가 평화적이 아니라고 어떠한 판단도 표시하지 아니하고, 싱가포르의 행위에 의해 Pedra Branca의 영유권은 싱가포르에 있다고 판시했다(ICJ, Judgement, 23 May 2008, paras. 247-48, 274). 또한 재판소는 싱가포르의 Pedra Branca 주위에서의 해군 순찰과 훈련행위에 관해서도 그것이 평화적이 아니라는 어떠한 판단도 표시하지 아니하고, 싱가포르의 행위에 의해 Pedra Branca의 영유권은 싱가포르에 있다고 판시했다(*ibid.*, paras.240-43, 274).

17) D. H. N. Johnson, "Acquisitive Prescription in International Law," *BYIL*, Vol. 27, 1950, p.345 ; Brownlie, *supra* n.14, p.153 ; Shaw, *supra* n.15, p.345 ; H. Kelsen, *Principles of International Law,* 2nd ed.(New York : Holt, 1968). p.316.

18) Brownlie, *supra* n.14, p.153.

득하고 피정복자는 권원을 박탈당하는 것이 인정되었다.[19] 이 시대에 있어서 "평화적"이란 무력을 행사하지 아니하는 것을 뜻했다.

그러나 1919년 이후에는 무력의 행사가 금지되므로, "평화적"이란 이해관계국이 항의하지 아니하는 것, 즉 묵인을 뜻하게 되었다.[20] 항의하지 아니하는 것은 단순한 외교적 항의(diplomatic protest)를 하지 아니하는 것을 뜻한다는 견해와[21] 외교적 항의에 후속하여 국제중재 또는 국제재판에 "제소"(submmission)하거나 또는 국제연합 총회나 안전보장이사회에 "제의"(refer)하지 아니하는 것을 뜻한다는 견해로[22] 구분되어 있다.

후자의 견해를 따를 때 해안경비대의 독도 점거에 대해 일본이 "제소" 하거나 "제의"한 바 없으므로, 해안 경비대의 독도점거는 평화적인 것이다.

(3) 고유영토에 대한 권원의 유지 행위

상기 제3항에는 "…다케시마 주변을 향해 중인 해상 보안청 순시선이 다케시마로부터 총격을 받았으며 …"라고 기술되어 있다. 이는 (i) 독도의 영해를 침범한 해상보안청 순시선이 해안경비대로부터 총격을 받았다는 사실관계의 서술인지, (ii) 해안경비대의 총격 행위가 국제법상 위법한 것이라는 주장인지, 또는 (iii) 한국의 독도에 대한 영토주권

---

19) Johonson, *supra* n.17, p.346.
20) *Ibid.*
21) Shaw, *supra* n.15, p.292 ; I. C. MacGibbon, "Some Observations on the Port of Protest in International Law," *BYIL,* Vol.30, 1953, p.306.
22) Johnson, *supra* n.17, p.346 ; Carl August Fleischher, "Prescription," *EPIL,* Vol.10, 1987, p.329.

의 현시가 총격을 가한 행위에 의해 "평화적 점유일 것"이라는 요건을 구비하지 아니하여 국제법상 독도에 대한 영토주권의 현시 효과가 인정되지 아니한다는 주장인지 명백하지 아니하다.

(ⅰ)의 경우는 상기 기술 중에 허위 또는 과장된 내용이 포함되어 있지 아니하므로, 이는 비판의 대상이 아니다.

(ⅱ)의 경우는 독도가 일본의 영토라는 것을 전제로 한 주장이나, 독도는 한국의 영토이므로, 이 주장은 성립될 수 없는 것이며, 오히려 보안청 순시선이 독도의 영해를 침범한 사실을 일본 스스로가 자인한 것에 불과하며, 이 총격은 한국의 영해를 불법 침범한 보안청 "무장" 순시선에 대한 한국의 정당한 자위권의 행사로, 이는 국제법상 합법적인 무력의 행사임은 상기 제2항에서 논급한 바와 같다.

(ⅲ)의 경우, 영토주권의 현시는 "평화적(peaceful)일 것"임을 요건함은 물론이나, 이는 권원의 취득(acqusition of title) 요건이며, 권원의 유지(maintain of title) 요건이 아닌 것이다. 독도는 한국의 고유영토이며, 시효취득(prescription) 또는 역사적 응고 취득(historical consolidation) 한 영토가 아니므로, 한국이 독도의 권원을 평화적으로 유지함을 요하는 것이 아니다. 그러므로 영해를 침범한 무장선박에 대해 일정한 경고조치 후 총격을 가한 행위는 고유영토의 권원의 유지를 위한 것으로, 이는 평화적임을 요하는 것이 아니다.

따라서 제3항의 "… 다케시마 주변을 항해 중인 해상보안청 순시선이 다케시마로부터 총격을 받았으며 …"라고 기술하여 총격행위가 위법하고, 또는 영토주권의 현시의 평화적 요건을 구미하지 아니한 것이라는 주장은 국제법상 성립의 여지가 없는 부당한 주장이다.

4. 이승만 라인의 설정과 한국의 다케시마 불법점거 제4항

가. 기술

제4항은 다음과 같이 기술하고 있다.

> 한국측은 지금도 계속하여 경비대원을 상주시킴과 동시에 숙사 및 감시소, 등대, 접안시설 등을 구축하고 있습니다.

나. 비판

(ⅰ) 경비대 상주의 합법성

상기 제4항에는 "한국측은 지금도 계속하여 경비대원을 상주시킴과 동시에…"라고 기술되어 있다. 이 기술이 (ⅰ) 사실관계의 서술이라면, 이에는 허위 또는 과장된 내용이 포함되어 있지 아니하므로, 이는 비판의 대상이 아니다. 그러나 (ⅱ) 경비대원상주 자체를 위법한 것이라고 주장하는 것이라면, 이는 한국의 본원적 권원에 근거한 고유영토인 독도에 대한 권원의 유지(maintain of title)를 위한 영토주권의 현시로, 시효취득(prescription), 또는 역사적 응고취득(historical consolidation)을 위한 권원의 취득(acquisition of title)을 위한 영토주권의 현시가 아니므로, 실효적 점유가 평화적(peaceful)으로 유지되어야 하는 것은 아니다. 그러므로 권원의 유지를 위한 경비대원의 상주는 고유영토인 독도에 대한 정당한 영토주권의 현시인 것이다.

(2) 숙사, 감시소, 등대, 접안시설 등 구축의 합법성

상기 제4항에는 "숙사 및 감시소, 등대, 접안시설 등을 구축하고 있습니다"라고 기술되어 있다. 이 기술이, (ⅰ) 사실관계의 서술이라면 이에는 허위 또는 과장된 내용이 포함되어 있지 아니하므로, 이는 비판의 대상이 아니다. 그러나 (ⅱ) 숙사, 감시소, 등대, 접안시설 등의 구축이 위법한 것이라고 주장하는 것이라면, 이는 한국의 본원적 권원에 근거한 고유영토인 독도에 대한 권원의 유지를 위한 정당한 영토주권의 현시인 것은 상술한 경비대원의 상주의 경우와 동일하다.

따라서 제4항의 "한국측은 지금도 계속하여 경비대원을 상주시킴과 동시에 숙사 및 감시소, 등대, 접안시설 등을 구축하고 있습니다"라는 기술로 경비대원의 상주와 숙사 등의 구축이 국제법상 위법한 것이라고 주장하는 것은 독도가 일본의 영토라는 것을 전제로 한 것이나, 독도는 한국의 고유영토이므로, 이는 국제법상 성립의 여지가 없는 부당한 주장이다.

따라서 상기 제4항이 "한국측은 지금도 계속 경비대원을 상주시킴 …"이 위법한 것이라는 주장은 독도가 일본의 영토라는 것을 전제로 한 것이다. 그러나 독도는 한국의 고유영토이므로 (또는 고유영토가 아닐 경우 시효 또는 역사적 응고에 의한 기) 취득영토이므로, 위 주장은 국제법상 성립될 수 없는 부당한 주장이다.

5. 이승만 라인의 설정과 한국의 다케시마 불법점거 제5항

가. 기술

제5항은 다음과 같이 기술하고 있다.

'이승만 라인'의 설정은 공해(公海)에 대한 위법적인 경계 설정이며, 한국의 다케시마 점거는 국제법상 아무런 근거가 없이 행해지고 있는 불법점거입니다. 한국이 이러한 불법점거에 근거하여 다케시마에서 행하는 모든 조처는 법적 정당성을 가지는 것으로 볼 수 없습니다. 이러한 행위는 다케시마의 영유권을 둘러싼 일본의 입장에 비추어 보더라도 결코 용인될 수 없는 것이며, 다케시마에 대하여 한국측이 취하는 모든 조처 등은 행해질 때마다 엄중한 항의를 하고 있으며 행위를 철회할 것을 요구하고 있습니다.

나. 비판

(1) 국제법상 근거에 의한 합법적인 독도점거

상기 제5항에는 "한국의 다케시마 점거는 국제법상 아무런 근거가 없이 행해지고 있는 불법 점거입니다.… "라고 기술되어 있다. 이는 한국이 독도를 점거할 국제법상 근거가 없다는 주장이다. 한국의 독도점거의 국제법상 근거로 독도가 한국의 고유영토라는 것, 이외에 다음과 같은 근거를 요약 제시해 볼 수 있다.

（ⅰ） 1910년 강박에 의해 체결된 "한일합방조약"에 의해 일본에 불

법적으로 병합되었던 독도를 포함한 한국의 영토는 1945년 9월 2일의 "항복문서", 동 "항복문서"의 시행을 위한 동년 9월 6일의 "항복 후 미국의 초기대일정책", 동년 11월 3일의 "항복 후 초기기본지침", 1946년 1월 29일의 "연합군최고사령부 훈령 제677호"에 의해 일본으로부터 분리되게 되었다.

① 동 훈령 제3항은 독도를 일본의 영토에 포함되는 지역에서 제외한다고 규정하고 있다.

② 동 훈령 제6항은 동 훈령이 도서의 최종적 결정으로 해석되어서는 아니된다라고 규정하고 있으나, 상기 제3항의 규정을 그 후 연합군최고사령부가 변경한 바 없다.

③ "대일평화조약" 제19조 (d) 항은 동 훈령의 효력을 명시적으로 승인하고 있다.

(ⅱ) 1951년 9월 8일에 서명되고 1952년 4월 28일에 효력을 발생한 "대일평화조약" 제2조 (a)항은 한국의 독립을 승인하고, 일본으로부터 분리되는 도서를 제주도, 거문도 및 울릉도로 규정하고 있다. 동 조항은 독도를 일본의 도서로도 한국의 도서로도 명시적으로 규정하고 있지 아니하므로, 독도는 일본의 영토라는 일본의 주장은 다음과 같은 이유로 부당하다.

① 동 조항에 독도가 일본의 영토라는 명시적 규정이 없다.

② 상기 일본의 주장에 따르면 제주도, 거문도 및 울릉도 이외의 한국의 수 천여 도서는 모두 일본의 영토라는 불합리한 결과를 가져 온다.

③ 동 조항에 명시된 도서는 한국의 최외측 도서라는 주장도 제주도 남방에 마라도가 있으므로 성립의 여지가 없다.

④ 상기 일본의 주장은 동 조약 제19조 (d) 항이 독도를 한국의 영토로 규정한 "연합군최고사령부 훈령 제677호"의 효력을 승인한 것에 반한다.

⑤ 상기 일본의 주장은 독도는 울릉도의 속도이므로, 울릉도를 한국의 영토로 규정한 제2조 (a) 항의 규정에 비해 독도도 당연히 분리된 것이라는 해석에 반한다.

⑥ 평화조약에 규정되지 아니한 사항은 평화조약 체결당시의 현상대로 효력이 발생한다는 uti possidetis의 원칙(현상유보의 원칙)에[23] 반한다. 즉, "대일평화조약"에 독도에 관해 규정이 없으므로 동 조약이 체결될 당시인 1951년 9월 8일에 "연합군최고사령부 훈령 제677호"에 의해 독도가 한국의 영토인 현상대로 독도는 한국의 영토인 것이다.

(iii) 일본은 1905년 2월 22일의 "시마네현 고시 제40호"에 의해 독도를 선점한 것이라고 주장하나, 이는 다음과 같이 국제법상 선점의 요건을 구비하지 못한 것으로 국제법상 무효이다.

① 선점의 대상은 무주지(terra nullius)이여야 하는 바,[24] 독도는 당시 무주지가 아니라 명백한 한국의 영토이었다.

---

23) Frank Wooldridge, "*Uti Possidetis* Doctvine," *EPIL,* Vol.10, 1987), p.519 ; Georg Schwarzenberger, and E.D.Brown, *A Manual of International Law,* 6th ed.(Milton : Professonal Books, 1976), p.174 ; Malcolm N. Shaw, "Heritage of States : Uti Possidetis Juris, Today," *BYIL,* Vol.67, 1996, pp.81, 93-95 ; ICJ, *Reports,* 1959, p.240 ; ICJ, *Reports,* 1986, p.554.
24) *Clipperton Island* Case : *AJIL,* Vol.26, 1932, p.393 ; *Eastern Greenland* Case : PCIJ, *Series A/B,* No.53, 1933, p.74; *Western Sahara* Case : ICJ, *Reports,* 1975, p.39.

② 선점의 의사는 국가의 대외적 대표기관에 의해 표시되어야 하는 바,25) 시네마현지사는 국제법상 국가의 대외적 대표기관이 아니다.

③ 선점의 의사는 이해관계국에 대해 대외적 대표기관이 공식적으로 통보하여야 하는 바,26) 1906년 3월 28일 오기도사의 울릉군수에 대한 구두통고는 대외적 대표기관에 의한 공식통고가 아니다.

④ 오끼도사의 울릉군수에 대한 구두통고가 유효한 것이라 할지라도 "1904년의 한일협약"(제1차 한일의정서)의해 일본에게 외교권을 박탈당한 한국에 대한 통고는 유효한 통고가 아니다.

⑤ "시마네현 고시 제40호"는 1904년의 "한일협약"(제1차 한일의정서), 1905년의 "을사보호조약", 1907년의 "정미 7조약", 1910년의 "한일합방조약"과 같이 일본의 한국에 대한 불법 침략의 법적 수단에 불관한 것이다.

⑥ "다케시마 문제의 개요"는 "시마네 현고시 제40호"로 영유의사를 재확인했다고 하나(다케시마의 시마네현 편입 제2항), 이는 한국의 고유영토에 대한 침략에 불과하며, 이는 독도는 일본의 고유영토라는 주장에도 모순된다.

따라서 상기 제5항의 "한국의 다케시마 점거는 국제법상 아무런 근거 없이 행해지고 있는 불법점거입니다…"라는 주장은 상술한 바와 같이 한국의 독도 점거는 국제법상 근거에 기초한 것이므로, 성립의 여지가 없는 부당한 주장이다. 그리고 한국의 독도점거는 독도에 대한 한국의 정당한 영토주권의 현시인 것이다.

---

25) *German Settlers in Poland* Case : PCIJ, *Series B,* No.6, 1923, p.22
26) *Clipperton Island* Case, *AJIL,* Vol.26, 1932, p.392.

(2) 항의와 철거 요구의 위법성

상기 제5항에는 "한국측이 취하는 모든 조처 등은 행해 질 때마다 엄중한 항의를 하고 있으며 행위를 철회할 것을 요구하고 있습니다"라고 기술되어 있다.

이는 (ⅰ) 사실관계의 서술에 불과하므로 비판의 대상이 아니다. 그러나 (ⅱ) 이 기술이 한국의 독도에 대한 영토주권의 현시를 국제법상 법적 근거가 없는 것이라는 주장이라면, 이는 독도가 일본이 영토라는 것을 전제로만 가능한 것이다 상기 (1)에서 논증한 바와 같이 독도는 국제법상 한국의 영토이며, 독도가 일본의 영토라는 국제법상 근거를 "다케시마 문제의 개요" 어디에서도 제시하지 아니한 이 주장은 아무런 근거도 없는 허구의 주장이다.

따라서 상기 제5항의 "한국측이 취하는 모든 조처 등은 행해질 때마다 엄중한 항의를 하고 있으며 행위를 철회할 것을 요구하고 있습니다"라고 하여, 한국의 독도점거가 불법적 이라는 주장은 국제법상 법적 근거가 없는 부당한 주장이다. 물론 한국이 독도를 고유영토라고 주장하지 아니하고 시효취득 또는 역사적 응고취득 영토라고 주장할 경우, 한국의 독도에 대한 실효적 지배의 효과를 배제하기 위해 일본의 항의는 의미가 있을 수 있으나, 한국은 독도를 고유영토라고 주장하고 있으므로, 일본의 항의는 국제법상 무의미한 것이다.

Ⅸ. 국제사법재판소에 제소 제안

1. 국제사법재판소에 제소 제안 제1항

가. 기술

제1항은 다음과 같이 기술하고 있다.

> 한국의 '이승만 라인' 설정 이후 한국측이 행해 온 다케시마의 영유권 주장, 어업종사, 순시선에 대한 사격, 구축물 설치 등에 대하여 일본은 누차 항의를 반복해 왔습니다. 그리고, 이 문제를 평화적 수단으로 해결하기 위하여 1954(쇼와29)년 9월 구상서를 통하여 다케시마의 영유권 문제를 국제사법재판소에 회부할 것을 한국측에 제안하였습니다만, 같은 해 10월 한국은 이 제안을 거부하였습니다. 또한, 1962(쇼와37)년 3월 일한외상회담에서도 고사카 젠타로(小坂善太郎) 외무대신이 최덕신 한국외무부장관에게 본 문제를 국제사법재판소에 회부할 것을 제안하였습니다만, 한국은 이를 받아들이지 않았으며 그 상태로 현재에 이르렀습니다.

나. 비판

상기 기술은 사실관계의 서술로 이에는 허위의 내용이 포함되어 있지 아니하나, 한국의 거부 이유를 명시하지 아니하여, 일반인과 제3국의 오해를 유도할 기망적 저의가 함축된 공정성을 결한 사실관계의 서술이다.

2. 국제사법재판소에 제소 제안 제2항

가. 기술

제2항은 다음과 같이 기술하고 있다.

> 국제사법재판소는 분쟁의 양 당사자가 재판소에 해결을 요청한다는 점에서 합의하였을 때 최초로 성립하는 것으로 되어 있습니다. 따라서, 만일 일본이 일방적으로 제소를 한다 하더라도 한국측이 이에 응할 의무는 없으며, 한국이 자주적으로 응하지 않는 한 국제사법재판소의 관할권이 설정되는 일은 없습니다.

나. 비판

상기 기술은 분쟁당사국의 합의에 의해서만 국제재판소는 관할권을 행사할 수 있다는 국제법상 국제재판의 관할권에 관한 일반적 서술로, 어떤 주장이 아니므로 이는 비판의 대상이 아니다.

3. 국제사법재판소에 제소 제안 제3항

가. 기술

제3항은 다음과 같이 기술하고 있다.

> 1954년 한국을 방문한 밴플리트 대사의 귀국보고(1986년 공개)를 보면 미국은 다케시마가 일본령이라 생각하고 있으나 본건을 국제사법재판소에 의뢰하는 것이 적절하다는 입장을 취하고 있습니다. 이러한 제안을 한국 측에 비공식적으로 하였으나, 한국은 '독도'는 울릉도의 일부라고 반론하였다는 취지의 내용이 기록되어 있습니다.

나. 비판

(1) 밴 프리트 귀국보고서 원용의 부당성

상기 제3항에는 "1954년 한국을 방문한 밴 플리트 대사의 귀국 보고서에는 … "이라고 기술되어 있다. 이 기술이 사실관계의 서술이라면 이에는 허위 또는 과장된 내용이 포함되어 있지 아니하므로, 이는 비판의 대상이 아니다. 만일 이 기술에 독도문제를 국제사법재판소에 제소하여 해결하는 것이 정당하다는 근거로 "밴 프리트의 귀국보고서"를 원용하여 주장하는 것이라면, 이는 다음과 같이 부당한 주장인 것이다.

(i) "밴 플리트의 귀국 보고서"는 미국정부의 국내적 문서이며, 한국에 대해, 일본에 대해, 또는 기타 국가에 대해 법적 효력이 있는 국제적 문서가 아니다. 따라서 이는 국제법상 선언(declaration), 승인

(recognition), 통고(notification), 또는 항의(protest)의 효력이 있는 법률행위 문서가 아니며, (ii) 동 귀국보고서는 1954년에 작성된 것이므로 "대일평화조약"이 1951년에 체결된 이후의 것이므로, 동 귀국보고서는 "대일평화조약" 제2조 (a) 항의 해석의 보충적 수단(supplementary means of interpretation)인 조약의 준비작업(*travaux preparaties*)이[1] 될 수 없고, (iii) 동 귀국보고서는 어떤 행정절차를 거쳐 미국정부의 의사로 결정된 바 없으므로, 그 내용을 미국정부의 공식적 의사로 볼 수 없다. 그리고 (iv) 독도를 한국의 영토로 보는 종전의 미국의 다음과 같은 국제적인 공식적 선언 또는 승인 의사에 저촉되는 동 보고서는 국제법상 효력이 없는 것이다.

① 1953년 3월 23일 독도의 상공을 포함한 한국 방공식별구역 (KADIZ)을 설치한 미태평양공군사령부의 의사[2]

② 1952년 12월 4일 독도를 폭격연습기지에서 해제한다는 주한 미대사관의 한국외무부에 보내 온 공문에 의한 의사[3]

③ 1953년 1월 20일 폭격연습기지로 독도의 사용을 즉각 중단한다는 국제연합군총사령관의 지시를 통보하는 한국통신지역 본부사령관이 한국외무부에 보내온 공문에 의한 의사[4]

---

1) V. 제3항 비판 참조.
2) Sung Hwan Shin, "Legal Aspects for the Peaceful Use of the Far East Airspace," Conference on the World Air and Space Law, Seoul(June 1997), p.209, 1952 ; 외무부, 「독도문제개론」, 외교문제총서 제11호(서울 : 외무부정무국, 1955), 부록6.
3) American Embasy's Note Ver bale No.187 dated December4, 1952 ; 외무부, 「독도문제개론」, 외교문제총서 제11호(서울 : 외무부 정무국, 1955), 부록6.
4) Thomas W. Herren's Letter dated January 20, 1953 ; 외무부, 전주3,

따라서 상기 제3항이 "밴 플리트 대사의 귀국보고를 보면 미국은 다케시마가 일본령이라 생각하고 있으나 … "라고 기술하여 미국이 독도를 일본의 영토로 보고 있다는 주장은 국제법상 성립의 여지가 없는 부당한 주장이다.

(2) 일본의 제소제의에 대한 한국의 거부의 합법성·정당성

상기 제3항에는 "… 본건을 국제사법재판소에 의뢰하는 것이 적절하다는 입장을 취하고 있습니다 …"라고 기술되어 있다. 이 기술이 (i) 사실관계의 서술이라면 이에는 허위 또는 과장된 내용이 포함되어 있지 아니하므로, 이는 비판의 대상이 아니다. 그러나 (ⅱ) 일본의 제소제의에 대한 한국의 반론이 부당하다는 주장이라면, 다음과 같은 이유로 한국의 거부는 국제법상 합법적이고 또 정당한 것이다.

(i) 어떠한 국가도 그의 의사에 반해 어떠한 국제재판도 받지 아니한다는 것은 국제법상 확립된 원칙이다.5) 따라서 일본의 제소제의에 대한 한국의 거부는 국제법상 위법행위가 아니다.

(ⅱ) 일본의 제소제의는 사법절차를 가장한 허위의 시도에 불과하다.6)

부록7.
5) Gerald Fitzmaurice, "The Law and Procedure of the International Court of Justice," *BYIL*, Vol.34, 1958, pp.66, 79 ; Shabta : Rosenne, *The Law and Practice of the International Court of Justice*, 3rd ed.(Hague : Martinus, 1997), p.536 ; David H. Ott, *Public International Law in the Modern World*(London : Pitman, 1987), p.341.
6) Korean Government's Note Verbale dated October 28, 1954, para.2.

（ⅲ） 일본의 제소제의는 일본을 한국과의 관계에서 독도의 영유에 관해 대등한 지위를 확립하려는 것이다.7)

（ⅳ） 한국은 명백히 한국의 영토인 독도를 국제재판소에 의해 확인을 받아야 할 이유가 없다.8)

（ⅴ） 1965년의 "분쟁의 해결에 관한 교환공문"은 "양국정부는 특별한 합의가 있는 경우는 제외하고 양국간의 분쟁은 우선 외교상의 경로를 통해 해결하기로 하고, 이를 통해 해결되지 않는 경우에는 양국정부가 합의하는 절차에 따라 조정을 통해 해결하기로 한다."라고 규정하고 있다. 따라서 조정절차를 거치지 아니하고 국제사법재판소에의 제소제의는 교환공문의 규정을 위반한 것이다.9)

따라서 제3항이 "… 국제사법재판소에 의뢰하는 것이 적절하다는 입장을 취하고 있습니다. 이러한 제안을 한국 … 반론하였다는 취지의 내용이 기록되어 있습니다"라고 기술하여, 한국이 반론의 근거를 제시하지 아니하고, 한국의 반론이 부당하다는 주장은 객관성·공정성을 결한 선전적 주장일 뿐만 아니라, 법적 근거를 제기하지 아니한 국제법상 성립될 수 없는 부당한 주장이다.

---

7) *Ibid.*
8) *Ibid.*
9) 동 교환공문을 위반한 것이라는 주장은 동 공문상 "분쟁"에는 독도문제는 포함되지 아니하며, 독도문제는 "기본관계조약"에 의해 이미 해결된 것으로 보는 한국정부의 주장을 일본정부가 수용하지 아니할 것을 조건으로 하는 예비적 주장이다.

제4편
결론

I.

일본외무성은 2008년 2월에 "다케시마 10포인트"를, 2009년 12월에는 이를 보완한 "다케시마 문제의 개요"를 각각 온라인과 오프라인으로 홍보자료를 만들어 대외적으로 공시하여 활용하고 있다.

이로써 일본외무성은 1960년대 중반에 종지되었던 한일간의 독도영유권 문제의 포괄적 논쟁을 새롭게 시작한 것이다.

일본의 독도에 대한 새로운 영유권 주장은 암울했던 근·현대사의 우리 역사를 다시금 회상케 하는 점에서 대단히 유감스러우면서도 그에 대응한 논리적 주장을 펼치지 아니할 수 없다.

먼저, 1) "일본의 다케시마의 인지"와 관련하여, 울릉도는 한국이 512년(지증왕 13년), 일본이 1004년(일본 一條寬弘 1년)에 문헌으로 인식하여 한국이 약 500년정도 앞서 인식했으며, 독도는 한국이 1432년(세종 14년), 일본이 1667년경으로, 한국이 235년이나 앞서 인식했다. 지도상으로는 한국이 1481년경이고, 일본이 대략 1747년 경이므로, 한국이 일본보다 266년이나 앞서 인식하고 있었다.1)

특히 일본은 경위선을 투영한 간행 지도로서 가장 대표적인 나가쿠보세키스이의 『개정일본여지노정전도』(1779년 초판)가 울릉도와 다케시마를 한반도와 오키제도 사이에 명확히 기재하고 있다고 주장하지만, 일본이 주장하는 이 개정판 지도에서 조차 울릉도·독도 부분을 확대해 보면, "고려를 보는 것이 출운국에서 오키섬을 보는 것과 비슷하다"는 문구가 있어 일본 영토가 아닌 한국 영토로 인정하고 있다.2)

---

1) 앞의 주석 I. [1] 56) 참조.
2) 앞의 주석 I. [1] 60) 참조.

따라서 이 부분 일본의 주장은 사료를 왜곡한 근거없는 주장이다.

2) "한국의 다케시마 인지"와 관련하여, 한국측 고문헌 『삼국사기』(1145년)와 『삼국유사』 기록에 의하면, 신라 지증왕 13년(512년)에 우산국 복속에 관한 기록이 나오며 이들 기록을 합리적으로 유추해 볼 때, '국(國)'의 복속은 하나의 섬, 울릉도만의 복속으로 보기 어렵고, 당시의 항해술에 의하더라도 최단 육지로부터 130.3km를 간 신라군이 단지 본섬으로부터 87.4km 밖에 떨어지지 않은 섬을 복속하지 않았다는 것은 개연성이 낮다. 『세종실록지리지』(1432년)에는 "우산·무릉 … 풍일청명 즉가망견 …"이라하여, "맑은 날 우산도를 볼 수 있다"고 명확한 기록이 있다. 이는 울릉도에서 맑은 날 독도가 보이는가의 문제로, 설명이 필요없는 사실의 문제며, 직접 현장을 방문하면 쉽게 밝혀질 수 있는 것이고, 그에 대한 기록이 『세종실록지리지』에 기록되어 있다는 점에서 일본의 주장에 대한 대단히 중요한 반증이 된다.3)

또 단순한 관찬지리서가 아니라 조선왕조 정부의 유권적인 「조선영토지리해설」인 『신증동국여지승람』(권45, 중종 26년, 1531년 증보)의 기록에는 "우산도 울릉도 … 두 섬이 정동해 가운데 있다"라고 하여 2섬을 분명히 인지하는 기록이 있으며, 2섬중 우산도는 현재의 독도를 지칭하는 것이 분명하다.4)

『동국문헌비고』(1770년)에는 "우산도 울릉도는 동쪽 3백 50리에 있다"라는 기록과 함께, "우산도는 일본이 말하는 마쓰시마(현재 다케시마)이다"라는 기록이 있다. 이에 대하여 일본은 집요하게 신경준이 주로 편찬한 『동국문헌비고』「여지고」는 유형원의 『여지지』(1656년)로부터 직접인용한 것이 아니며, 「여지고」의 기술은 안용복의 신빙성 낮은 공술을 무비판적으로 받아들인 신경준의

---

3) 앞의 주석 Ⅰ. [2] 168) 참조.
4) 앞의 주석 Ⅰ. [2] 170) 참조.

『강계고(강계지)』(1756년)을 근거로 하고 있다고 주장한다.

안용복 사건(1693~1696년)은 일본뿐만 아니라 조선의 지리적 인식이나 영토관에도 커다란 영향을 미쳤으며, 이는 곧 사료의 정확한 편찬으로 이어졌다.

그 영향의 결과 중 하나가 "우산즉왜소위송도(우산도는 왜가 말하는 송도)"라는 사실이 밝혀진 것이고, 또 하나는 정상기의 정확한 『동국대전도』(1757)5) 편찬이다. 이에 부수하여 우산도는 울릉도와는 다른 별개의 섬이라는 명확한 사실이 밝혀졌고, 이는 전대의 서적, 특히 『신증동국여지승람』을 기본으로 새로운 사실을 첨가하는 형식으로 서술하던 방식에 따라, 안용복 사건의 결과를 반영하는 과정에서 나타났다. 이 같은 사실을 반영한 서적의 표본이 되는 서적이 『동국문헌비고』이며, 그런 점에서 「비고」는 후대의 서적의 표준이 되었다. 『동국문헌비고』「여지고」를 편찬한 신경준은 안용복 사건의 결과로 더 이상 필요없는 부분은 삭제하고 새롭게 밝혀진 사실을 「비고」에 반영코자 했다. 이 축약의 과정에 충실하다 보니 『여지지』를 직접인용한 것이 아니라는 비판을 불러일으킨 것이다. 하지만 인용자체에 비중을 둔다면 일본의 주장은 타당할 것이나 「여지고」의 내용이 현상과 같고 여러 정황 근거의 자료에 의해 명확한 사실로 나타나고 있으므로, '비판을 위한 비판'을 주장하는 것이 아니라면 진실로 인정되고, 더 이상 논쟁이 불필요하다.

또한 이 모든 결과의 원인이 안용복 사건에 그 뿌리를 두고 있다 보니 수단·방법을 가리지 않고 일본은 안용복의 모든 것을 부정하려 한다. 그 대표적인 주장이 "안용복의 신빙성 낮은 공술"이라고 주장한다. 그러나 안용복이 말한 대부분의 사실이 한국 측 『숙종실록』(숙종 22년 9월 무인·10월 병신조)등에 기록되어 있고, 일본측 무라카미 스케쿠로가 문서와 『죽도고』(하)에 의해 증명되고

---

5) 앞의 주석 Ⅰ. [1] 176) 참조.

있으며, 『다케시마 기사』를 충분히 검토한 견해에 의해서도 증명되고 대체로 사실로 믿어지고 있다6)는 점에서 일본의 주장은 근거를 고려하지 않는 논거이다.

특히 이 모든 원인에 따른 결과로써 대외적으로 '울릉도 쟁계'를 통해 일본은 울릉도·우산도의 영유권이 한국에 있음을 인정하는 서계를 전달했으며, 일본 국내적으로는 두 섬에 대한 항해금지를 명령함으로써 끝났다.7)

두 번째, "다케시마의 영유권"과 관련, 일본은 1618년 돗토리번 호키국 요나고의 주민 오야신키치와 무라카와 이치베가 번주를 통하여 「도해면허」를 취득 후 울릉도에서 어업에 종사하고, 이 때 독도는 울릉도에 이르는 길에 항해의 목표로 사용하였는데, 이를 근거로 17세기 중엽 독도에 대한 영유권이 확립되었다고 주장한다.

그러나 1614년(경장 19년) 갑인년에 종의질과 조선의 동래부사 윤수겸·박경업 사이에 영유권 논쟁이 있었고 그 때 한국영토로 결판났으나 종의질은 그때 마침 발생한 '대판의 역' 사건으로 막부에 보고하지 못했다. 이 사실에 근거해서도 1618년 일본어부들의 어로활동은 법적 정당성을 잃은 불법행위를 구성하고, 일본막부의 「도해면허」 역시 국외 항해허가장이라는 점에서 일본 스스로도 불법행위를 자인한 것이며, 그 후 1696년 2월 9일 돗토리번주에게 발행된 막부의 다케시마 도해허가증을 반납했다8)는 점에서 스스로의 잘못을 당시 막부 정부가 인정하고 철회한 것이다. 또한 현재의 일본정부가 과거정부가 인정한 명백한 사실을 부정한다는 점에서 황당무계한 논거이다.

또 일본어부들의 불법행위를 근거로 영유권이 확립되었다고

---

6) 앞의 주석 Ⅰ. [2] 265) 참조.
7) 앞의 주석 Ⅱ. 15) 참조.
8) 앞의 주석 Ⅱ. 17) 참조.

주장하는데, 일개 어부는 사인으로 국제법상의 주체인 국가기관이 아니며, 영유권 취득의 요건기관이 아니다. 따라서 일본의 이 부분 주장은 터무니없는 것으로 대응이 필요없는 어린 아이가 웃을 일이다.

세 번째로, 1) 일본은 앞 두 번째의 주장에서처럼 요나고의 주민 오야와 무라카와 양가가 약 70년간 평온하게 독점적으로 어로활동을 하였고, 이때 조선왕조는 울릉도 도항을 금지하고 있었으며, 안용복·박어둔 사건으로 '울릉도 쟁계'의 문제가 발생하여 조선과의 우호관계를 고려 '울릉도 도해금지 결정'을 하였는데, 이때 다케시마(독도)는 금지하지 않았다고 주장한다.

그러나 타국을 불법으로 침입하여 은밀히 오랫동안 어로활동을 하면 자국의 영유권 주장의 권원이 된다는 것은 대단히 위험한 일본다운 발상이다. 해적활동과 침략전쟁으로 주변국을 유린한 일본만의 일본다운 주장이지만, 국제법상 앞의 일본어부들의 은밀히 행한 어로 활동이 영토취득요건의 공연·평온에 해당된다고 보기는 어렵다.

또한 일본은 조선왕조의 울릉도 도항금지 정책, 즉 쇄환정책에 대하여 논급을 하지만, 자국의 내부에서 행하는 행정명령에 불과한 관리활동의 일환이며, 허가나 금지는 행정처분에 해당하는 국가의 관리활동이다. 따라서 일본에 대한 대외적 국가의 처분행위가 아니므로, 일본이 왈가왈부할 문제는 아니다.

그리고 '울릉도쟁계'(다케시마 잇켄) 문제의 결과로 '조선과의 우호관계'를 고려하여 울릉도만 조선영토로 인정해 주었다고 일본은 주장하는데, '고양이 쥐 생각한다'는 속담이 정확할 것 같다. 틈만 있으면 노략질에 해적활동, 임진왜란, 대한제국 병합 등 이루 형언할 수 없는 행위를 하고도 국제사회가 인정하는 질서, 평화유지를 수용못하는 일본이 한국을 생각해서 울릉도만 주었다고 한다. 울릉도와 독도가 분리될 수 없고 당시 막부가 독도에 관심을 가졌지만 돗도리번의 답변에서도 알 수 있듯 '조선령이다'라는 답변에 근거해서

내린 결정이 '효과의사'는 어디두고 '표시행위'에 의한 문자기록 만을 주장하는지 의문이다. 이 부분도 1696년 1월 일본 도쿠가와 막부 관백의 논담을 기록한 조선통교대기(1725년)를 보면, "조선의 섬에 고기잡이를 허가한 것이지 … 그 섬을 일본이 빼앗은 일이 없다"라는 명확한 기록을 갖고 있는 일본이 현재에 이르러 영유권 주장을 하는 것은 더 이상의 논급이 불필요하다.

2) 일본은 안용복이 조선의 도항금지 결정을 위반한 자이고, 비변사에서 허위진술을 행하여 그 사실이 고문헌에 기록되어 한국의 영유주장의 근거가 되므로, 안용복 진술의 신빙성 만큼이나 비례하여 한국의 주장이 근거가 희박하다고 주장한다.

그러나 앞서 살펴본 바와 같이 도항금지 결정은 조선의 국가내부의 행정관리명령에 불과하고 국외의 외국에 대한 처분이 아니므로, 이로 인하여 영토포기가 아니며, 금지도 행정하명에 해당하는 행정처분이므로, 관리활동으로 국가의 상시 통치권이 미치는 범위 내에 있는 것이다. 일본은 '안용복의 신빙성 낮은 허위 진술' 운운하지만 조선의 『비변사등록』이나 『숙종실록』은 안용복의 진술 모두를 수용한 것이 아니라 최대한 객관성이나 타당성을 견지한 가운데 비판을 통하여 기록했으며, 일본의 무라카미 소장의 안용복 취조기록인 『원록 9병자년 조선주착안 일권지각서』 등에 의해 사실로 밝혀지고 있는 점에서 일본의 주장이 근거를 잃어 가고 있다. 따라서 일본은 많은 기록을 하루 속히 공개해야 한다.

네 번째로, 일본은 시마네현 오키섬 주민인 나카이 요자부로의 강치포획과 관련 1904년(메이지 37) 9월 내무, 외무, 농상무 3대 대신에게 리얀코섬의 영토 편입과 10년간 대여청원과 시마네현 의견청취 및 이를 근거로 1905년(메이지 38)년 1월 각료회의의 결정, 다케시마 영유권 의사의 재확인, 각료회의 결정과 내무대신 훈령에 근거한 1905년 2월 '다케시마'로 명명하여 시마네현에 편입하였다고 주장한다.

그러나 사인의 강치잡이 활동은 영토취득의 요건인 국가기관의 활동행위가 아니며, 강치포획행위를 은밀히 행한 사안이 공연한 행위도 아니므로, 국제법상 영토주권의 현시효과는 발생하지 않는다.

또한 이미 일본 태정관이 인정한 대한제국영토, 독도에서의 강치포획행위는 불법행위를 구성한다.

일본은 사인의 어업 행위를 근거로 '각의결정'을 하였다고 주장하지만, 그 사인의 행위는 불법행위를 구성하고, 각의결정 또한 공개된 바 없으므로, "공연한 행위"가 아니며, 불법행위에 기초한 각의결정은 잘못된 결정으로 일본 국내적으로 취소나 무효의 대상이 되는 결정일 수는 있으나, 대외적으로 효력을 갖는 "관계국의 항의가 없을 것", 즉 평온의 요건을 충족했다고 보기 어렵다.

그리고 일본은 "영유의사의 재확인"을 주장하지만, 국제법상에도 없는 제도인 '확인'에 기초한 '재확인'을 주장함은 어느 때 '확인'이라는 선행행위를 했는지 의문이다.

따라서 선행행위인 "영유의사의 확인"을 제시하지 않은 "영유의사의 재확인"은 허구에 불과하다.

일본은 마쓰시마라 부르던 섬을 어느 기간 리앙쿠르섬으로 부르다가 그 섬의 명칭을 명확히 하기 위하여 1880년(메이지 13년) 현지조사를 거쳐 1905년 지금까지의 모든 명칭을 대체하는 이름으로 '다케시마'로 정해 편입했다고 주장한다. 그러나 마쓰시마라 부르던 섬이름을 혼동기를 거쳐 리앙쿠르섬으로 부르던 중 현지조사와 지금까지의 모든 명칭의 대체 명칭으로 정하려면 '마쓰시마'로 불러야 하거나 혼동이 없는 리앙쿠르 또는 제3의 이름으로 불러야 한다. 현지조사를 했다고 주장하지만 현지에서는 명칭혼동은 없었다. 일본은 잘못 사용된 예가 보이더라도 새롭게 정할 것이면, 다른 이름의 사용을 금하고 '마쓰시마'로 부르도록 행정개도·지도하는 것이 옳다.

그럼에도 일본이 변명아닌 변명을 하는 것은 억지주장을 하는 것이고 독도에 대한 영유인식이 없었기 때문이다.

특히 일본은 시마현에 편입하여 고시하고, 1906년 3월 28일 오키도사 동문보일행이 울릉군수 심흥택을 방문하여 한국에 통고했다고 주장한다. 일본이 주장하는 동 "고시"와 "전달"은 국제적으로 공개된 바 없고, 지방현이나 현의 고시는 국제법상 유효한 요건을 구비한 것도 아니며, 울릉군수에 대한 구두통고는 대외적 대표기관에 의한 공식통고가 아니다.

또한 영토주권의 현시는 "국가기관의 행위일 것", "공연적 행위 일 것" 그리고 "관계국의 항의가 없을 것"이라는 요건구비를 요하는 바, 신문게재는 국가기관의 행위방법이 아닐뿐더러 게재신문명과 게재일자가 명시되지 아니하여 그 진실성이 의심스럽다.

다섯 번째, 일본은 "제2차 세계대전 직후의 다케시마"와 관련, "SCAPIN 제677호"와 "SCAPIN 제1033호"의 규정은 영토귀속의 최종적 결정에 관한 연합국 측의 정책을 의미하는 것으로 해석되어서는 안 된다는 취지가 모두 명기되어 있으며, '맥아더 라인'은 1952(쇼와 27)년 4월에 지령에 의해 폐지되었고, 그로부터 3일 후인 4월 28일에는 평화조약이 발효됨에 따라 기존의 행정권 정지의 지령 등도 필연적으로 효력을 상실했다고 주장한다.

그러나 "행정권 정지 지령"의 효력상실은 "SCAPIN 제677호"와 무관한 것이며, "SCAPIN 제677호"의 효력은 평화조약의 발효로 효력을 상실하게 되는 것도 아니다(평화조약 제19조 (d)항).

또 "SCAPIN 제677호" 제6항의 "…최종적으로 결정에 관한 연합국 측의 정책을 나타내는 것으로 해석해서는 아니된다"는 의미는 연합국 측은 추후의 SCAPIN으로 "SCAPIN 제677호"의 내용을 수정할 가능성을 표시한 것이다.[9]

---

9) 앞의 주석 V. 45) 참조.

특히 "대일평화조약" 제2조 (a) 항에는 독도가 일본의 영토로도 한국의 영토로도 명시적으로 규정되어 있지 않은데, 이는 그 평화조약 체결 당시의 현상(status quo)대로 인정하는 효력이 인정된다.

따라서 "SCAPIN 제677호"의 규정에 따라 독도는 한국의 영토인 현상대로, 한국의 영토 그대로 효력이 인정된다.

여섯 번째, 일본은 "대일평화조약" 제2조 (a)항에 독도가 일본의 영토로 명시적으로 규정되어 있지 않지만, 1951년 8월 9일 미국 러스크 극동담당 국무차관보의 답변서에 의해 독도가 일본의 영토로 해석된다고 주장한다.

일본의 이 같은 주장은 해석의 보충적 수단에 의한 해석[10]으로 일견 타당하다.

그러나 해석의 보충적 수단인 "조약의 준비작업"은 조약체결의 역사적 사실로, 준비초안, 회의록, 교섭기록, 공식성명 등이 포함되므로, "대일평화조약" 제2조 (a)항에 관한 "조약의 준비작업"은 상기 "미국무부 답변서"에 한하는 것이 아니므로, 제3항의 "미국무부 답변서"만을 인용하여 독도가 일본의 영토라고 해석하는 것은 명백히 부당한 주장이다.

특히 "미국무부 답변서"는 일본과 미국과의 관계에서 볼 때 일본의 기망행위와 미국의 착오로 작성된 것이므로, 동 "미국무부 답변서"는 일본과 미국과의 관계에서 무효이다.[11]

일곱 번째, "미군폭격훈련구역으로서의 다케시마"와 관련, 일본 지역 주민들의 강한 폭격중지 요청으로 중지 및 1953년 3월 합동위원회는 폭격훈련구역 해제 결정을 하였으며, 이는 다케시마가 일본영토임을 보여주는 사실이라고 주장한다.

그러나 주민들은 국제법상의 주체가 아닌 사인에 불과하며,

---

10) 앞의 주석 VI. 3) 4) 참조.
11) 앞의 주석 VI. 7) 참조.

한국외무부의 1952년 11월 10일의 미군당국에 대한 항의로 폭격훈련 구역 사용중지가 이뤄진 것이지, 일본의 요청에 의한 것이 아니다.

또한 일본이 합동위원회에서 "협의", "결정"한 행위는 일본의 독도에 대한 영토주권의 현시효과는 발생하지 않는다.

특히 미국에 의한 독도에 대한 연습폭격에 대한 한국의 항의는 미국이 독도를 일본의 영토로 보는 "대일평화조약" 제2조 (a)항의 해석인정을 배제하는 효과가 있다.

여덟번째, 일본은 1952년 1월 '이승만 라인'의 일방적 설정의 부당성과 1953년 한국어민의 독도 불법점거와 한국의 경비대원의 불법 점거는 용인될 수 없으며, 다케시마에 대한 한국측의 모든 조처에 적절하게 항의하고 있다고 주장한다.

그러나 1952년 1월 18일 선언된 "대한민국인접해양의 주권에 대한 대통령선언"은 확정된 국제적 선례에 의거한 것으로, 정당한 선언이며, 동 선언이 독도를 선내 포함하고 있는 것은 "인접해양에 관한 주권선언"의 개념상 당연한 것이고, 한국어민의 독도점거는 한국정부에 의해 추인이 이뤄진 행위로 합법적인 점거이며, 일본해상 보안청 순시선이 한국영토 독도 영해를 침범하여 한국 관헌으로부터 총격을 받은 행위는 한국의 영해를 불법침범한 무장 순시선에 대한 당연한 한국의 자위권행사로 인한 피해에 대한 주장일 뿐이다.

또한 한국의 해안경비대가 독도를 점거하는 것에 대해 일본이 국제사법재판소에 따로 제소하거나 제의한 바 없으므로, 해안 경비대의 독도점거는 국제법상 평화적인 점거행위로 묵인이 이뤄진 합법적인 것이다.

특히 일본은 한국의 독도에 대한 숙사 및 감시소, 등대, 접안시설이 위법이라고 항의하지만, 이는 독도가 일본의 영토임을 전제로 한 것이어서 인정할 수 없고, 독도가 한국의 고유영토이므로, 한국의 국내법상 정당하고, 이는 국제법상 성립의 여지가 없는 부당한 주장이다.

따라서 일본영토임을 전제로 한 한국에 대한 어떤 항의도 국제법상 법적 근거가 없는 부당한 주장으로 인정할 수 없다.

아홉 번째, 일본은 1954년 9월 구상서를 통하여 다케시마 영유권 문제를 국제사법재판소에 회부할 것을 한국측에 제의하였으며, 그 후 1962년 3월에도 제의하였으나 한국이 거절하였고, 1954년 한국을 방문한 밴플리트 대사의 귀국보고(1986년 공개)에서도 제소가 적절하다 의견기록이 있으며, 한국측에 비공식 제의를 하였으나 거절했다는 기록이 있다는 주장을 하고 있다.

그러나 국제사법 재판소에 대한 일본의 제소제의는 기득권이 한국에 있음을 전제로 한 것으로, 일본이 기득권을 갖고 있는 센카쿠열도(조어도)에 대해 국제사법재판소에 제소하자는 중국의 제안을 거절한 것과 비교하여 형평성이 맞지 않으며, 일시에 독도에 대하여 한국과 대응한 당사자로서의 지위를 획득하려는 숨은 의도가 있는 것이고, 일본의 제3국에 대한 기망전술에 불과한 것이다. "밴플리트의 귀국보고서"는 미국정부의 국내적 문서이며, 한국이나 일본에 대해 또는 기타 국가에 대해 법적 구속력이 있는 국제적 문서가 아니다.

또한 동 귀국보고서는 어떤 행정절차를 거쳐 미국정부의 공식적 의사로 결정된 경우도 없다.

특히 독도를 한국의 영토로 보는 종전의 미국의 각종 의사표시[12]에 저촉되는 동 보고서는 국제법상 효력이 없다.

---

12) 앞의 주석 IX. 2), 3), 4) 참조.

Ⅱ.

먼저 연구기관과 관련, 국내에는 민간연구소와 정부기관 산하 연구기관이 난립되어 있는 양상을 띠고 있다. 이들 중 정부산하 연구기관은 통폐합하여 인력과 예산의 낭비를 막아 효율적으로 연구를 수행해야 할 것으로 본다.

또한 가칭 '통합연구소'는 독도와 관련된 제반문제를 해결하기 위해 독자적인 권한을 부여받아 책임 있는 행정과 연구가 이뤄질 수 있도록 하였으면 하는 바람이다.

특히 '통합연구소' 내에는 국내 및 국외의 '문헌발굴조사단'을 두어 '발굴과 조사'의 범위 내에서는 전권을 부여받아 독도문제와 관련된 직접적인 사안해결을 위해서 국내의 경우 어느 기관에 대해서나 집행할 권한을 부여받고, 국가적 차원에서 해결해야만 한다. 예컨대 대한 제국과 관련된 문서기록이 절대적으로 부족하다. '석도' 명칭의 사용례나 또는 '독도' 명칭의 사용례, 그리고 각종 독도에 대한 인허가 사항의 기록을 발굴하는 것이 시급한 과제이다.

민간연구소의 경우, 시민단체와 명확하게 구분이 되지 않고 있으며, 체계적인 성과를 내지 못하고 있다. 민간연구소는 자신들만의 특성을 살려 해당분야에 대한 깊이 있는 연구가 절실히 필요하고, 인기 영합적인면을 탈피하고 순수연구에 집중한 것을 권하고 싶다.

다음으로 분야별 연구와 관련, 고유영토론과 직접관련이 있는 역사분야는 매우 중요하다. 독도문제의 '핵'이기 때문이다 역사학 분야의 독도연구는 자료발굴이 첫째이고, 둘째는 해석에 있다. 이렇듯 자료발굴과 해석이 이뤄지면 그것을 바탕으로 법적 평가작업이 이뤄진다. 역사가 '뼈대'라면 법은 '살'이다. 벼도 살도 하나라도 없으면 무용지물이다.

국제소송론과 직접관련이 있는 국제법분야는 실질적으로 '원석'을 '다이아'로 만드는 중요한 분야이다. 국제법과 관련된 연구에서는 독도와 관련하여 국제소송 실무 소수전문가를 배출하여 역사학분야에서 '무엇을 발굴해야 하는지'를 정해주고, 이미 드러난 자료의 정확한 평가작업을 이뤄내야 한다. 예컨대 현재는 국제법 제반분야의 저명한 학자들의 자문을 얻어 필요할 때마다 임기응변으로 일시적으로 문제를 해결하고 있으나, 이는 일시적 해결방안일 수는 있지만 궁극적인 해결방안은 되지 못할 것이다.

끝으로, 중복연구가 되지 않도록 분야별로 분담하여 전력하는 연구가 필요하다. 이를 위해서는 모든 연구기관과 연구원들을 행정적으로 관리하고 분담시켜 주는 구심점이 되는 행정체계의 기관이 필요하다고 본다.

Ⅲ.

독도문제는 일본이 인접국가나 국제사회를 존중하는 것이 선행되어야 한다고 본다. 그 속에서 과거사를 반성하고 대승적 차원에서 접근함으로써 해결될 것이며, 또한 자국의 후손들에게 바른 역사의식과 함께 정체성을 도모하는 미래관을 심어주므로써 넓게는 국제사회, 좁게는 한일관계에 도움이 될 것으로 본다. 예컨대 독도는 일본이 침략 과정에서 필요에 의해 취한 것이고, 정신대 문제는 전쟁수행 중에 인권을 유린 한 좋은 예이다 이 두 문제는 한국에게 있어서 직접적이고도 치욕적인 문제이다. 현재의 일본이 대승적 차원에서 문제를 해결하려 하지 않고 과거사를 정당시하고 합리화시키기에 급급하다면 문제해결은 소원할 수 밖에 없다.

따라서 일본은 과거의 침략전쟁행위를 인정하고 그 과정에서 취한 독도는 한국의 영토임을 인정해야 하며, 정신대 문제 등의 경우는 일본국내의 특별법을 제정하여 인도적 차원에서 사과와 배상을 해야 할 것으로 본다.

제5편

부록

일본 외무성의 독도 홍보팜플렛 반박문

1. 일본이 옛날부터 독도를 인식했다는 주장과 관련하여

일본의 주장

○ 일본은 옛날부터 독도의 존재를 인식하고 있었다.
- 경위도선을 표시한 일본지도로서 가장 대표적인 나가구보 세키스이(長久保赤水)의 「개정 일본여지노정전도」(1779년) 등 일본의 각종 지도와 문헌이 이를 확인해 주고 있다.

□ 일본 주장의 허구성

○ 「개정 일본여지노정전도」는 사찬(私撰)지도로서 1779년 원본에는 울릉도와 독도가 조선 본토와 함께 채색되지 않은 상태로 경위도선 밖에 그려져 있어서 일본 영역 밖의 섬으로 인식하고 있다.

○ 더욱이 일본 해군성의 「조선동해안도」(1876년)와 같은 관찬지도들은 오히려 독도를 한국의 영토에 포함시키고 있다.

○ 1696년 도쿠가와(德川) 막부정권이 일본 어민들의 울릉도 도해를 금지한 이후 두 섬에 대한 인식이 흐려져 독도를 마츠시마(松島),

---

이 자료는 동북아역사재단(www.historyfoundation.kr)내 독도연구소 홈페이지 (www.dokdohistory.com)에 있는 내용을 전재합니다.

리양코도(リヤンコ島), 랑코도(ランコ島), 다케시마(竹島) 등으로
혼란스럽게 불렀을 뿐만 아니라 지리적 위치도 완전히 망각하게
되었다.

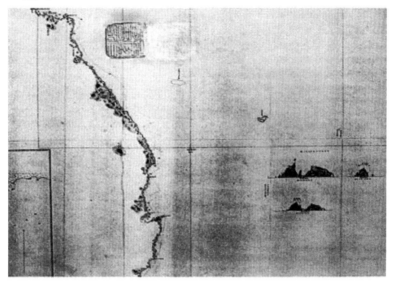

▲ 〈자료 1〉 일본 해군성의 조선동해안도(1876년) : 일본
해군성은 독도를 조선의 소속으로 표기하고 있다.

일본의 주장

ㅇ 한국이 옛날부터 독도를 인식하고 있었다는 근거는 없다.
- 한국측이 주장하는 우산도가 독도라는 것을 뒷받침하는 명확한
근거가 없으며, 우산도는 울릉도의 다른 이름이거나 가상의
섬이다.

□ **일본 주장의 허구성**

ㅇ 독도는 울릉도에서 육안으로도 바라볼 수 있어서 울릉도에 사람이
거주하기 시작한 때부터 인식할 수 있었다. 이러한 인식의 결과
세종실록지리지(1454년), 신증동국여지승람(1530년), 동국문헌비고
(1770년), 만기요람(1808년) 등 한국의 수많은 정부 관찬문서에
독도가 명확히 표기되어 있다.

- 특히 동국문헌비고(1770년), 만기요람(1808년) 등에는 "울릉도와
우산도는 모두 우산국의 땅이며, 우산도는 일본인들이 말하는
송도(松島)"라고 명백히 기록하고 있다. 송도는 당시 일본인들이
부르는 독도의 명칭이다. 우산도가 독도라는 것을 명확히 알려주고
있다.

ㅇ 2005년 일본 오끼섬에서 발견된 안용복 관련 조사보고서인
「원록9병자년조선주착안일권지각서」(元祿九丙子年朝鮮舟着岸一卷
之覺書)에는 안용복이 휴대한 지도에 울릉도와 독도를 조선의

강원도에 부속된 섬으로 명기하고 있다. (아래 <자료 5> 참조)
O 오늘날과 달리 지도제작 기술의 부족으로 고지도 중 독도의 위치나
   크기를 잘못 그린 것이 있으나, 이것이 독도의 존재를 인식하지
   못했다는 증거가 되는 것은 아니다.
- 한국의 고지도는 관찬지도이든 사찬지도이든 언제나 동해에 두 섬,
   즉 울릉도와 독도를 함께 그리고 있어 독도의 존재를 명확히
   인식하고 있었음을 보여주고 있다.

▲ <자료 2> 울릉도에서 바라본 독도 :
독도는 울릉도로부터 육안 관측이 가능하다.

3. 17세기 중엽에 독도의 영유권을 확립했다는 것과 관련하여

일본의 주장

○ 일본은 울릉도로 건너갈 때의 정박장이나 어채지로 독도를 이용하여 늦어도 17세기 중엽에는 독도의 영유권을 확립했다.
- 에도(江戶)시대 초기(1618년), 돗토리번의 요나고 주민인 오야(大谷), 무라 카와(村川) 양가는 막부로부터 도해(渡海)면허를 받아 울릉도에서 독점적으로 어업을 하며 전복을 막부에 헌상했다. 독도는 울릉도로 도항하기 위한 항행의 목표나 도중의 정박장으로서, 또 강치나 전복포획의 좋은 어장으로서 자연스럽게 이용되었다.

□ 일본 주장의 허구성

○ 도해면허는 내국 섬으로 도항하는 데는 필요가 없는 문서이므로 이는 오히려 일본이 울릉도·독도를 일본의 영토로 인식하지 않고 있었다는 사실을 입증하는 것이다.

○ 17세기 중엽의 일본 고문서인 『은주시청합기(隱州視聽合記)』(1667년)는 '일본의 서북쪽 한계를 오키섬으로 한다''고 기록하여 일본인들 스스로 독도를 자국의 영토에서 제외하고 있다.

○ 1877년 일본 국가최고기관인 태정관은 17세기말 한일간 교섭결과를 토대로 "…품의한 취지의 죽도(竹島, 울릉도)외 일도(一島, 독도)의 건에 대해 일본은 관계가 없다는 것을 명심할 것"이라고 하면서

독도가 일본의 영토가 아님을 공식적으로 인정하였다.

○ 한편 일본 외무성도 『조선국교제시말내탐서(朝鮮國交際始末內探書)』(1870년)에서 '죽도(울릉도)와 송도(독도)가 조선부속으로 되어 있는 시말'이라는 보고서를 작성하였으므로 송도(독도)가 한국땅임을 자인하였다.

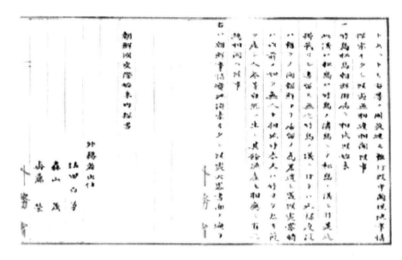

▲〈자료 3〉조선국교제시말내탐서(1870) : 일본 외무성 문서로서 울릉도와 독도를 조선의 영토로 밝히고 있다.

4. 독도 도항은 금지하지 않았다는 것과 관련하여

일본의 주장

○ 일본은 17세기말 울릉도 도항을 금지했지만, 독도 도항은
금지하지 않았다.
- 1696년 울릉도 주변 어업을 둘러싼 한일간의 교섭 결과,
막부는   울릉도로의   도항을   금지했지만,   독도로의   도항을
금지하지는 않았다. 이는 당시부터 일본이 독도를 자국의
영토라고 생각했음이 분명하다.

□ 일본 주장의 허구성

○ 17세기말 일본 막부정권이 울릉도 도항을 금지할 때, '죽도(울릉도)
   외 돗토리번에 부속된 섬이 있는가'라는 에도 막부의 질문에 대해
   돗토리번은 '죽도(울릉도), 송도(독도)는 물론 그 밖에 부속된 섬은
   없다'고 회답하면서, 울릉도와 독도가 돗토리번 소속이 아님을
   밝히고 있다.

○ 또한 일본 자료(오야가(大谷家) 문서)에서 보이는 '죽도(울릉도)
   내의 송도(독도)'(竹嶋內松嶋), '죽도 근변의 송도'(竹島近邊松嶋)
   등의 기록이 잘 설명해 주는 바와 같이 '독도는 울릉도의
   부속도서(屬島)'로   간주되었다.   그러므로   1696년 1월 울릉도
   도해금지조치에는 독도 도해금지도 당연히 포함되어 있었다.

○ 도해금지조치 이후 있은 일본의 독도 명칭 혼란은 일본이 독도
   도항은 커녕 독도에 대해 제대로 인지조차 못했다는 것을

입증하고 있다.

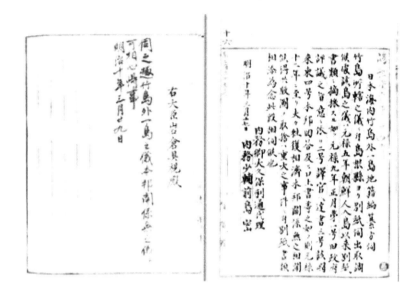

▲〈자료 4〉일본 태정관 지시문(1877년) : 일본 메이지(明治) 정부의 국가최고기관인 태정관은 17세기말 일본 막부가 내린 울릉도 금지조치 등을 근거로 '울릉도와 독도가 일본과 관계없다는 것을 명심하라'고 내무성에 지시하였다.

5. 안용복의 진술내용과 관련하여

□ 일본 주장의 허구성

○ 안용복의 도일활동에 관해서는 조선의 비변사에서도 철저한 조사가 이루어졌으므로 그것을 기록한 조선의 관찬서 기록이 진실이 아니라고 하는 일본측 주장은 받아들이기 어렵다.
- 또한 일본의 기록에 없는 것이 조선의 기록에 있다고 하여 조선의 기록이 잘못이라고 판단하는 것은 일본측의 독단에 불과하다.

   ※ 안용복의 도일활동은 숙종실록, 승정원일기, 동국문헌비고 등 한국의 관찬서와 죽도기사(竹島紀事), 죽도도해유래기발서공(竹島渡海由來記拔書控), 이본백기지(異本伯耆志), 인부연표(因府年表), 죽도고(竹島考) 등 일본 문헌에 기록되어 있다.

○ 안용복의 활동으로 인해 울릉도/독도에 관한 논의가 일본에서 있었으며, 결과적으로 두 섬을 조선의 영토로 인정하게 되었다.
- 일본측은 안용복 사건으로 양국간에 영토문제가 대두되자 1695년 울릉도/독도가 돗토리번(鳥取藩)에 귀속한 시기를 문의하는 에도막부의 질문에 대해 '돗토리번에 속하지 않는다'는 돗토리번의

회답이 있었다.

○ 1696년 1월에 내린 막부의 도해금지령은 같은 해 8월 요나고(米子)
주민에게 전달되었으므로 요나고 주민이 그 기간 독도에 갈 수
있었으므로, 같은 해 5월 울릉도에서 일본인을 만났다는 안용복의
진술을 거짓으로 보는 일본측 주장은 타당하지 않다.

○ 2005년 일본에서 발견된 안용복관련 조사보고서인 「원록9병자년조
선주착안일권지각서」(元祿九丙子年朝鮮舟着岸一卷之覺書)는   그
말미에 안용복이 휴대한 지도를 참조하여 조선 팔도의 이름을
기술하면서 울릉도와 독도가 강원도에 소속됨을 명기하고 있어 당시
안용복이 독도를 조선 땅이라고 진술한 사실을 명백히 입증하고 있다.

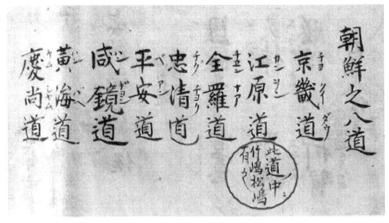

▲ 〈자료 5〉 1696년 안용복 관련 조사보고서 : 안용복의 2차 도일
시 활동상황을 기록한 문서로 '죽도'(울릉도), '송도'(독도)가 강원도에
속한 조선의 영토임을 명기하고 있다.

6. 1905년 시마네현 편입과 관련하여

일본의 주장

ㅇ 일본 정부는 1905년 독도를 시마네현에 편입하여 독도 영유의사를 재확인했다.

- 시마네현 오키도민인 나카이 요사부로의 독도 영토편입 청원을 접수한 일본 정부는 1905년 1월 각의결정으로 독도를 영유한다는 의사를 재확인하였으며, 2월 시마네현 지사는 독도가 오키도사의 소관이 되었음을 고시함과 동시에 당시 신문에도 게재되어 널리 일반에게 전해졌다.

- 일본은 독도를 관유지대장에 등록하고 강치포획을 허가제로 하여 1941년 제2차 대전으로 중지될 때까지 강치포획을 계속하였다.

- 1900년 대한제국 칙령 제41호의 석도를 독도라고 하는 데는 의문이 있으며, 의문이 해소된다고 하더라도 한국이 독도를 실효적으로 지배했던 사실은 없다.

□ 일본 주장의 허구성

ㅇ 독도가 일본의 고유영토라고 하면서 1905년에 편입시켰다고 하는 것은 억지에 불과하다. 그 주장이 사실이라면, 다른 고유영토에 대해서도 똑같은 편입조치를 해야 할 것이다.

- 자국의 영토에 대해서 영유할 의지가 있다는 것을 재확인한다는 것은 국제법상 있을 수 없는 변명에 불과하며 그러한 전례도 없다.

- 그리고 1950년대 이후 일본의 외교문서 등을 보면 1905년 편입조치를 처음에는 "무주지 선점"이라고 주장했다가 나중에는

"영유의사의 재확인"으로 말을 바꾼 것은 그 만큼 근거가 박약하다는 증거이다.

○ 1905년 시마네현 편입조치는 러일전쟁 중인 한반도 침탈과정에서 이루어진 것이며, 이미 확립된 대한민국의 독도 영유권에 대해 행해진 불법, 무효한 조치이다.
- 대한제국 칙령 제41호(1900년)를 통해 독도의 행정구역을 재편하는 등 한국의 독도에 대한 영유권은 확고하였으며 바, 1905년 당시 독도는 무주지가 아니었으므로, 일본의 독도편입조치는 국제법상 불법이다.
- 한국은 일본의 조치 사실을 안 즉시 독도가 한국의 영토임을 재확인하였으나(1906년), 을사늑약(1905년 11월)에 의해 외교권이 박탈된 상태였으므로 단지 외교적 항의를 제기하지 못하였을 뿐이다.

○ 독도 편입 청원서를 제출한 나카이 요사부로는 처음에 독도가 한국 영토라는 것을 알고 일본 정부를 통해 한국에 임대청원서를 제출하려고 했다. 그런데 해군성과 외무성 관리(기모쓰케 가네유키, 야마자 엔지로) 등의 사주를 받고 영토편입 청원서를 내었던 것이다.
- 당시 내무성 관리(이노우에 서기관)는 "한국 땅이라는 의혹이 있는 쓸모없는 암초를 편입할 경우 우리를 주목하고 있는 외국 여러 나라들에게 일본이 한국을 병탄하려고 한다는 의심을 크게 갖게 한다"고 독도 영토편입 청원에 반대하였다.

○ 1900년 대한제국 칙령 제41호는 그 자체가 독도에 대한 한국의 실효적 지배의 증거를 명확히 보여주고 있다.

- 울릉도 주변도서의 지리적 현황과 독도를 독섬(돌섬)이라고 호칭한 울릉주민들의 생활상을 고려하면 "석도"(石島)가 독도라는 것은 의심의 여지가 없다.
- 1947년 울릉도 개척민(홍재현)의 증언 및 1948년 독도폭격사건 등에서 보는 바와 같이, 1905년 이전뿐만 아니라 그 이후에도 독도는 계속해서 울릉도 주민들의 어로작업지로 이용되었다.

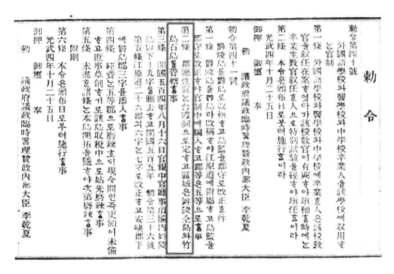

▲ <자료 6> 대한제국 칙령 제41호(1900년) : 대한제국은 '석도'(독도) 를 울릉군의 관할구역으로 규정하고 있다.

일본의 주장

ㅇ 대일강화조약 기초과정에서 한국은 일본이 포기해야 할 영토에 독도를 포함시키도록 요구했지만, 미국은 독도가 일본의 관할 하에 있다고 해서 이 요구를 거부했다.
- 1951년 대일강화조약에서 일본이 그 독립을 승인하고 모든 권리, 권원 및 청구권을 포기한 「조선」에 독도가 포함되지 않았다는 사실은 미국기록공개문서 등에서도 명백하다.

□ **일본 주장의 허구성**

ㅇ 당초에 미국은 독도를 한국의 영토로 인정했으며, 일시적인 미국의 태도 변화는 일본의 로비에 의한 것이다.

ㅇ 일본이 대일강화조약상 남쿠릴열도(북방 4개섬)를 러시아의 영토로 인정한 조항을 거부하면서 명시적 규정이 없는 독도를 자국의 영토로 확정되었다고 하는 것은 논리적 일관성이 없는 주장이다.

ㅇ 연합국총사령부는 일본 점령 기간 내내 다른 특정한 명령을 내린 바 없이 연합국총사령부 훈령(SCAPIN) 제677호를 적용하였으며, 대일강화조약 체결 직후 일본 정부도 당시 독도가 일본의 관할구역에서 제외된 사실을 확인하였다.
- 1951년 10월 일본 정부는 대일강화조약에 근거하여 일본 영역을 표시한 '일본영역도'를 국회 중의원에 제출하였는데, 그 지도에

분명하게 선을 그어 독도를 한국의 영역으로 표시하였다.

  ※ SCAPIN 제677호는 독도를 울릉도와 함께 일본의 통치대상에서
    제외되는 지역으로 규정하였다.

- SCAPIN 제677호 : 3. 이 훈령의 목적을 위하여, 일본은 일본의 4개
  본도(홋카이도, 혼슈, 큐슈, 시코쿠)와 약 1천 개의 더 작은 인접
  섬들을 포함한다고 정의된다. (1천 개의 작은 인접 섬들에서) …
  제외되는 것은 ⓐ 울릉도·리앙쿠르암(Liancourt Rocks; 독도) …
  등이다.

○ 연합국이 제2차 대전 후 대일강화조약 체결 때까지 독도를
  일본에서 분리, 취급한 것은 카이로 선언(1943년) 및 포츠담
  선언(1945년) 등에 의해 확립된 연합국의 전후 처리정책을 실현한
  것이다.
- 즉 독도는 일본의 본격적인 영토침탈전쟁인 러일전쟁 중에 폭력과
  탐욕에 의해 약취된 한국의 영토이기 때문에 당연히 일본이
  포기해야 하는 지역이었다.

○ 독도는 전후 연합국 결정에 의해 일본에서 분리되어 미군 통치하에
  있다가, UN결의에 따라 1948년 8월 15일 대한민국 정부가
  수립되자 다른 모든 섬들과 함께 한반도 부속도서로서 한국에
  반환되었다. 대일강화조약은 이를 확인한 것에 불과하다.

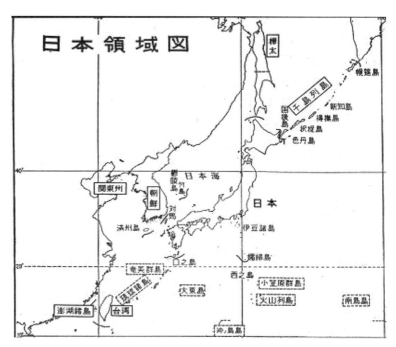

日 本 領 域 図

▲ <자료 7> 일본영역도(『대일강화조약』(마이니치신문사편, 1952))
: 대일강화조약 체결 직후 일본 정부도 당시 독도가 일본의
관할구역에서 제외된 사실을 확인하고 있다.

8. 미군의 독도폭격연습지 지정과 관련하여

일본의 주장

○ 독도는 1952년 주일미군의 폭격훈련구역으로 지정되었으며, 일본 영토로 취급되었음은 분명하다.
- 미일행정협정에 입각하여 주일미군이 사용하는 폭격훈련구역의 하나로 독도를 지정하는 동시에 외무성에 이를 고시하였다.

일본 주장의 허구성

○ 미 공군은 한국의 항의를 받고 독도를 폭격훈련구역에서 즉각 해제하였으며, 그 사실을 한국측에 공식적으로 통고해 왔다. 또한 독도가 그 즈음 설정된 한국의 방공식별구역(KADIZ) 내에 있으면서, 일본방공식별구역(JADIZ) 밖에 있었다는 것도 독도가 한국의 영토임을 전제로 한 조치임을 다시 한번 확인시켜주고 있다.

○ 독도에서 조업 중이었던 우리 주민들의 피해에도 불구하고, 독도를 폭격연습지로 지정하는가 하면, 1952년 당시 거듭된 독도 폭격 등이 모두 일본의 유도에 의한 것임은 일본 의회에서의 발언 내용 등을 통해 쉽게 알 수 있다.

※ 다음은 1952년 5월 23일 중의원 외무위원회에서 시마네현 출신 야마모토(山本) 의원과 이시하라(石原) 외무차관과의 발언내용이다.

- 야마모토 의원 : "이번 일본의 주둔군 연습지 지정에 있어서, 독도

주변이 연습지로 지정되면 그 (독도) 영토권을 일본의 것으로 확인받기 쉽다는 생각에서 외무성이 연습지 지정을 바라고 있는지 그 점에 대해 말씀해 주시기 바랍니다."

- 이시하라 차관 : "대체로 그런 발상에서 다양하게 추진하고 있는 것 같습니다."

▲ <자료 8> 독도조난어민 위령비 제막식(1950년 6월 8일) : 독도 현지에서 경상북도 지사가 참석한 가운데, 1948년 독도폭격사건으로 희생된 우리 어민들을 위한 위령비 제막식을 거행하고 있다.

일본의 주장

○ 한국은 독도를 불법점거하고 있으며, 일본은 엄중하게 항의를 하고 있다.
- 한국에 의한 독도 점거는 국제법상 아무런 근거 없이 이루어지고 있는 불법점거이며, 한국이 독도에서 행하는 어떤 조치도 법적인 정당성이 없다.

일본 주장의 허구성

○ 일본은 어느 시기에도 독도에 대한 영유권을 확립한 바가 없으며, 일본의 주장은 오히려 독도에 대한 대한민국의 영토주권을 침해하는 일방적이고 불법적인 것에 불과하다.
○ 일본이 독도 영유권 확보를 의도한 것은 1905년 조치에 의해서이며, 대한민국은 이미 그 이전에 독도에 대한 영유권을 확립하였다.

※ 1454년 세종실록지리지, 1808년 만기요람, 1900년 대한제국 칙령 제41호(이상 한국 정부문서), 1696년 에도(江戸)막부의 도해금지령 공문, 메이지(明治)정부의 1870년 조선국교제시말내탐서, 1877년 태정관 지시문(이상 일본 정부문서), 1946년 SCAPIN 제677호, 제1033호(연합국총사령부 공식문서) 등은 독도가 한국의 영토임을 명확히 밝히고 있다.

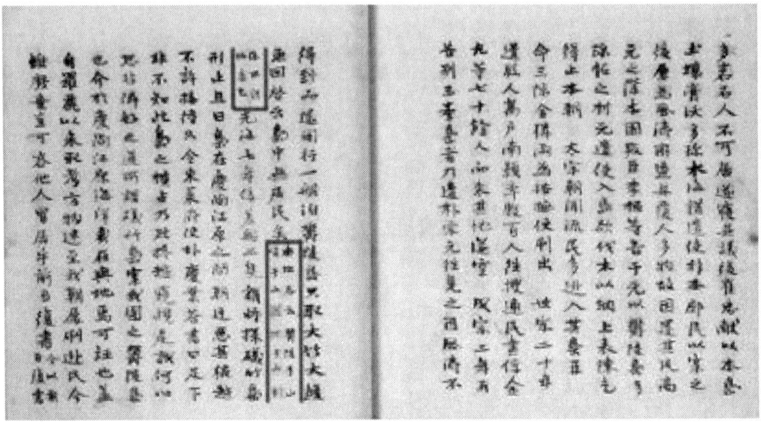

▲ <자료 9> 만기요람(1808년) :
'울릉도와 우산도(독도)가 모두 우산국의 땅'이라고 기록하고 있다.

10. 국제사법재판소 회부 제의와 관련하여

일본의 주장

○ 일본은 독도영유권에 관한 문제로 국제사법재판소에 회부할 것을 제안하고 있지만, 한국이 이를 거부하고 있다.
- 일본 정부는 1954년 9월, 1962년 3월에 국제사법재판소 회부를 제안했으나, 한국 측이 이를 거부하였다.

일본 주장의 허구성

○ 일본은 조어도(센카쿠제도)나 남쿠릴열도(북방 4개섬)에 대해서는 국제사법재판소 회부를 거부하면서 유독 독도에 대해서만 회부를 주장하고 있는 모순적인 태도를 보이고 있다.

○ 독도는 일본 제국주의의 한반도 침략과정에서 침탈되었다가 되찾은 역사의 땅이다. 독도는 명백한 대한민국의 영토이며, 재판소에 회부할 어떠한 이유도 없다. 오로지 일본이 침략의 역사에 근거한 독도 영유권 주장을 중단하는 것만이 바람직한 해법이다.

<자료 10> 미래지향적인 한일관계의 시금석, 독도

KMI

해양수산 현안분석　　　　　　　　　　　　　　　2008-07

독도연구센터

독도는 과연 일본 영토였는가?
- 일본 외무성 「독도」 홍보자료에 대한 비판 -

2008. 4. 16.

목 차

"10 Issues of Takeshima"(Dokdo Islets) raised by Japanese Ministry of Foreign Affairs and Refutation thereon by Hong-ju NAH, Former Maritime Attache, Korean Embassy, Washington, D.C.

by Hong-ju Nah *

*Former Maritime Attache, Korean Embassy, Washington, D.C

** 이 부분 비판은 '獨島硏究' 제5호(2008.12.30), 영남대학교 독도연구소, pp.5~63.까지의 내용을 전재합니다.

<번역본>은, 앞의 책, pp.64~81.까지의 내용을 참조바랍니다.

Refutation on "10 Issues of Takeshima" of Japanese

The Dokdo Islets have been Korean territory since AD512 according to the History of Thkee kingdoms (in Korea) published by Korea Dynasty in 1145.

Japanese eabinet landestin decision to incorporate Liancourt Rocks(Dokdo Islets) breachy the principle of estoppel by denying The former decision of Japanese Di Jo Gan (Prime Minister Class) Document (dates ,arch 19, 1877) Say that "Takeshima and one the other island have noting to do with Japan based upon consultations between Korean Kingdom and former Japanese government.

A new state comes into existence when a community acquires an organized government a defined territory and an authority to sale the things and people in the defines territory to the exclusion of by any other state.

Though Korea has a half million years of history, she was once enforced to be annexed to japan in 1910 by japanese Imperial miliary forces against Korea Peoples will, falling into a most miserable colonial rule to the year 1945.

Immediately after the end of WWII, the Korean Community

recovered has original territory in accordance with cairo and Potsdam Declarations Paragraph(8) and by SCAPIN NO.677(Jan.29, 1946). with such Provision as "···Japan is deafened to include four main islands··· excluding(a) Utsryo(ullung)island, Lianconrt Rocks(Take Island)···Furthers areas, specifically excluded from the governmental and Administration jurisdiction of the Imperial Japanese government are the following(a)···(b)···(c) Korea(d)···". The aforesaid provision of the SCAPIN NO.677 has never been rerised nor cancelled. "The will of an overwhelming majority of the General Assembly of the United Nations Was expressed in the resalations adopted by it on November 14, 1947, the purpose of which was to make it of the Korean People to attain their long sought freedom and independence thought the halding of the free and democratic elections and the establishment on the basis theredf, of a national government" The Korean continuity acquired On August 15, 1948 an organized government (through the said free and democratic election) about four years earlier than japan restored has full authority to rule the state in 1952 after WWII in accordance with the Peace Tkeaty between the Allies and japan, San Francisco 1951, We think that the aforesaid Provision of SCAPIN No.677 saying "the exclusion of Liancourt Rocks(Take island) from the definition of Japan", falls within the Purview of Article 107 of the charter the United Nations, and We think that

Japenese any laim over Korean Dokdo Islaets breach the provision of Article ig(d), the Peace Treaty between the Allied Powers and Japan, San Francisco, 1951 Wethink that I수 is the mart 야냑욀 manner and thime for Japan to give up the laim over the Dokdo Islets as a symbol of reconciliation to the festering ingeris on the Korean People coursed by Japanese annexation of Korea in 1910 as Japan tools the Dokdo Islets in order to subjugate Korea in 1905. However recoutly, Japanese Foriem Affairs ministry published (in February 2008) as called "10 issues of Takeshima" claining over Dokdo Isands(Lancourt Rocks) and We can not but help requt such illegal and unreasonable claims over Dokdo Islets.

On Refutation Against "10 issues of Takeshima"(Dokdo) raised by Japanese Ministry of Foreign Affairs

The Dokdo Islets have been Korean territory since AD512 according to the History of Three Kingdoms (in Korea) published by Korea Dynasty in 1145.

Though Korea has a half million years of long history, she was once enforced to be annexed to Japan in 1910 by Japanese Imperial

Military Forces against Korean peoples' will, falling into a most miserable colonial rule by Japanese up to the year 1945.

Japanese cabinet's clandestine decision to incorporate Dokdo Islets (Liancourt Rocks, Matsushima) breached the principle of estoppel in international law by denying the earlier decision of Japanese Di Jo Gan (Prime Minister class) Document (dated March 29, 1877) stating that "Takeshima and the other one island have nothing to do with Japan" based upon consultations held between Korean Kingdom and former Japanese government during 1696-99.

"A new state comes into existence when a community acquires

an organized government, a defined territory and an authority to control the things and people in the defined territory to the exclusion of control by any other state." Soon after WWII, on August 15, 1948 the Korean community built the Republic of Korea on the land of Korea including Dokdo Islets (Liancourt Rocks, Takeshima) which had been excluded legally from Japan by SCAPIN No. 677 (January 29, 1946) in accordance with Potsdam Proclamation (8), completely separating from Japan governmentally and administratively.

The aforesaid provision of the SCAPIN No.677(January 29, 1946) has never been revised nor cancelled ever since it was issued. "The will of an overwhelming majority of the General Assembly of the United Nations was expressed in the resolutions adopted by it on November 14, 1947, the "purpose of which was to make it of the Korean people to attain their long sought freedom and independence through the holding of the free and democratic elections and the establishment, on the basis thereof, of a national government." Accordingly, the Korean community acquired on August 15, 1948 an organized government through holding the said free and democratic election around four years earlier than Japan would restore her full authority to rule the state in 1952 in accordance with the Peace Treaty with Japan, San Francisco (September 8, 1951).

It is self-explanatory that such a provision of the said SCAPIN No.677(January 29, 1946) as the "exclusion of Liancourt Rocks (Takeshima) from the definition of Japan" falls within the purview of Article 19(d) of the Peace Treaty and also the Article 107 of the Charter of the United Nations. Therefore, any Japanese claim

over the Dokdo Islets (Liancourt Rocks, Takeshima) can not be laid without violating the provisions of the Articles aforementioned and also the spirit of the international peace and security displayed after WWII in the Peace Treaty.

Therefore, I believe that it is the most desirable time and manner for Japan to give up the trying to lay claim over the Dokdo Islets as "a symbol of reconciliation" to the festering injuries on the Korean people caused by Japanese enforced annexation of Korea to Japan in 1910 and for the sake of justice, because Japan illegally took the Dokdo Islets to subjugate Korea in 1905. To my great regret, however, Japanese Ministry of Foreign Affairs published (in February 2008) so called "10 issues of Takeshima"(Dokdo) trying to lay a claim over the Korean Islets, the Dokdo, I, as one of Koreans, can not help but refute such an illegal and unreasonable claim over the Dokdo Islets as the "10 issues of Takeshima" as enclosed.

Issues Raised by Japanese Foreign Ministry

Refutation

1. Japan has long recognized the existence of Takeshima.

1. The veritable Record of Three Kingdoms History(Samkuk Yousa, published   in A.D. 1145 by Korea Dynasty) states that "The State of Wusan consit-ing of Ullung Island and its subordinate Wusan islets(Dokdo, Liancourt Rocks)

located withing a visible range of distance from each other, have been Korean territory, while "Matsushima"(Dokdo Islets, Liancourt Rocks) appeared in Japanese record for the first time in "Inshouw Shisei Koh Ki"(a Record of Official Observation Tour), a report made by Saito Howen in 1696 to Shimaneken Prefecture, Japan. He wrote in the report that "one night and one day's navigation toward Northwest direction from Ohki Island reaches to "Matsushima"(Dokdo) and further navigation for one more day will reach to "Takeshima"(Ullung Island),. Therefore, Northern boundary of Japan must be this region(Ohki island, Japan). The said report implies that "Matsushima" and "Takeshima" belong to Korea.

2. Dokdo Islets have several different names taken through out the long history of about 1,500years since A.D. 512 when the two Islands became Shilla Dynasty territory. such as "Wusando", "Sambongdo", "Gajido", "Sockdo" and "Dokdo".

① The name of Takeshima for "Matsushima"(Dokdo Islets, Liancourt Rocks) was a new name for the existing "Matsushima"(Liancourt Rocks) only when it was renamed in 1905 during Russo-Japanese war by Japanese cabinet, incorporating the matsushimna(Dokdo Islets, Liancourt Rocks) illegally into Japanese territory since original "Takeshima"(Ullung Island) was already no more un-inhabitant island, but with many Korean inhabitants. The very name "Takeshima"was believed indispensable for Japan since Yoshida Shoin had suggested it as the Japanese' foothold for marching to Asian continent.

② It is a real fact that inhabitants of Korean Ullung Island(Utsuryo) can see Wusan (Dokdo, Liancourt Rocks) Islets with unaided eyes at present and surely so in the past in a sunny day since the Veritable Record of Korean King Saejong(Geography Department) published in 1454 reads: "Two Islands, "Wusan"(Liancout Rocks) and "Munung"(Ullung) are located in the right eastward direction in the East Sea. The distance between the two islands is not so far that each other is in visible range with unaided eyes in a sunny day. "Wusan country" was often called as "Ullung Island" including Wusan (Dokdo, Liancourt Rocks) in the era of Shilla Dynasty.

③ The original text in Yeojiji(Record of Geography, 1656) clearly describes in main sentences that "Wusan Island is what the Japanese call "Matsushima" (Liancourt Rocks, at present day "Takeshima". There is a foot note introducing that "some say "Wusan Island" and "Utsuryo(Ullung) Island might be two names for an island". It is not acceptable for Japanese to describe the verification and claim over the islands by Korean fisherman Ahn Yong Bok as "unreliable deposition" since even the Japanese Dai Jo Gan (Prime Minister class) Document, 1877) quoted his arrival in Japan attributing to consultations on the title of the said two islands between Korea and Japanese former government as the following: "...since a Korean arrived in Japan in Genrok 5 year(1696)...".

④ Wusan Island(Dokdo Islets) is smaller than her main Island Ullung(Utsuryo). Japanese Ministry of Foreign Affairs recognizes that " A revised Edition of the Augmented Survey of the Geography of Korea" described Ullung(Utsuryo) Island and Wusan Island(Dokdo Islets) as two separate islands. However, the Japanese Ministry argued that on the Korean map, both the Islands are drawn in roughly same in size and the locations are in wrong side out., concluding that "This clearly shows that Wusan island((Dokdo) does not exist at all in reality". Koreans, however, can not accept the Japanese view because Japanese must have confused the meaning of "inaccuracy" with that of "non-existence. Map reading should be made taking into account "the map making skill of the time when relevant map was made" as Judge Max Huber in Palmas Island Case stated(1928).

3. Japan used Takeshima as a stopover port en route to Utsuryo Island and as fishing ground. It thus established its sovereignty over Takeshima by the mid 17th century at the very latest.

3. Being located in the midst of a remote sea surrounded with wild sea waves and frequent storms and whirlwind around the rocky island, Dokdo("Takeshima") almost throughout an year, and even nowadays modern motor ships can hardly assured of berthing every time along the modern wharf constructed in 1997 by Korean government with KW 11.7 billion(including building a fisher house). Koreans, therefore, can not but point out that it is physically impossible for a ship to use the Dokdo("Takeshima") Island as a regular stop over port en route to Ullung island("Utsuryo") Island, except for unpredictable rarely a fine day. Further more without a motor vessel how in the older days a sail boat could make use of the Dokdo(then, Matsushima) as a regular stopover en rout to Ullung Island(Takeshima)?

① The distance between the two islands is not so far that it is possible for inhabitants of Ullung Island(Takeshima) to see Dokdo Islets(Matsushima) with unaided eyes in a fine day. It is a common sense that a ship may have passage to a destination within a state boundary without government permission. In this light of view "In 1618 two merchants of Yonago in the region of Houki-no- Kuni in Totori clan...received permission for passage" to Utsuryo Island (then, Takeshima) from the Shogunate..." proves contrary, as to verify that the island didn't belong to Japanese territory. Aftermath of Japanese failure in the invasionary war(1592-98) against Korean

Kingdom, the remote island Ullung(then,Takeshima) might not be for the time being in a tight control over to prohibit Japanese approach to the island. since some Japanese might make sneaky passage to the Island under a cloak of permission from the Shogunate. But, in 1699, Japanese government formally recognized Ullung(then, Takeshima) and Dokdo("Matsushima") islands belonged to Korean kingdom by a Japanese Note Verbal (in January 1699) addressed to Korean government..

② The said "Japanese Families'" fishing on and around the sea of Korean islands "Ullung" and "Wusan"(Dokdo) was illegal, and such fishing at last brought about big collisions between Japanese fishermen and Korean fishermen led by Ahn Yong Bok who was kidnapped to Japan in 1693 and visited to Japan in 1696 to persuade the Japanese authorities concerned that Ullung and Usando(Dokdo) Islands belonged to Korea. His activities then in Japan requesting for Japanese authorities to prohibit Japanese fishing boats' approach to the sea of the said Korean islands was even referred to affirmatively in Japanese Dai Jo Gan Document(dated March 29, 1877).

③ Such Japanese argument. as "During this period, Takeshima that was on the route to the Utsuryo(Takeshima) Island from Oki island, Japan was a navigational point and docking point of ships" is totally illogical, because "Takeshima" in the said period was called as "Ullung"(Utsuryo)island and further more Dokdo(Matussima,, Liancourt Rocks) refused physically to be used as any predictable docking point because the islets were located in the midst of a wild sea and in almost endless whirl wind as are in nowadays.

④ Japanese argument on the establishment of "the sovereignty of Dokdo("Takeshima") may produce such counter evidence as Dai Jo Gan Document(dated March 29, 1877) saying that "Takeshima, then Ullung Island and the other one island("Dokdo") have nothing to do with Japan".
The Shogunate must have recognized the said Islands belonged to Korea since he had sent a diplomatic mission with the Note Verbal in January 1699 to Korea to convey such a recognition.

⑤ The said Japanese Dai Jo Gan Document(March 29, 1877) treated Matsushima(Dokdo) as the subordinate to Utsuryo island(Takeshima, Ullung) in the Map attached to the Document, and Japanese emeritus professor Naito Seichu proved that no Japanese fishing boat approached to the Matsushima(Dokdo) after the passage was prohibited to the Utsuryo island in his work "Takeshima, the Problem of Dokdo Issue", Wang In, Liturature and

History(Seoul: Hannuri, 2007).

4. Such Japanese argument as "At the end of 17th century Japan prohibited passage to Utsuryo island in 1696, but not to the Takeshima" appears entirely illogical due to the fact that at the time ever since Japanese recognition of Matsushima to the year 1905 until Japanese cabinet renamed the existing Matsushima as "Takeshima", illegally incorporating Matsushima(Dokdo, Liancourt Rocks) to Japan, Japanese called Ullung(Utsuryo) Island as Takeshima. Ullung Island is the main island to the subordinate Dokdo("Matsushima") Islets and, sometimes the name "Ullung"(Takeshima) Island comprised her subordinate island "Dokdo"(Matsushima) as shown in the Map"Summary map of Isotakeshima" attached to the Dai Jo Gan Document(March 29, 1877) which shows two islands including Matsushima(Dokdo Island, Liancourt Rocks).

① The Japanese wording, "...their monopolistic abuse unhindered by others for approximately70 years" is not proper, because the

Island belonged to Korean kingdom. and only they might call it fortunate to be unrevealed to Korean people while sneaky approach to Matsushima for so long.

② Aftermath of Japanese failed war of invasion for seven years(1592-98), against Korean kingdom, some Japanese fishing boats enjoyed sneaky fishing on and around Korean remote sea near Ullung Island(Takeshima) and Wusan(Dokdo, Matsushima). However, such Japanese

fishing boats at last collided with Korean fishing boats led by Ahn Yong Bok and Park Eo Don who so severely scolded the Japanese fishermen that Japanese fishermen kidnapped the Korean fishermen including Ahn Yong Bok back to Japan. Ahn Yong Bok, however, in Japan succeeded in persuading Japanese authorities concerned to make them recognize both the two Korean Islands, Ullung(Takeshima) and Wusan(Matsushima) belonged to Korean kingdom. Ahn Yong Bok got at the time the promise from Japanese authorities to prohibit Japanese fishermen to do fishing on and around the sea of the Korean Islands before he left Japan in 1693. About three years later, Ahn found again Japanese fishing boats around the said Korean Islands, and made visit to Japan again to complain and protest against the broken promise to Japanese authorities in 1696, which appears in a Japanese record. In meeting with Japanese authorities, however, Ahn Yong Bok abused Korean official title as customs duties collector of Korean Uljin County in 1696.

③ The feudal clan of Tsushima, Japan, eager to take personally hold of Ullung Island(then, Takeshima) retorted the fact of kidnapping incident of Ahn by Japanese fisherman to make a false accusation case as if Ahn had illegally migrated into Japan for himself. Repatriating Ahn to Korea in 1969 by the order from Shogunate, the said feudal clan who failed to take hold of the Korean Island Ullung(Takeshima) because of Ahn's activities in Japan, indicted him as a criminal to Korean authorities in Busan. Korean government, however, recognized Ahn's contribution to protecting the Korean islands, staying in Japan, and he was only punished of abusing the official title and of going overseas without government permission.

④ Consultations on the tile of the islands between Korean kingdom and Japanese government started in 1696 due to Ahn's claim, landing in Japan. Several years of consultations reached to the agreement that "Ullung Island("Takeshima") and Wusan(Dokdo,"Matsushima") belonged to Korea" at last by a Japanese Note Verbal (in January 1699) which officially recognized the Korean title over the Islands. The Korean title was confirmed again by the Dai Jo Gan Document(March 29, 1877), on which based was Dai Jo Gan's decision that "...Takeshima and the other one Island have nothing to do with Japan" in responding to the inquiry dated March 17, 1877 on the title of the said two islands from Home Affairs Ministry.

⑤ No "Passage to Dokdo(then, Matsushima) by Japanese fishing boats after 1699 prohibition was confirmed by Japanese Emeritus professor Naito in his work "Takeshima, the Problem of Dokdo Issue" in October 2007.

Remarks: In North East Asian region (Korea, Japan and China), there is such an old means of a pair of words expressing "fidelity" by making use of pine and bamboo as the symbol of "fidelity" which always keeping the blue color of their leaves during the four seasons. The word order of pine and bamboo must be observed like "Romeo and Juliet". Japanese took the pattern at first in order of near distance to Japan. Japan renamed Matsushima making another "" Takeshima" after recognizing original Takeshima (Ullung) belonged to Korea. Was it political rather than geographic view?

> 5. The deposition by Ahn Yong-Bok, on which the ROK side bases its claim, contains many points that conflict with factual evidence.

5. The deposition by Ahn Yong-Bok on Korean Ullung Island(then, Takeshima) and the other island (Wusan, Dokdo) was reflected on Japanese Dai Jo Gan(太正官, Prime Minister class) document dated March 29. 1877, stating that, "(As to) the title over Takeshime and the other one island located in the Sea of Japan, my former government had consultations with Korea when Ahn Young Bok arrived in my country in Genroku Rein fifth(5th) year (1906)." A state may decline any particular foreign representative or foreigner like a Korean Ahn Yong Bok and it was verified that then Japanese government authorities received him and listened to him saying on the title of both the said Islands belonged to Korea. The Shogunate then, affirmatively responded to him with the policy of prohibition for the Japanese fishermen to have a passage to the Korean islands thereafter.

① As to such an argument as "After the Shogunate decided to prohibit passage to Takeshima (Ullung, Utsryo island), Ahn Yong Bok came once again to Japan...", the motive of Ahn's revisit to

Japan is required to explain in details. Because, despite the said Japanese authority's decision to prohibit Japanese fishermen's passage to the Korean islands, Ahn Yong Bok found still some Japanese fishing boats were on and around the Korean sea, Ahn, therefore, decided to protest again on such appearance of Japanese fishery boats to Japanese authorities. Thus, the secondly visit to Japan by Ahn Yong Bok was entirely concerned with the aforesaid prohibition issue of Japanese fishing boats to the Korean islands, without having any contravention issue at all with Japanese.

② Having had an endless personal greed for the said two Korean Islands, the Chief of Tsushima clan made such a false accusation against Ahn Yong Bok as an illegal migration to Japan, to the Korean authority in Busan, making use of the chance to repatriate Ahn to Korea upon the order from Shogunate. Ahn was interrogated on the issue of visiting foreign country without government permission in 1693. and in 1698 on the suspicion of abusing official title immediately after return to Korea by the authority concerned, but not of any suspicion of contravention. He was punished heavily on the charge of abusing the official title during overseas trip without government permission, but his contribution to the protection of the said two islands was recognized by Korean authorities, which was attributed to some commutation.

③ Responding to the said Korean's claim on the title over Ullung and Wusan Islands(Matsushima and Takeshima), the Shogunate decided to prohibit Japanese fishermen's passage to Ullung and Wusan Islands (Takeshima and Matsushima). But the prohibition policy was not successfully carried out, without intensive control over Japanese fishing boats illegally approaching to the Korean sea. Ahn, therefore, decided to visit to Japan again in 1696 in order to complain on the illegal Japanese fishing boats lingering still in the Korean sea to the Japanese authority. Therefore, such a Japanese argument as "neither Ohya nor Murakawa family went to the Island at that time" can not be avoided to be called as a superficial view.

④ Interrogation issue of Ahn Yong Bok on the aforesaid charge after repatriation to Korea falls entirely within the purview of Korean jurisdiction and absolutely so whether to take the deposition made by Ahn or not. Korean government at the time took the claim made by him on the title over the said Korean islands as a reasonable one and he was commended on the issue even if he was punished of abusing an official title. Further more, it would be impossible for any Korean at that time to understand the reason why the Shogunate suddenly decided to prohibit the Japanese fishermen's passage to the Korean Islands without Ahn's deposition aforesaid.

6. The Japanese Dai Jo Gan(太政官, then, Prime Minister class) Document (March 29, 1877) answered to the inquiry on the title of two islands whether those islands belonged to Korea or Japan from Japanese Home Affairs Minister, as the following: "As to your inquiry on the title over Takeshima and the other one Island located in the sea of Japan, my country has nothing to do with the said Islands". The Map on the title "IsoTakesjima" attached to the Dai Jo Gan Document, comprised "Matsushima" (Dokdo Islets). In this light of view, Japanese government at the time was believed to have treated the Matsushima(Dokdo Islets) as a subordinate Islet to the Takeshima(Ullung Island). I like, herewith, to emphasize the fact that Japanese government at the time treated the Matsushima(Dokdo, Liancourt Rocks) as the subordinate islets to Takeshina(Korean Ullung Island) as Korean peoples did. Therefore, out of the wording of "Takeshima and the other one Island", "the other one island" is identified as "Matsushim"(Dokdo Islsts) by the Map thereto. We, hereby, point out that the wording of title No.6 "Japan reaffirmed intention to claim sovereignty over Takeshima by incorporating Takeshima into Shimane Prefecture" was illogical and wrong since the "Takeshima" at the time in 1905 meant "Utsryo Do" (Ullung Island) before renaming the Liancourt Rocks as another "Takeshima" by Japanese cabinet in the same year(1905). The Japanese cabinet decision to incorporate the Liancourt Rocks (Dokdo Islets, Matsushima) under the cloak of "terra nullius" and indicating that "found no trace potential to recognize any occupation of the island by foreign country" ,could not be justified by denying Japanese earlier Note Verbal in which she had recognized Dokdo as Korean delivered to Korean Kingdom in January 1699 to which even the Japanese Dai Jo Gan Document dated March 29, 1877 referred, thereby breaching the principle of estoppel in international law. Korean Imperial Rescript No.41 issued on Oct. 25, 1900(published by Govt. Gazette No.1716)officially placed Dokdo Islets under the jurisdiction by the Chief of Ullung Island County..

① Yozaburo Nakai's personal history submitted to Shimaneken Prefecture together with "Project Management Summary" in 1910 stated as the following: "Bearing in my mind that this island(Dokdo, Liancourt Rocks) is the attached island to her main Korean island

"Ullung"(Takeshima), I thought I may go to Korea in order to have something to do with Japanese Resident General, Korea. With the said intention, I went to Tokyo to find some way to proceed to with the said purpose. In the course of seeking the way, I came to meet Director General Maku Bokumasa of Department of Hydrography, Japanese Navy, and came to think in such a different way as "Dokdo islets" might not necessarily belong to the Kingdom of Korea". Since then, Yosaburo Nakai took such a process as the said Director General advised him of.

② Japanese cabinet's illegal decision to incorporate the Liancourt Rocks (Dokdo Islets) into Japan treating the Liancourt Rocks (Dokdo Islets, Matushima) as terra nullius denying the Japanese Note Verbal (in January 1699) and former decision of Japanese Dai Jo Gan (March 29, 1877) implying that the Liancourt Rocks belonged to Korea based upon the consultations made between Korea and former Japanese government during 1696-99. Therefore, the Japanese cabinet decision to incorporate the Liancourt Rocks (Dokdo, Matsushima) was null and void because of having breached the principle of estoppel in international law.

③ The Shimaneken Prefecture without the capacity to engage in diplomatic or a foreign relations has nothing to do with such publication of new land acquired. Therefore, the Shimaneken's publication was null and void. The nature of such kind of public notice or declaration of newly acquired land is mainly aimed to other countries concerned, but not aimed to her local people.

④+⑤+⑥+⑦ In addition to historical and legal evidence of Korean sovereignty over Wusando (the Dokdo) ever since A.D. 512, to Chosun Dynasty passing through Shilla and Korea Dynasty, the Imperial Rescript No. 41 of Korean Empire (Oct. 25, 1900) was issued to put the Sockdo(another name for Dokdo) within the jurisdiction of Uldo County, which was published on the Government Gazette (27 oct. 1900) receiving no complaint from Japanese foreign Mission, Korea. Dokdo Islets have been under Korean jurisdiction for over half century since the end of WWII in 1945.

7. In the drafting process of the Treaty of Peace with Japan, the United States rejected the request by the ROK that Takeshima be added to the relevant article of the Treaty as one of the areas Japan would renounce, claiming that Takeshima had been under the jurisdiction of Japan.

7. In the drafting Process of the Treaty of Peace with Japan, the Allied and Associated Powers reached to "The Agreement Respecting the Disposition of Former Japanese Territories(1950). Article 3 of the Agreement provides as the following : "The Allies and Associate Powers agree that there shall be transferred in full sovereignty to the Republic of Korea all rights and titles to the Korean mainland territory and all off-shore Korean islands including...Linocut Rocks(Takeshima) and all other islands and islets to which Japan had acquired." Vienna Convention On the Law of Treaties(1969) provides as the following in regard to interpretation of treaties : [Article 32 : Supplementary means of interpretation] "Recourse may be had to supplementary means of interpretation, including the preparatory work of the treaty and circumstances of its conclusion, in order to confirm the meaning resulting from the application of Article 31 (General Rule of Interpretation)." In this light, interpreting the Article 2(a) of the Peace Treaty, the aforesaid Article 3 of the Agreement Respecting Disposition of Former Japanese Territories (1950)shall be applied to, and also the Article 19(d) of the Peace Treaty and Article 107 of the U.N. Charter, too.

① After WWII, Korean community established Republic of Korea on August 15, 1948 on the land of Korea including Dokdo (Takeshima) which were excluded from the definition of Japan by SCAPIN NO. 677(dated January 29, 1946) under the Subject : Governmental and Administrative Separation of Certain Outlying Areas from Japan in accordance with Potsdam Proclamation (8) and the Terms of Japanese Surrender dated Sept. 2, 1945, four(4) years earlier than Japanese restoration of sovereignty in 1952. Therefore, the Article 2(a) is provided for Japan to recognize the "independence of Korea", renouncing all right, title and claim to Korea including the islands of Quelpart, Port Hamilton and Dagelet upon the time of restoration of Japanese sovereignty. Even though Korean main land and the other 4,195 islands except for the said three islands are not enumerated in the Article 2(a), the word "Korea" in the Article 2(a) comprises all of the said Korean mainland and the rest of the islands including the Dokdo Islets as the subordinate to the Ullung island (Dagelet).

②+③+④ Drafts of the Peace Treaty and consultations thereon were numerous in the long process of the Peace Treaty negotiations. The important preparatory work in regard to the title of the Dokdo Islets (Takeshima) is the said Article 3 of the Agreement Respecting Disposition of Former Japanese Territories between the Allied and Associated Powers(1950). On this occasion, U.S. Assistant Secretary Dean Rusk's views on the Dokdo Islets in his letter quoted in Japanese argument was not formal U.S. position, and may be pointed out as breached against the provision of SCAPIN No.677 dated January 29, 1946. and aforesaid Article 3 of the Agreement Respecting Disposition of Former Japanese

Territories (1950). At the time, he appeared not thoroughly studied on the Japanese cabinet's illegal decision to incorporate Dokdo Islets (Liancourt Rocks) to Japan, breaching the principle of estoppel in international law. He, in later days, as the Secretary of State. met Korean President Park Chung-hee on May 18, 1965 in his office and "Secretary Rusk suggested erecting a jointly operated lighthouse, allowing both sides a share of the island (Dokdo)" to be immediately rejected by President Park.

As to the said SCAPIN No. 677 (Jan. 29, 19460, such provision, as "3. For the purpose of this directive(Governmental and Administrative Separation of Certain Outlying Areas from Japan), ...Japan is defined to include the four main islands and...excluding (a)...Liancourt Rocks (Takeshima)..." is a critical point to remember in regard to Dokdo Islets. The said provision has never been revised nor cancelled ever since it was issued in 1946, and has been survived to the present and future by Article 19(d) of the Peace Treaty and the Article 107 of the Charter of the United Nations. Japan tried hard in vain to invalidate the provision concerned with Dokdo Islets(Liancourt Rocks) by means of including the wording "Japan comprises ... Liancourt Rocks(Takeshima)" into the Draft of the Peace Treaty. abut in vain. The United Kingdom paper on the Japanese Peace Treaty issued at

Colombo, Territorial Provisions, in January 1950, may help us understand the said Japanese failure. It took 14 years of negotiations to conclude Treaty On Basic Relations between. Republic of Korea and Japan in 1965 due mainly to Dokdo issue raised by Japanese government to refer it to ICJ, but in vain. The Treaty was concluded without a single word thereon by Korean stubborn reject to the signing moment., The so-called Dokdo issue was settled by the Treaty once and for all.

8. In 1952, Takeshima was designated as a bombing range for the U.S. Forces stationed in Japan, which shows that Takeshima was treated as part of the territory of Japan.

8. Soon after WWII, Korea including Liancourt Rocks(Dokdo Islets) was excluded from the definition of Japan by SCAPIN No. 677(January 29, 1946), and was put under separate control of Military Government of U.S. Military Forces, Korea in accordance with Paragraph (8) of Potsdam Declaration(July 26, 1945). The Military Governor, Korea, Major General A.V. Arnold issued Ordinance Nuiviaer 19 (30 October 1945), declaring national emergency. By which Ordinance, facilities, raw materials and labor were only available within the boundary of Korea...but, "Any person violating the provision of this ordinance shall, upon conviction by a military occupation court, suffer such punishment as the court shall determine. Fishermen from Ullung Island and Ganwon Province were fishing on and around the sea of Dokdo Islets legally(within 50NM from Korean coast) as usual on a sunny day of 6 August 1948. However, some of them were injured or killed within Korean waters by a sudden bombardment by U.S. Air Force plane in a bombing training without any prior warning. Therefore, the said casualties were not punished by the military court because they were fishing within the country, that means that the Dokdo Islets were located within Korea. Accordingly, the casualties and vessel damages were compensated by the U.S. Military Government: with KW 160,000~400,000 per death and a total amount of KW 2,484.200 for all the vessel damages. The effective jurisdiction was carried out on the persons and property within the country by the U.S. Military Government, Korea. Upon the inauguration of the Republic of Korea on August 15, 1948, simultaneously terminated was the U.S. Military Government, Korea, transferring the jurisdiction over all the country of Korea including Dokdo Islets. This unfortunate bombing accident clearly verifies that the Dokdo Islets have been recognized as Korean territory by the said U.S. Military Government, Korea. Japan must present evidences which she took actions for the Korean casualties at the time if Japan is to claim over the Islets, since not only her nationals but also aliens under her jurisdiction shall be protected by international law.

On June 25, 1950, Korean war was broken out by North Korean attack to the Republic of Korea. UN Security Council decided on 25 June 1950 to use of forces to restore and protect the land of Republic of Korea by means of UN Armed Forces. In July 1950, by exchange of letters between the Government of Republic of Korea and the Commanding General of the U.N. Military Command, the military leadership of the Republic of Korea was temporally delegated to the Commanding General of the UN Armed Forces consisting of 16 Free Nations. Therefore, Dokdo Islets at the time fell within the purview of his military command.

The second bombardment accident on the Dokdo Islets by U.S. Airplane in training took place around 11:00 hours on 15 September 1952, causing no casualties even though a total of 23 persons were fishing on the sea of Dokdo Islets. To the Korean Government's protest against the bombardment dated November 10, 1952, the U.S. Embassy, Korea, responded to Korean Government on December 4, the same year stating that "Preparations have, however, been expected to dispose with the use of Dokdo Islets as a bombing range, etc." Finally, Korean Government received a letter dated 20 January 1953 from Major General Thomas W. Herren on behalf of the Commanding-in-Chief, United Nations Command saying that "Commanding General directed all commanders concerned to take necessary action to immediately discontinue the use of Liancourt Rocks (Dokdo Islets) as a bombing range."

In these lights of views, the said unfortunate bombing accidents at Dokdo Islets explicitly demonstrated that the Dokdo Islets belong to Republic of Korea, while SCAPIN No. 12160(dated 6 July 1951) which Japanese Ministry of Foreign Affairs quoted above may be construed as nothing but a kind of flight information dissemination to the inhabitants of Oki-Retto (Oki-Gunto), and the inhabitants of all parts on the west coast of the islands of Honshu north to 40th parallel, North latitude, that they would be notified fifteen days prior to use of this range.

9. The ROK is illegally occupying Takeshima, against which Japan has been consistently making strong protests.

9. The name of Dokdo Islets has been renamed by Japanese as "Takeshima" on January 18, 1905 when Japanese cabinet illegally made a clandestine decision to annex the Korean Dokdo Islets(at the time, Matsushima) on a cloak of "terra nullius"(land belongs to no body), renaming the Islets as

"Takeshima" though the Islets had been called to the time as "Matsushima" by Japanese peoples. The said illegal Japanese cabinet decision was null and void, because it denied the earlier decision of Japanese Dai Jo Gan(then, Prime Minister class) Document dated March 29, 1877 addressed to Minisster of Home Affairs, stating that those two islands belonged to Korea based upon the diplomatic consultations had been held between Korean Kingdom and former Japanese government during the period 1696 to 1699.

Official Korean History of Three Kingdoms in Korean land published in AD 1145 reads as the Wusan Country consisting of Ullung island and Wusan (Dokdo) islets became to Korean territory of Shilla Dynasty in A.D. 512. The Korean Kingdom in 19th Century launched a positve development project for the remote island such as "Ullung" island in 1882, and Korean Royal Rescript No. 41 was issued on October 25, 1900 in order to establish a new County "Ulldo" with the jurisdiction over Ullung island, Jukdo island and Socdo (Dokdo) Islets. The Rescript was published on Korean Government Gazette No. 1716 dated October 27, the same year. However, Korean government did not received any complain nor protest from Japanese government.

Cairo Declaration dated December 1, 1943 stated that "...Japan will also abe expelled from all other territories which she has taken by violence and greed. The aforesaid three Great Powers,

mindful of the enslavement of the people of Korea, are determined that in due course Korea shall become free and independent." Immediately after WWII, SCAPIN No.677(January 29, 1946) separated completely Dokdo Islets and Korea from the definition of Japan governmentally and administratively in accordance with the provision of Potsdam Proclamation(8) and the Terms of Japanese Surrender, dated September 2, 1945. Then, Korea including Dokdo Islets, etc. had been placed under the jurisdiction of U.S. Military Government, Korea to the time when Korean community established on the land of Korea including the Dokdo Islets the Republic of Korea(R.O.K.) on August 15, 1948. The Korean Government was immediately recognized by United States, China, Philippines and U.N. General Assembly (Dec. 12, 1948).The existing U.S. Military Government, Korea was dissolved simultaneously on the time of establishing Korean government. It,

therefore, is self-evident for the Dokdo Islets to fall within the purview of the jurisdiction by the Korean Government, and which was verified particularly by the Evaluation Report of Head of Mission: Ambassador Jon J. Muccio, Seoul, Korea(March 29, 1948).

① Korean proclamation of "Peace Line" in 1952 keeping Dokdo Islets within the Korean boundary was quite right and reasonable according to the new international maritime trend at the time something like President Truman's "Proclamation On Coastal Fisheries in Certain Areas of the High Seas, etc. in September 1945.

②+③+④+⑤: As stated hereto, Dokdo Islets are Korean territory historically, legally and by effective jurisdiction for more than half century by the Republic of Korea. The inhabitants of Ullung island generally grow up on the island frequently observing Dokdo with unaided eyes and using the sea of Dokdo as their inherent fishing ground something like a rice-field in hometown.

Suddenly on a day in summer, however, in July 1952(the year Japan restored her sovereignty by the Peace Treaty), Ullung island fishermen were expelled illegally from Dokdo Islets by some Japanese smuggled to the Islets. It was in the midst of Korean War. Ullung islanders stood up voluntarily to defend their land of Dokdo Islets under the leadership of retired soldier Hong Soon-Shill, organizing the "Dokdo Civilian Voluntary Militia Unit" heavily armed, which landed on Dokdo on April 20, 1953 for the purpose of stationing on the Dokdo. They stationed on the Islets, carrying out practically the "right of self-defense" without restraining firing, if it was needed. The Unit stationed on Dokdo for three years and eight months to December 25, 1956, when they transferred the voluntary defense mission for Dokdo to Korean National Police Forces.

10. It is an indisputable fact that the Dokdo Islets(Liancourt Rocks, Takeshima) belong to the Korean territory in light of historic, geographic and effective jurisdictional aspects as well as in accordance with international low concerned.

① As shown in the Japanese Foreign Affairs Ministry argument, Korean government rejected on October 28. 1954 Japanese proposal dated september 25. 1954 to refer the Dokdo isles issue to the International Court of Justice (ICJ) since there was no territorial dispute on the Dokdo Islets which have been Korean Territory since Korean Shilla Dynasty in the year A.D. 512.

The consultations, as stated above, between Korean Kingdom and Japanese government on the titles on "Takeshima and the other one island" (Korean Ullung Island and Dokdo Islets) during the period 1696-99 reached to the agreement that both the Islands belonged to Korean Kingdom, and which was confirmed by Japanese diplomatic Note Verbal in January 1699. The Japanese Dai Jo Gan, also, respected the aforesaid agreement between the two countries in 17th century by responding that "Takeshima and the other one island in the sea of Japan has nothing to do with Japan" in March 29, 1877 in his response to the Japanese Home Affairs Minister's inquiry.

Therefore, there has never been any territorial dispute over Korean Dokdo Islets in light of international law except some Japanese argument thereon without either legal nor historial ground, but for the "greed" over the Islets.

②+③ The Docdo Islets(Lianncourt Rocks, Takeshima) have been excluded from the definition of Japan by SCAPIN No. 677(Jan. 29, 1946) in accordance with Potsdam Proclamation(8) after immediately after World War II in addition to the aforesaid historical and legal evidences. The exclusion of the Dokdo Islets have been survived, by Japanese failure to include such wording as "Japan comprise ... Liancourt Rocks(Takeshima)..." into the Draft of the said Peace Treaty in the long process of drafting the Peace Treaty. The Article 19(d) of the Peace Treaty(Sept. 8,1951), San-Francisco and Article 107 of the Charter of the United Nations recognize the validity of all acts and omissions done during the period of occupation under or in consequence of directives of the Occupation Authorities, etc., and Dokdo Islets were excluded from the definition of Japan by the directive of the Occupation Authority, SCAPIN No. 677 dated Jan. 29, 1946.

Closing this refutation, I would like to stress again the fact that the so-called Dokdo Islets issue raised by Japanese Government was already settled once and for all by the Treaty On Basic Relations Between Republic of Korea and Japan concluded on June 22, 1965, as Professor J. L. Brierly stated, "Agreement is a law for those who make it, which supersedes, supplements, or derogates from the ordinary law of the land."

- the end-

편집후기

- … 스승 김명기 교수님께서 저에게 '다케시마 10포인트'에 대한 대응논리를 공동으로 집필하자고 제의하셨을 때, 조금은 당혹스러웠다. 스승님은 일찍이 국제법 분야의 저명하신 학자일 뿐더러 독도와 관련된 법적인 문제는 대부분 교수님께서 개척했다 하여도 틀린 말이 아니기 때문이다. 그런 분과 공저한다는 것은 대단한 '개인적 영광'이어서 현재도 그런 생각에 잠기곤 한다. 그런 교수님께서 불편하신 몸을 추슬러 신용하 교수님, 김학준 교수님께 허리 굽혀 제자를 부탁했을 때 저로서는 달리 드릴 말씀이 없었다. 지면을 통하여 "다시 한 번 스승님 감사드립니다", "제자들을 위해서도 현재의 건강 유지해 주십시오", "나름대로 최선을 다했으나 교수님의 족적에 흠이 되지 않을까 염려됩니다. 감사합니다"

- … 무엇인가 나름대로 책을 발간한다는 것은 결코 쉬운 일이 아니다. 여러 책을 써 보았으나 이번처럼 어렵고 힘든 책은 처음이었다. 그 만큼 제 인생에서 비중이 있는 책이었고, 지금도 살아 계시다면 아버지 "여수 묘도 고 이상휴"님께는 자랑하고 싶다. 그리고 언제나 옆에서 지원해준 고마운 아내 황혜정, 사랑하는 구리 장자중학교 3학년 이하진, 부양초등학교 5학년 이재은, 이들 모두에게 감사드린다.

- … 다음 재간 때는 더욱더 보완하여 좋은 책이 될 수 있도록 다짐해 본다. 끝.

일본외무성 다케시마 문제의 개요 비판

2010년 5월 15일 1판 1쇄 인쇄	서울 성북구 보문7가 100번지 화진빌딩
2010년 5월 25일 1판 1쇄 발행	Tel : 926-0290~2
지 은 이 : 김명기 · 이동원	Fax : 926-0292
펴 낸 이 : 이 동 원	홈페이지 : www.booknpeople.com
편 집 인 : 유영희 외	www.booksarang.co.kr
펴 낸 곳 : 책과사람들	등록 : 2003.10.1(제307-2003-000091호)

ISBN 978-89-9151-687-8 93360 　　　　　　　정가 18,000원